本书由北京市教委社科计划面上项目“北京市农产品供应链质量风险控制研究”资助

农产品供应链质量安全风险控制研究

崔　丽　著

中国财富出版社

图书在版编目（CIP）数据

农产品供应链质量安全风险控制研究/崔丽著．—北京：中国财富出版社，2015.12

ISBN 978-7-5047-6016-6

Ⅰ.①农…　Ⅱ.①崔…　Ⅲ.①农产品—供应链管理—质量管理—安全管理—风险管理—研究　Ⅳ.①F724.72

中国版本图书馆CIP数据核字（2015）第307138号

策划编辑　张　茜　　**责任编辑**　禹　冰
责任印制　何崇杭　　**责任校对**　杨小静　　**责任发行**　敬　东

出版发行　中国财富出版社
社　　址　北京市丰台区南四环西路188号5区20楼　　**邮政编码**　100070
电　　话　010-52227568（发行部）　010-52227588转307（总编室）
　　　　　　010-68589540（读者服务部）　010-52227588转305（质检部）
网　　址　http://www.cfpress.com.cn
经　　销　新华书店
印　　刷　北京京都六环印刷厂
书　　号　ISBN 978-7-5047-6016-6/F·2527
开　　本　710mm×1000mm　1/16　　**版　　次**　2015年12月第1版
印　　张　14.5　　**印　　次**　2015年12月第1次印刷
字　　数　230千字　　**定　　价**　45.00元

前 言

近年来，农产品质量安全事件引起了人们的广泛关注。农产品安全是食品安全的根本和源头，没有农产品的安全就没有食品安全的保障。我国政府在抓好农业生产、确保主要农产品有效供给的同时，全面强化农产品质量安全监管，在法律法规、执法监管、检验监测、标准化生产以及重大活动保障等方面取得了重要进展，一些较为突出的农产品质量安全问题得到有效解决，农产品质量安全整体水平得到大幅度提升。但是，我国农产品质量安全风险隐患仍然存在，农兽药残留超标、重金属超标、添加剂超标等现象时有发生。

我国农业生产分散、农产品流通环节多和市场范围大，增加了农产品质量安全风险发生的概率。此外，农产品质量安全管理是一项涵盖生产、加工、流通和消费等多个环节的复杂系统工程。因此，在农产品质量安全管理中，既要充分发挥政府的监管职能和作用，更要同时建立起有效、安全、优质的农产品供应链。实施农产品供应链管理是保障农产品质量安全的有效路径。系统科学地评估农产品供应链的质量安全风险、探讨质量安全风险控制机制及其相关的支持体系，是保证农产品质量安全的需要，对于保障民生具有重要的现实意义。

农产品供应链质量安全风险研究涉及供应链理论、质量管理、风险管理、农业科学等众多学科，是综合性交叉研究领域，具有一定的研究难度。在目前与农产品供应链相关的研究成果中，针对质量安全风险这一具体因素进行的研究还很少见，仍然处于理论研究的初级阶段。从风险传递的系统角度研究农产品供应链的研究成果非常少，大多仅建立概念框架，从宏观层次上对农产品供应链作定性分析，具体细节及定量研究方面的成果较少，研究深度还不够。

本书是北京市教委社科计划面上项目“北京市农产品供应链质量风险控制研究（项目号：SM 2014100110037）的阶段性研究成果。本书以农产品供应链质量安全风险为研究对象，在研究过程中应用了风险传递理论、多属性群决策方法、马尔科夫模型、博弈论等理论和方法。采用定性和定量相结合的方法探讨农产品供应链质量安全风险的评估方法和控制机制，为农产品质量安全研究提供一个新的视角。

作　者

2015 年 9 月

目 录

1 绪 论

1.1 研究背景及意义

1.1.1 研究背景

近年来我国食品质量安全事件频发，严重影响和威胁到人民的健康水平。农产品质量安全是食品质量安全的根本和源头，没有农产品的质量安全就没有食品质量安全的保障。党的十八大报告中明确提出“确保国家粮食安全和重要农产品有效供给”，并指出“要把保障和改善民生放在更加突出的位置”，在“提高人民健康水平”中特别强调“改革和完善食品药品安全监管体制机制”。对农产品质量安全问题进行整治，提高食品安全系数，让人们吃得安全、吃得放心，这些工作刻不容缓。

我国政府在抓好农业生产、确保主要农产品有效供给的同时，全面强化农产品质量安全监管，在法律法规、执法监管、检验监测、标准化生产以及重大活动保障等方面取得了重要进展，一些较为突出的质量安全问题得到有效解决，农产品质量安全整体水平大幅度提升。2001 年 7 月，农业部启动了农产品质量安全例行监测制度。近年来的监测结果表明，中国主要农产品合格率保持高位，农产品质量安全水平明显提高，2014 年蔬菜、畜禽产品、水产品的监测合格率均超过94%，其中禽畜产品最高，达到99.7%。

但是，我国农产品质量安全风险隐患仍然存在，主要导致三个方面的问题。第一，重金属超标。工业“三废”、生活污水排放以及污水灌溉农田，导致土壤受到侵害和污染，土壤中重金属含量偏高，造成部分农产品有害成分超标。第二，农兽药残留超标。近几年，中国相继出台了一系列农业投入品合理使用规定，以进一步规范生产者对于农业投入品的正确使用，同时还明令公告多种农药兽药等的禁用规定，但由于利益驱使，仍有一些不法商贩违规使用这些禁用农业投入品。第三，添加剂超标。部分生产经营者为了能够满足农产品外观好、口感好、货架期长的需求，在生产加工过程中超量使用添加剂、违规使用非法添加物，导致这两年出现因添加剂超标而引起的农产品质量安全事件。

造成这些问题的主要原因有以下四个方面。

(1) 思想认识。一方面，部分生产经营者行业自律意识不强，受经济利益驱动，掺杂使假、违规添加使用有毒有害物质等行为屡禁不止。另一方面，部分消费者对农产品质量安全的科学认知水平不高，对于质量安全、有毒有害等科学知识，缺乏常识和判断。一些地方政府对农产品质量安全工作认识不到位，没有真正认识到质量安全对全局的深刻影响，“重数量、轻质量”的现象比较普遍，执法不严、违法不究的问题依然存在。

(2) 产业现状。我国的农产品质量安全监管工作之所以难，是因为农产品生产经营主体面广量大、小而分散，这是我国的基本国情。在农业生产经营方面，目前全国共有两亿多农户，户均承包耕地约为7.5亩，相当于美国的1/400；2014年，农民专业合作社有124万家，成员数占全国农户数的35%，这一比例虽然逐年增加，但是仍较小。

(3) 工作基础。长期以来，农业的产业体系、技术体系和保障体系基本上是围绕增产而建立的，质量安全管理工作相对滞后。农产品质量安全监管的基础工作不加强，就难以改变目前被动的局面。

(4) 公众消费。消费者消费观念不科学导致生产者为迎合消费者，想方设法在农产品生产加工过程中添加不安全原料，为农产品质量安全埋下隐患。

同时消费者缺乏维权意识，这种情况导致违法成本降低，使得违法行为再次产生的可能性加大。

综上所述，我国农产品质量安全问题与我国农业发展所处的阶段有关，与农业的生产经营方式有关。当前我国正处于从传统农业向现代农业的转型时期，在一定程度上讲，解决农产品质量安全问题，比解决数量安全问题更复杂、更艰巨。

1.1.2 研究意义

农产品质量安全问题不仅关系到城乡居民的消费与健康，更关系到农业发展和农民增收、区域经济发展、政府形象和社会稳定，已经引起政府、业界和消费者的高度关注。我国农业生产分散、农产品流通环节多和市场范围大，势必增加农产品质量安全风险发生的概率。此外，农产品质量安全管理是一项涵盖生产、加工、流通和消费等多个环节的复杂的系统工程。因此，在农产品质量安全管理中，既要充分发挥政府的监管职能和作用，同时更要建立起有效、安全、优质的农产品供应链。在美国、欧盟和日本等农业较为发达的国家和地区，实施农产品供应链管理是保障农产品质量安全的有效路径。加强农产品供应链管理可以促进农产品质量安全水平的提高。系统科学地评估农产品供应链的质量安全风险、探讨质量安全风险控制机制及其相关的支持体系，是保证农产品安全和重要农产品有效供给的需要，也为改革和完善农产品质量安全监管体制提供具体的参考依据，对于保障民生具有重要的现实意义。

农产品供应链质量安全风险研究同时涉及供应链理论、质量管理、风险管理、农业科学等众多学科，是综合性交叉研究领域，具有一定的研究难度。本书拟从供应链风险传递角度出发，采用定性和定量相结合的方法探讨农产品供应链质量安全风险控制机制，为农产品质量安全研究提供了一个新的视角，因此本研究也具有较强的理论研究价值。

1.2 研究现状

1.2.1 农产品质量安全研究

1. 农产品质量安全问题成因分析

国外学者基于交易费用经济学和不完全契约理论，对农产品质量安全问题的成因进行了大量研究。其中，Buzby 等（1999）的研究较具代表性，他们对安全农产品供给动机、质量安全管理规制对生产者成本的影响及生产者对质量安全管理规则的反应等进行了深入研究，认为农产品质量安全涉及从生产、加工、储存到销售的整个供给链，而供给链中存在的交易费用的大小和契约关系的完全程度影响着供给主体提供的农产品质量安全水平；Holleran（1999）对食品安全保障制度的交易费用以及产生的个人激励进行了探讨；Cahill（2005）认为，果蔬类农产品的安全风险主要来自微生物污染和农药残留，以实证的方法分析了农场主对生产期间安全风险的控制。Young（2010）通过对奶牛场、肉鸡养殖等的实证调研证明农产品生产者的食品安全认知、态度以及 GAP（良好农业生产规范）的水平越高，越有利于生产者做出安全生产的决策。Ortega（2012）从生产者和消费者的角度分析农产品质量安全问题的来源，认为市场形成的信息不对称导致农产品产地诸多问题，从生产者到消费者之间的供应链条过长、环节多加重了市场上的信息不对称和食品的污染。

国内学者在这方面也有很多研究成果。周应恒等（2002）指出，一种农产品从农场到餐桌，要经过生产、加工、流通等诸多环节，农产品的供给体系趋于复杂化和国际化；农产品供给的链条越来越长、环节越来越多、范围越来越广，农产品质量安全风险发生的概率就越高。周洁红等（2004）研究得出，农产品质量安全问题主要来源于四个方面：微生物引起的食源性疾病，新原料、新工艺带来的农产品安全性，政府的有关措施失误和市场失灵，缺乏有效的质量检验检测机制和全面的质量标准体系。范毅等（2004）则认为，信息不对称造成了农产品优质优价机制难以形成以及农产品生产者的机会主义行为倾向？周婷等（2005）认为，我国的食品从生产到餐桌的全过程监管未能连成紧密的链条是食品安全问题产生的根本原因。许俊丽等（2009）与陈蕾蕾等（2010）的研究也坚持类似的观点。窦艳芬（2009）论述了农产品安全生产环节中存在的问题是农业产地环境的影响、农业投入品的使用不当、农户的逆向选择行为、技术因素的影响，对生产环节的影响因素进行全面分析。孙小燕（2010）从道德风险、逆向选择两个角度研究了信息不对称对农产品质量安全的影响问题，通过分析得出导致农产品质量安全信息不对称的影响因素主要是农产品自身的特点、市场信誉机制、信息传递需要的载体和方法、信息传递需要的成本以及信息可追溯机制和信息传递外部机制。钱原铬等（2011）认为，农业生产和监管的关键技术是农产品安全供给的重要因素，并从农产品的选种培育、农业生产技术、生产过程监管、信息化、储藏与运输技术、检验检测技术和追溯技术等方面提出了农产品安全生产的对策和建议。乔娟（2011）研究指出，造成我国农产品质量安全问题的主要原因是环境污染、违禁药品的使用和饲料添加剂的不安全使用等所导致的有害物质残留等。朱晓禧（2012）等人指出我国以小农户为主的生产方式与现行的监管体制存在两难的矛盾，现行的监管手段和监管措施对小农户的针对性不强，激励机制不能够深入到小农户层面，小农户实施安全生产规范的积极性不高。董燕婕等（2014）从农产品生产环节入手，分析了主要农产品生产环节发生质量安全问题的关键节点，并进一步指出主要原因包括产地环境的污染、种养殖过程中的管理不当、加工储藏和运输过程中的设施设备不健全和监管不到位、消费者对质量安全事件认知的盲目性。

2. 农产品质量安全监管体系

Marvin（2009）研究了欧洲和全球农产品供应链的质量安全风险问题，利用德尔菲法分析 HACCP、食源性风险控制以及专家参与分析决策的控制手段没有有效地发挥其作用的原因，得出增加供应链主体之间的信息交流是控制食品安全的重要措施。Charalambous 等（2011）运用调查和案例分析的方法研究了食品生产企业对食品安全监管的认知，结果表明政府监管和私人监管都能够刺激企业进行安全生产，官方的监管机构更偏向保护消费者利益，而利益和外部挑战驱动下的企业联盟对企业的安全生产没有影响。Chen 和 Jukes（2013）通过描述和分析食品法律和法规、食品安全控制管理、检验检测和监测实验室建设等食品安全控制体系的关键因素，笔者认为我国在标准化、法律法规的完善和信息交流方面有很多不足。Russell 和 Kane（2014）描述了 EHOs（环境卫生官员）和 HACCP 在英国小生产者源头风险控制的重要作用和缺点，通过调查分析得出两者应该充分发挥各自的优势，在源头控制食品安全。Kotisalo 等（2015）研究了政府监管与小规模屠宰场安全生产之间的关系，导致不安全生产的主要因素是监管成本过高。实证研究表明，简单的集中化并不能完全解决问题，政府需要对小规模屠宰场、销售者和兽医站等多方面做出具体的指导。

国内很多学者也从不同的角度对农产品质量安全监管进行研究。刘志英（2005）分析了美国食品安全管理体系的流程，并重点从机构体系设置、运作机制、法律体系、预防措施、风险管理、技术能力、预警系统技术等角度对美国食品安全管理体系进行了分析，同时对我国食品安全管理体系的建设提出了一些参考建议。崔卫东等（2005）分析了我国农产品质量安全的现状与成因，认为我国加强农产品质量安全体系建设不仅需要建立完善的法律法规，而且需要建立农产品质量安全配套制度。郑冬梅（2006）与许成才（2007）的研究也持有类似的观点，他们在系统分析农产品质量安全保障体系缺陷的基础上，提出我国应该尽快出台《农产品质量安全法》实施细则及配套法规，完善标准体系建设以及加强市场准入制度等方面的建设。许多学者在分析发达国家农产品质量安全监管体制的基础上，提出了如何改善我国农产品质量安全监管的对策建议。陈劲松（2007）通过研究主要发达国家的农产品质量安全体系，认为政府在建立和维护农产品质量安全体系上责任重大，农产品质量安全体系处于不断完善的过程之中，科技对建立和完善农产品质量安全体系起着重要的作用，农产品质量安全体系具有公开性和透明性的特点，农产品质量标准有国际化的趋势。王中亮（2007）分析了美国、欧盟、加拿大、日本等发达国家食品安全监管体制的基本框架和主要特征，认为我国在法律体系、监管体制和监管理念等诸多方面与发达国家均有着明显的差距。和丽芬、赵建欣（2010）通过实证的方法考察政府规制对农产品安全生产的影响，证明操作层面的具体制度安排比法律法规对农产品的安全供给更有效。钟真等（2012）将质量安全划分为“品质”和“安全”两个方面，提出农产品质量安全不仅仅是生产者（农户）的责任，也与产业链上的其他主体有关，分析了生产模式和交易模式对农产品质量安全的影响程度。张蓓等（2012）提出农产品质量安全监管是一项系统工程，应该采用系统的思维与方法进行分析。宋英杰等（2013）基于5省12县373名农产品质量安全政府管理人员的调查，利用有序Probit模型，在实证分析农产品质量安全技术扩散过程中政府管制关键阶段的基础上，进一步研究了主要的管理因素对扩散关键阶段的影响，力求破解技术扩散过程中政府管制活动这一传统理论分析的“黑箱”区域。彭建仿（2014）在溯源农产品质量安全管理国际经验的基础上，从各种农产品质量安全机制的逻辑关联角度，提出企业与农户共生关系优化是农产品质量安全保障溯源机制的重要命题。

3. 农产品生产模式与农产品质量安全

鉴于我国农产品生产分散与规模小的特点，很多学者认为标准化和规模化的农产品生产可以在一定程度上保证质量安全。卫龙宝等（2004）通过调查发现，农业专业合作组织的存在与发展对农产品质量的控制与提高有很大的影响。王忠锐等（2004）提出了应该把农户组织起来，推行农村合作经济建设，从而利用合作组织对农户的生产行为进行监督，提高农产品质量。胡定寰（2006）认为，农产品的质量安全程度同农产品的供应组织结构有密切的联系，建议安全农产品供应采取“超市+农产品加工企业+农户”的模式进行生产。还有很多研究者建议应该通过农民合作组织解决我国农产品安全生产问题。张会（2012）运用多元回归模型和Logit模型实证研究了不同产业链组织模式之间农户安全生产行为有显著差异。“协会+农户”模式和“基地+农户”模式与“合作社+农户”模式相比较，“合作社模+农户”模式种植户安全生产行为优于“协会+农户”模式，更高于“基地+农户”模式。钟真和孔祥智（2012）通过对奶业的实证研究指出农产品的生产和交易模式对食品品质和安全都具有显著影响，然而在一定条件下，生产模式更显著影响农产品品质，交易模式更显著影响安全。康积萍等（2012）分析了农民专业合作社对农户安全生产行为的影响，认为农民专业合作组织作为一种新生的农村社会组织形式对农产品的安全生产具有不可替代的作用。欧阳琦、石岿然（2012）运用博弈的方法探讨了农民专业合作组织在农产品质量安全中的重要作用，认为农民合作组织作为信息平台和监管中心可以减少交易双方的信息不对称以及交易成本，有助于提高农产品的质量。

1.2.2 农产品供应链管理研究

进入21世纪后，供应链管理的思想、理论和方法开始向农业领域延伸。世界银行、国际食品和农业综合企业管理协会、荷兰Wageningen农业大学及农业链能力中心（ACC）等都在致力于农产品供应链的研究、开发与推广。Wageningen农业大学的研究比较深入，其次是英国、加拿大、美国、澳大利亚等，这使得供应链管理成为当前最具有发展前途的农业管理工具。许多学者着手研究供应链管理与农产品质量安全之间的关系，认为组建供应链并从源头进行控制和管理是改善中国农产品质量安全问题的有效途径。Ahumada和Villalobos（2008）认为，将传统供应链理论应用于农产品时应该根据其特性改变，农产品供应链计划是关键，农产品的生产和配送取决于农作物产量，他们通过构建不同的农产品模型进行分析，得到计划模型更适用于加工类食品而不适用于农产品本身。Kumar和Nigmatullin（2011）运用系统动力学方法研究了垄断环境中的不易腐食品供应链上的关键环节和主体之间的行为和关系，并以此来衡量他们对可变性和订货提前期的需求，最终得出高效的、可持续的供应链网络是解决问题的关键。Yu和Nagurney（2013）运用简洁的算法计算建立在垄断环境中的生鲜农产品供应链网络模型，解决了不同特性农产品、不同应用技术供应链上食品损坏系数和丢弃成本的问题。Aung和Chang（2014）认为，食品安全可追溯系统可以有效地解决农产品供应链上信息不对称问题，减少生产和配送环节中的不安全性，提高食品的可信度、高品质和安全性，更容易获得消费者的信任。Accorsi（2015）认为，食品供应链是一个生态系统并有很多内在的限制，并试图解决农业生产中的碳排放问题，构建了在稳定环境条件下的农业生产决策和食品配送框架，运用案例方法证明区域供应链条件下该框架是有效的，通过构建基础设施、农业生产、物流成本的线性模型，表明单独考虑成本不能有效降低碳排放，以上关键要素是相互依赖的。

我国学者目前对农产品供应链管理的研究尚处于探索阶段，形成了一些研究成果，主要是关于供应链模式方面的研究。陈冬冬（2008）分析了农产品供应链的流程和环节，提出了四种农产品供应链模式：以批发市场为中心的模式、以核心企业为中心的模式、以超市为中心的模式和以配送为中心的模式。曹艳媚（2009）根据农产品的两大主要消费方式将农产品供应链分为农产品加工供应链和生鲜农产品供应链。张学志、陈功玉（2009）将我国农产品供应链分为以企业化的批发市场为核心的农产品供应链、以产供销一体化的农业集团为核心的农产品供应链和以农产品配送中心为核心的农产品供应链。张敏（2010）认为，农产品供应链有以批发市场为核心的“农户 + 批发市场”、以农产品加工（流通）企业为核心的“农户 + 企业”、农产品加工（流通）企业自办农场的“直属农场 + 企业”三种主要模式。魏国辰、赵洁（2010）构建了农产品封闭供应链物流模式，并认为其关键是核心企业，有可能发展成为核心企业的是：大型农产品批发市场运营商、大型农产品加工企业、连锁超市配送中心。朱艳新、黄红梅（2011）将我国农产品供应链的模式分为“农资供应商—农户（基地）—龙头企业—批发商—零售商—消费者”的以龙头企业为核心的供应链、“农资供应商—农民专业合作组织—批发商—零售商—消费者”的以专业合作组织为核心的供应链和“农资供应商—农民（基地）—企业化农产品批发市场—零售商—消费者”的以企业化农产品批发市场为核心的供应链。

针对不同农产品供应链模式进行的具体研究主要有以下几项。

（1）以大型超市为中心的生鲜农产品供应链研究。农产品分为生鲜农产品和非生鲜农产品，国内对农产品供应链管理的研究主要集中在生鲜农产品上。胡定寰（2006）认为，农产品质量安全与农产品供应链的各个环节息相关，提倡采用“超市+农产品加工企业（农民合作组织）+农户”的新型农业产业化模式，通过整个农产品供应链管理来确保农产品的安全。凌宁波、朱凤荣（2006）认为，构建由超市主导的生鲜农产品供应链，不仅对改善购物环境、提高食品安全性、保证商品质量和进行农产品深加工，以更好地满足消费者的需要有重大作用，而且能促使生鲜农产品走出国门，提高国际竞争力。左娜（2009）对超市生鲜农产品的“直接采购”模式进行研究，提出优化超市生鲜农产品供应链的核心思想：整合产业链，疏通“农超对接”渠道；深化加工链，提高农产品的附加价值；颠覆传统食品链，保障食品安全。姚雨晨（2010）认为，构建以连锁超市为主导的农产品供应链是经济发展的必然趋势。牛小娟（2010）分析了以超市为中心的农产品供应链的采购模式、配送模式和销售模式。花永剑（2010）认为，农超对接目前主要有四种合作模式：“超市+农业合作社+农户”“超市+合作农场”“超市+供销社+合作社”和“中小超市合作”模式。李慧娟、赵婷婷、张茂（2011）认为，现代化的农产品供应链是指以超市为终端的农产品流通渠道。目前，我国超市销售的生鲜农产品主要有三种采购模式：一是超市采用供应商供货；二是超市直接从批发市场采购；三是超市直接从农产品产地采购。这三种模式代表超市向农产品供应链上游延伸的不同程度。

（2）将龙头或核心企业为重心的农产品供应链研究。李季芳（2007）认为，在小生产与大市场矛盾的制约下，目前我国以批发市场为核心的生鲜农产品流通是低效率的，解决这一问题最有效的办法是培育核心企业以替代批发市场，核心企业可以是大型商贸企业、第三方物流企业或生鲜农产品的加工企业。朱莹莹（2008）以雨润集团为例，认为龙头企业在我国猪肉供应链中至关重要。张俐（2009）认为，龙头企业与供应商（农户）建立稳定长久的战略伙伴关系是农产品加工企业供应链管理的核心，可以实现供应链整体效益的最大化。吕斌（2010）研究提出了蔬菜供应链整合的主要对策思路：培育以核心企业为主体的供应链、发挥政府在提高供应链合作效率方面的作用、完善蔬菜市场体系建设、强化蔬菜供应链的纵向联合、促进菜农平等化的实现和建立蔬菜综合服务站。

（3）以批发市场为核心的农产品供应链研究。王庆（2008）以重庆地区最大的 GN 批发市场为研究对象，指出在重庆地区搭建以农产品批发市场为核心的农产品供应链是解决目前重庆农产品产供销困难的一个重要途径。韩耀、杨俊涛（2010）认为目前的农产品供应链大都以批发市场为农产品集散地及价格形成中心，创新性地提出构建以批发商为核心，向上整合供应商，向下整合零售商的农产品供应链联盟。

（4）以专业合作组织为核心的农产品供应链研究。蒋明、孙赵勇（2010）通过完全静态信息博弈分析和对农村的实证研究，证明"农户 + 农民专业合作经济组织 + 公司"模式能够降低交易成本和提高产权效率，应成为博弈主体间的理性选择，侧重于农民专业合作组织在农产品供应链中的作用。

1.2.3 供应链风险管理研究

1. 供应链风险来源与分类

Mason - Jones 和 Towill（1998）把供应链风险来源分成 4 个相互交错的类型：环境风险、需求和供给风险、流程风险和控制风险。Jüttner 等（2003）根据对制造、零售和物流行业的多个公司的调研结果，按照供应链风险的来源、结果、驱动力和缓解策略对研究结果进行了总结，把供应链风险的来源分成三类：环境风险、网络风险和组织风险，其中网络风险又包括三种不同的来源，即所有权不明、供应链复杂性引起的上下游协调问题（如牛鞭效应等）和因为惰性而产生的响应速度太慢。James（2004）通过对很多商业管理者的调查，对各种风险类型的重要性进行排名，名次从高到低依次是：经济风险、恐怖主义相关风险、政策风险和其他风险。这些管理者还举出了一些影响较大的风险，如质量安全风险、价格风险、原料成本风险、机器产能风险。而 Jüttner（2005）进一步把上述 4 种风险划分为两个方面：环境风险和供需风险作为一个方面；流程和控制风险则作为一种风险来源。Christopher 等（2006）认为，风险的来源主要有经济周期波动、消费者需求变动、自然的或人为的灾害等。通过大量实证研究构建供应链风险管理模型，旨在通过大量的调查和实践数据为风险管理者提供有效决策；通过对很多商业管理者的调查，对各种风险类型的重要性进行排名，名次从高到低依次是：经济风险、恐怖主义相关风险、政策风险和其他风险；这些管理者还举出了一些影响较大的风险，如质量安全风险、价格风险、原料成本风险、机器产能风险。He和Zhang（2008）认为，产量的不稳定是供应链中风险的主要来源，并通过只有供应商和零售商的两阶段供应链实证了这一观点。Hai（2013）认为，数据共享是供应链网络中产生风险的主要来源，并构建一种模型描述潜在的联盟规则，能够帮助企业避免在网络中由于泄露企业敏感信息而产生的风险，通过案例实证这个模型的有效性。

肖艳等（2009）总结国内外学者的研究认为，风险的来源主要有两方面，即供应链外部风险和供应链内部风险。其中供应链外部风险包括自然和社会灾害、政治因素、经济环境因素、社会因素、市场需求不确定性、技术风险；供应链内部风险包括企业内部各环节的不确定性、战略风险、道德风险、信息风险、合作风险、企业文化差异、信任风险、成员"锁定"风险、能力风险等。许福才和蒙少东（2010）认为，市场失灵和政府失灵是造成食品供应链风险的主要原因，由此导致了食品质量安全风险、物流风险、信息风险和制度风险等。李国昊等（2013）重点研究了制造业企业的供应链风险管理，运用结构方程模型分析了供应链风险管理绩效与企业绩效之间的关系。供应链风险绩效主要有供应链风险管理、需求风险管理、制造过程风险管理、信息风险管理 4 个主要指标，并对两者之间的关系进行了实证研究。汤恒（2014）指出农产品供应链风险的来源主要有消费者偏好、信息真实性、协作机制、自然灾害和政治影响，并运用解析结构模型分析农产品供应链风险的影响因素。

2. 供应链风险管理流程研究

Cranfield（2002）提出了一个四阶段的供应链风险管理框架（包括供应链范围和构成要素的描绘、供应链脆弱性和风险识别、供应链风险评价、供应链风险管理等），强调对供应链风险范围和构成要素的鉴定。Deloitte 管理咨询公司（2004）虽然也将供应链风险管理过程主要归结为四个阶段（识别风险、决定供应链风险管理战略和行动、执行和实施行动、监控供应链风险管理过程和结果），但重点放在以核心企业为中心的供应链风险管理，既考虑核心企业内部风险，也考虑可能会影响核心企业效益的供应商、客户、环境的风险，认为对供应链风险管理过程的监控有利于获取评估和提升供应链风险管理战略和行动的信息。Ritchie 等（2007）以商业风险决策模型中的主要风险决定因素为基础，提出了供应链风险管理框架，此框架包括 5 项要素，分别是风险源与风险预测、风险与绩效指标、风险与绩效阶段性结果、风险管理响应、风险与绩效成果。Wang 等（2007）指出典型的风险管理过程应该包含风险识别、风险评估、风险控制和风险监测四个阶段，并指出供应链风险管理与单个企业风险管理最大的区别就在于供应链中企业间的相互关联，且供应链风险管理中合作企业还可以共担部分风险管理过程。Achmad（2012）从供应链风险识别以及风险原因分析两个流程，阐明了火山灾害对西多尔佐（印尼）捕虾产业的影响。Mangla 等（2015）通过实证阐述了绿色供应链风险治理的流程，首先识别风险分为 5 大类 25 种，并收集专家意见，运用模糊层次分析法分析产生风险的原因，最后得出运作风险是其主要风险源。

国内很多学者对供应链管理流程进行研究，但由于起步较晚，研究大部分基于国外的研究，且很少对其进行单独研究。王丽杰和刘宇清（2014）将绿色供应链管理分为 3 个阶段 6 个步骤，其中第一阶段为风险识别、风险度量和风险评估；第二阶段为风险评价、风险减轻和应急计划；第三阶段为风险控制和监督。

3. 供应链风险评估方法研究

Tobias（2008）运用层次分析法解决了美国制造企业在全球选择供应商的风险问题。Wu 和 Olson（2008）通过仿真的方法对供应链风险评价进行研究。Jyri 等（2012）研究了多种复杂供应链模式中的风险，企业面临的风险由其在供应链中的地位决定，构建了复杂供应链风险模型，分析风险产生的原因，并用 Mote – Carlo 仿真这些风险在供应链中延迟产生所带来的影响。Atwater 等（2014）构建了风险评估模型对传送机公司供应链网络上的风险进行研究，并运用风险评估积分卡的方法进行量化。Iris（2015）认为，供应链风险的主要特征包括风险目标的驱动性、多样化和主观决策性，并通过构建供应链风险模型对供应链风险进行评价。

国内学者在供应链风险评估方法方面的研究成果也非常丰富，丁伟东等（2003）用模糊因素分析法，陈丽虹等（2004）用层次分析法，付玉等（2005）用人工智能技术，刘冬林等（2006）用综合评估法，肖美丹等（2007）用主观判断与定量分析相结合的未确知理论方法，于瑞峰等（2007）基于 BP 神经网络开发了供应链风险评估模型。越来越多的量化方法也被用于农产品供应链风险评估问题的研究。王宇波、陈小霖等（2007）分析了我国农产品供应链中存在的风险，提出了相应的风险防范措施。林朝朋（2009）运用区间值模糊综合评价法建立了生鲜猪肉供应链安全风险评估模型。陈倬等（2011）提出了我国果蔬供应链风险的控制措施。颜波等（2012）提出了一种基于系统动力学和粗糙集理论相结合的水产品供应链风险评估方法。胡海青等（2012）通过运用机器学习的方法支持向量机（SVM）和 BP 神经网络算法分别建立信用风险评估模型对中小企业的信用风险进行评估，并通过实证分析表明 SVM 方法建立的模型更具有优越性和有效性。颜波（2013）采用了 OWA 算子对风险控制因素进行重要性排序，筛选出企业所面临的主要风险指标，应用 CVaR 构建风险损失函数，采用改进的遗传算法求解最优风险控制组合，证明农产品供应链控制应从源头做起。

综上所述，国内外学者在农产品质量安全、农产品供应链管理以及供应链风险管理等方面已取得一定的研究成果，个别研究也极具开创性，丰富了农产品供应链质量安全和风险管理的理论，对农产品质量安全管理实践起到了一定的指导作用。但是，关于农产品供应链质量安全风险的研究成果较少，且多是宏观的文字性措施政策，缺乏定量研究和实证研究。

1.2.4 农产品供应链风险管理研究趋势

在目前的研究成果中，针对质量安全风险这一具体因素进行的研究还很少，仍然处于理论研究的初级阶段。大部分研究是对现象的描述性分析，缺乏对农产品供应链系统质量安全风险的识别、评估、控制机制等方面的系统研究。从风险传递的系统角度研究农产品供应链的研究成果非常少，大多仅建立概念框架，从宏观层次上对农产品供应链作定性分析，具体细节及定量研究方面的成果很少，研究深度还不够。因此，未来农产品供应链方面的研究应该重点关注以下问题。

(1) 系统识别农产品供应链系统质量安全风险因素：在质量安全风险形成及传递过程中，系统识别各种引发质量安全风险的因素，分析这些因素产生的根本原因。

(2) 定量分析农产品供应链质量安全风险传递机理：定量分析农产品供应链各主体间质量安全风险的传递过程、衡量方法和影响程度，并以生猪供应链为例，构建了生猪供应链质量安全风险评估的马尔科夫模型。

(3) 科学构建农产品供应链质量安全风险控制机制：根据农产品质量安全风险现状及我国的实际情况，建立有效的农产品供应链质量安全风险控制机制，确保农产品质量安全与有效供给。

1.3 研究内容与研究思路

1.3.1 研究内容

1. 农产品供应链质量安全风险现状与风险源识别

农产品供应链的质量安全风险主要源于供应链各主体的运作过程，通过对各主体的实地调研，了解农产品供应链质量安全风险的基本情况，分析农产品供应链存在的质量安全风险，识别其风险源因素以及各因素之间的相互关系。

2. 农产品供应链质量安全风险传递机理

农产品供应链质量安全风险的传递性是指由于供应链中每个主体的质量安全风险会随着网链结构的传递作用转移到下游成员，最终影响整个供应链。本书从定性和定量两个角度研究农产品供应链内部的层次关系、质量安全风险在不同层次之间的传递过程、传递后果等风险传递机理，构建质量安全风险传递模型。

3. 农产品供应链质量安全风险评估

基于前两部分内容的研究结果，提出农产品供应链质量安全风险评估指标体系，建立多属性群决策风险评估模型，对农产品供应链质量安全风险进行系统科学的评估，并以生猪供应链为例，构建了基于风险传递的生猪供应链质量安全风险评估的马尔科夫模型。

4. 农产品供应链质量安全风险控制的博弈分析

分别构建农产品供应链各个环节企业之间、企业与消费者之间、企业与政府监管机构之间的静态博弈模型，对他们之间相互作用的决策行为进行博弈分析；运用演化博弈论的方法，构建政府监管部门与农产品生产企业之间的演化博弈模型，分析政府监管部门群体和农产品生产企业群体之间策略选择的演变趋势。

5. 农产品供应链质量安全风险控制对策

将农产品供应链外部政策与微观层面的主体决策行为、宏观层面的供应链质量安全风险状态联系起来，分析农产品供应链各主体对外部环境的适应过程及学习能力，同时借鉴发达国家和地区农产品供应链质量安全风险管理体系，完善我国农产品供应链质量安全风险控制机制。

1.3.2 研究思路

本节的研究思路是对农产品供应链质量安全风险现状进行考察，从农产品供应链中选择农资供应商、农业合作组织、农户、相关物流企业、零售企业、消费者及政府职能部门进行调研，系统提炼出农产品供应链各环节主体特点及质量安全风险因素，分析各个因素的特征及其相互关系，运用马尔科夫理论分析农产品供应链质量安全风险在系统各主体间的传递关系，构建质量安全风险传递的定量模型。基于调研和分析结果，建立农产品供应链质量安全风险评估体系，并应用博弈论方法对农产品供应链质量安全风险主体间的相互作用进行分析，借鉴发达国家和地区的经验，探讨适应我国经济社会发展的农产品供应链质量安全风险控制模式及途径，完善现有的质量安全风险控制机制。具体思路如下图所示。

文献研究
查阅国内外相关文献，分析相关理论
实地调研
考察典型农产品供应链质量安全风险现状
农产品供应链质量安全风险源因素识别
了解农产品供应链质量安全风险现状，
系统提炼质量安全风险源因素
农产品供应链质量安全风险传递机理分析
分析农产品供应链质量安全风险在各主体
间的传递关系及质量安全风险传递机理
基于多属性群决策的农产品供应链质量安全风险评估
构建基于多属性群决策理论的农产品供应链质量
安全风险评估模型
基于风险传递的生猪供应链质量安全风险评估
构建基于风险传递的生猪供应链质量安全风险
评估的马尔科夫模型
农产品供应链质量安全风险控制博弈分析
构建农产品供应链不同主体之间的静态博弈模型
基于演化博弈的农产品供应链质量安全监管分析
构建政府监管部门与农产品生产企业之间的演化博弈模型
国外农产品供应链质量安全管理体系
借鉴国外相关法律法规、质量标准、检测检验、质量认证、技术支撑、信息化管理等方面的经验
农产品供应链质量安全风险控制机制
建立适应我国社会经济发展环境的农产品供应链质量安全风险控制机制

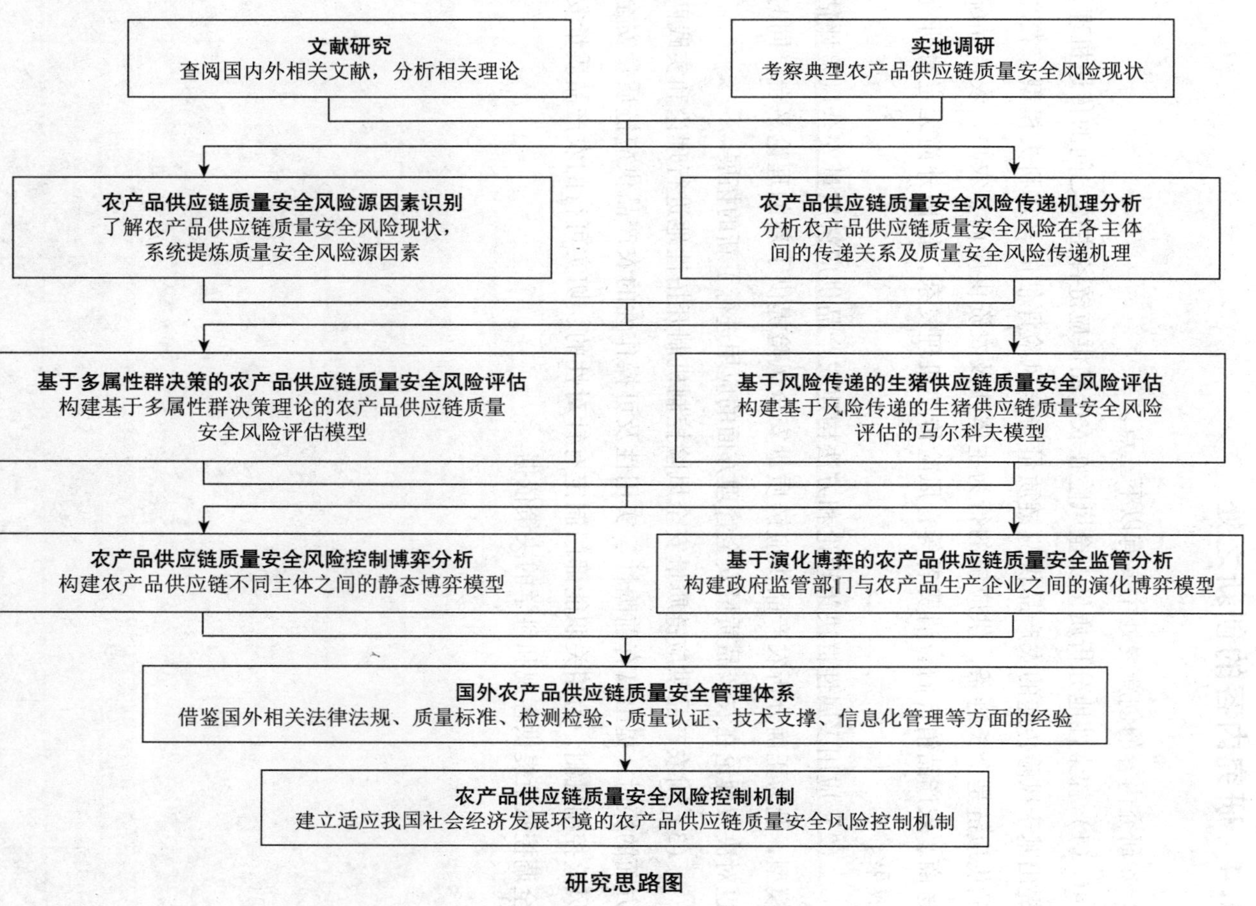

研究思路图

1.4 研究内容的创新之处

研究内容的创新之处主要有以下三点。

（1）探索性地分析质量安全风险在农产品供应链各主体之间的传递机理，提出基于风险传递的农产品供应链质量安全风险评估的马尔科夫模型。农产品供应链是个长链条，供应链的行为主体涉及农资供应商、农户、农产品配送商、农产品销售商、消费者等，风险传递机理复杂，国内外尚无定量研究成果。

（2）应用多属性群决策理论和方法构建农产品供应链质量安全风险评估模型，既为正确分析农产品供应链质量安全风险提供了新的理论平台，同时也对决策理论在农产品质量安全管理方面的应用进行了新的拓展。

（3）对农产品供应链质量安全风险控制机制开拓性地进行理论和实践两方面的探讨，提出具有前瞻性、实用性及可操作性的农产品供应链质量安全风险控制机制，为相关职能部门制定有针对性的、切实可行的农产品质量安全调控政策提供客观和科学的决策依据。

2 农产品供应链质量安全风险相关概念及理论

2.1 相关概念

2.1.1 农产品

目前，国内外关于农产品含义的界定有所差异。由于我国历史、体制等方面的原因，人为地将食物分为农产品和食品，而在国际上则统称为食物(Food)。2006 年 4 月 29 日审议通过的《中华人民共和国农产品质量安全法》中规定，农产品是指来源于农业的初级产品，即在农业活动中获得的动物、植物、微生物及其产品。也就是说，农产品既包括鲜活的动物、植物、微生物产品，又包括未改变基本自然性状和化学性质的初级加工品。这是目前关于农产品概念最为权威的认定，本书中的农产品概念采用该定义。而食品是以农产品为原料，经过加工制作，由工业化过程生产，改变了原料产品基本理化性质，可供食用或饮用的产品（樊红平，2007）。从食物消费总量上看，在我国约 80% 的食物是鲜活农产品，包括蔬菜、水果、畜禽水产品等（牟少飞，2012）。

2.1.2 农产品供应链

农产品供应链的概念正如供应链的概念一样，至今还没有统一的定义。无论是农产品供应链、涉农供应链、农业供应链、食品供应链、农业综合企业、农产品物流网络或农产品物流体系，都不加区别地称为农产品供应链，实质上这些概念都是根据产品特征或研究边界给定的。

我国学者王宇波等（2004）认为，农产品供应链即农产品从收购、加工、运输、分销直至最终送到顾客手中的这一过程所组成的环环相扣的链条。刘秀玲等（2006）将农产品供应链定义为：在农产品生产和流通过程中，将农产品和服务提供给最终用户活动的上游和下游的所有企业所形成的网络结构。杨金海等（2007）则将农产品供应链划分为生产资料的供应环节、生产环节、加工环节、分销环节和零售环节 5 个环节。这些研究者将供应链概念中的一般产品替换为农产品，从而得到农产品供应链的定义。

本书借鉴前面提到的农产品供应链的定义，针对农产品的特性，引入农产品供应链的概念：农产品供应链可以被描述为农产品沿着农户、加工企业、配送中心、批发商、零售商以及消费者运动的一个网状链条。一般而言，农产品供应链由不同的环节和组织载体构成，即产前种子、饲料等生产资料的供应环节（种子、饲料供应商）—产中种养业生产环节（农户或生产企业）—产后分级、包装、加工、运输、储藏、销售环节—消费者。在国外农产品供应链被形象比喻为“种子—食品”，在我国通常称之为“田头—餐桌”，从始端到终端包括种植（养殖）户、加工企业、运输商、零售商以及消费者等各种类型的组织与个体。农产品供应链主体及各环节流程模型如图 2－1所示。

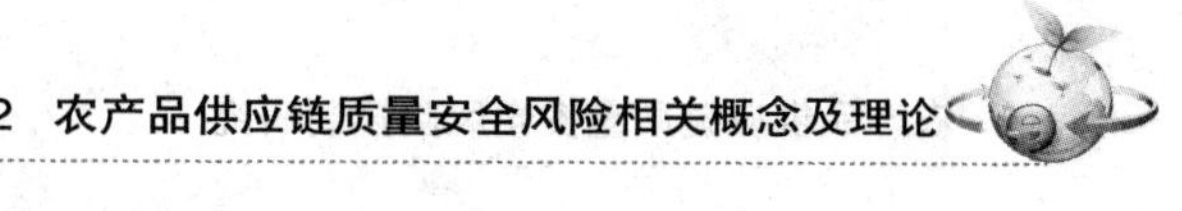

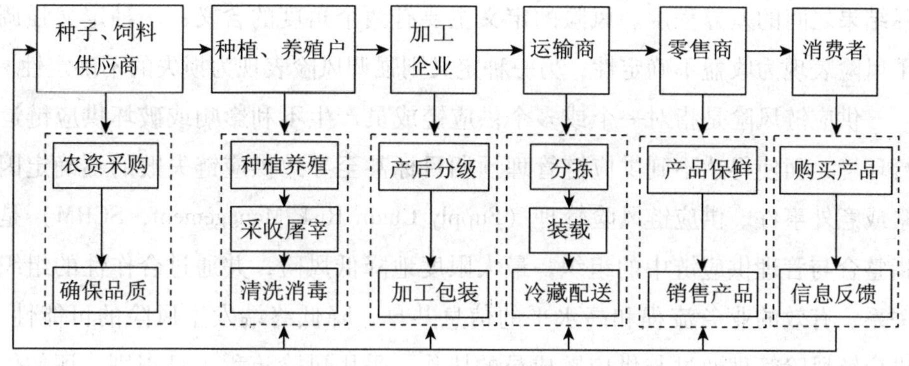

图 2-1 农产品供应链主体及各环节流程模型

农产品供应链相对于其他行业的供应链，有以下两个特点：①随机性。一方面，对比工业供应链，农产品的供应链因为在节点的链接上随机性较强，所以想要构建稳定的供应链结构比较困难。另一方面，农产品供应链涉及要素众多且农产品具有季节性、地域性限制的自身特点，使得供应链组成节点参与者的多变，从而容易改变供应链的长度和宽度。农业产业结构调整、价格预测作用、种植户行为方式的变化、自然灾害等因素也会导致农产品供应链频繁改变。②复杂性。农产品供应链的复杂性主要体现在两方面：第一，供应链链条上存在着数量较多的生产主体和消费主体；第二，在链条上还有大型中心企业、产品运销商、产品分销商、产品零售商等诸多环节。在实际供应链运行中，大量的产品运销商对于农产品整个供应链来说会带来高额的搜索成本和更多的无效物流，从而使得供应链对市场的反应变得更加缓慢、使各环节参与者风险增加（孟超，2013）。

2.1.3 供应链风险

企业在实现其目标的经营活动中，会遇到各种不确定性事件，这些事件发生的概率及其影响程度是无法事先预知的，这些事件将对经营活动产生影响，从而影响企业目标实现的程度。这种在一定环境下和一定期限内客观存在的、影响企业目标实现的各种不确定性事件就是风险。简单来说，所谓风险就是指在一个特定的时间内和一定的环境条件下，人们所期望的目标与实际结果之间的差异程度。风险的定义主要有两个角度的含义：一种定义强调了风险表现为收益不确定性；另一种定义则强调风险表现为损失的不确定性。

供应链风险是指对一个或多个供应链成员产生不利影响或破坏供应链运行环境，而使得达不到供应链管理预期目标甚至导致供应链失败的不确定因素或意外事件。供应链风险管理（Supply Chain Risk Management，SCRM）是指整合与管理供应链中的组织，最大限度地降低风险，并通过合作性的组织关系、有效的业务流程和高水平的信息共享，降低终端发生风险的可能性。供应链风险管理通过与供应链成员的协作，采用风险流程工具识别、评估供应链内外部风险，并建立包含监控与反馈机制的一整套系统而科学的管理方法，综合处理供应链风险，以降低整体供应链的脆弱性。与一般的企业风险相比，供应链风险有动态性、传递性、复杂性、层次性和系统性等特点。

从不同的角度、按照不同的标准，对供应链风险有不同的分类结果。具体（见下表）可以分为以下几种（严素芳，2009）。

供应链风险分类表

划分标准	风险分类
风险行为主体	供应商风险、制造商风险、批发商风险、零售商风险、物流服务商风险
管理目标	质量风险、成本风险、时间风险
管理层次	战略层风险、战术层风险、操作层风险
风险因素	自然环境因素风险、社会环境因素风险

本书主要研究农产品供应链的质量安全风险，即通过识别影响农产品供应链质量安全的风险因素，提出有效控制农产品供应链质量安全风险的途径，以保证其提供的农产品满足质量安全的要求。

2.1.4 农产品质量安全

关于农产品质量安全的概念，通常有三种认识：一是把质量安全作为一个词组，是农产品安全、优质、营养要素的综合。二是指质量中的安全因素，从广义上讲，质量特性应当包含安全，之所以叫质量安全，是要在质量的所

有特性中突出安全因素，引起人们的关注和重视。三是指质量和安全的组合，质量是指农产品的外观和品质，即农产品的商品价值和使用价值，如气味、口感、营养成分、加工特性、包装、标识等；安全是防范潜在的危害，农产品安全是指防范农产品农药残留、兽药残留、重金属污染等危害因素对公众健康、生态安全、动植物卫生等的影响。

从以上三种定义的分析可以看出，农产品质量安全概念是在不断发展变化的，应当说在不同的时期和不同的发展阶段对农产品质量安全有各自的理解。目的是抓住主要矛盾，解决各个时期和各个阶段面临的突出问题。从发展趋势看，大多是先笼统地抓质量安全，启用第一种概念；进而突出安全，推崇第二种概念；最后在安全问题解决的基础上重点是提高品质，抓好质量，也就是推广第三种概念。总体上讲，生产出既安全又优质的农产品，既是农业生产的根本目的，也是农产品市场消费的基本要求，更是农产品市场竞争的内涵和载体。《中华人民共和国农产品质量安全法》规定："农产品质量安全，是指农产品质量符合保障人的健康、安全的要求。"本书认为，农产品的安全性是目前我国农产品质量安全管理工作的重点，因而农产品质量安全主要是指农产品质量方面的安全，与农产品数量安全相对应。

农产品质量安全具有以下特点：①农产品质量安全存在潜在性，不容易被人察觉。②农产品质量安全具有全程性的特点，农产品生产、加工、流通等各个环节都有影响农产品质量安全的因素。③农产品质量安全具有信息不对称特点，消费者无法全面了解农产品质量安全信息。

2.2 相关理论

2.2.1 农产品质量安全理论

1. 农产品质量安全影响因素

影响我国农产品质量安全的因素很多，这些因素主要包括产地环境、农业投入品（生产环节和流通环节）、标准以及监管等因素。

(1) 产地环境因素

农产品产地污染是指产地环境中的污染物对农产品质量安全产生的危害，主要包括产地环境中水、土、气的污染，例如灌溉水、土壤中的重金属超标以及空气质量问题等。农产品产地污染治理难度很大，需要通过净化产地环境来加以解决。所以为确保生产出的农产品符合质量要求，必须要准确、及时、全面了解和掌握农田所在区域的土壤环境质量状况和发展趋势，从而为科学种养提供服务，遏制因产地因素导致的农产品质量安全问题。

(2) 农业投入品因素

对于影响农产品质量的农业投入品因素来说，其中主要包括农药、化肥、添加剂。首先是农药的影响。主要体现在使用农药后，虽然能杀死害虫，但同时也会诱致害虫对某些农药产生抗药性。更严重的是使一些鲜果、鲜菜类农产品残留严重超标的农药，食用后对人体造成严重的伤害。其次是化肥的影响。为追求产量农户往往过多地使用化肥，一般由于农民的文化程度普遍偏低，从而导致化肥使用不科学，造成有害成分超标。最后是添加剂的影响。由于缺乏必要的指导以及利益驱使，在农产品加工过程中，滥用添加剂及违法添加的现象比较突出。

在生产环节中，部分农户受经济利益的驱使，为增加产量或其他目的，滥用化肥、农药和兽药，甚至使用激素、禁用兽药，使这些物质在食品中含量超标，对人们的身体健康形成了潜在的危害，最为典型的例子是“瘦肉精”事件的出现。

在流通加工环节中，流通加工者为了获得更多的利益，在农产品流通加工过程中，大量使用对人体有害的添加剂和防腐剂。还有不少企业在产品获得一定声誉后，利用消费者的信任，改用劣质材料和毒性原料偷梁换柱以取得更大的经济利益。同时，有些农产品在加工、包装、存储、运输过程中，由于设备、工艺操作等方面存在问题而导致“二次污染”。此外，由于没有采取必要的冷冻措施，很多鲜活农产品在流通过程中变质腐坏。

(3) 标准因素

目前，我国在农产品质量安全方面的标准相对于国外来说还是存在一定

的差距的，农产品质量安全标准体系有待完善。主要体现在三个方面：一是标准不配套，使得组织农产品生产加工以及实施监督缺乏有效的技术依据；二是标准的层次性差，国家标准、行业标准、地方标准没有层次，侧重点没有得到体现；三是标准的针对性差，我国的标准往往是大的行业标准，细化到生产流通的每个环节的标准欠缺，针对性差。

（4）监管因素

虽然农产品的质量安全对人体健康有直接影响，但农产品的生产的特点、条件和水平决定了对农产品生产很难实施登记许可等管理制度，对农产品进入流通市场暂时也不具备实施强制性认证和准入的条件。虽然部分地方在农产品市场质量安全准入方面做了一些探索，但还没有取得预期的效果，农产品质量安全监控缺乏有效的强制性约束手段。

2. 市场失灵理论

谈及农产品质量安全管理的特征，其中最明显、最独特的一点就是农产品质量安全管理存在市场失灵。所谓市场失灵（Market Failure）是指依靠市场机制自发运作不能够实现最有效率的资源配置。虽然市场经济的根基在于出售商品和服务，但在某些情况下，市场并不能提供社会所需要的所有商品和服务，或者可能是以一种对整个社会产生不利影响的方式进行的。市场机制自身并不足以实现所有的经济职能，这就需要公共政策在这些方面予以引导、矫正和支持。导致市场失灵的原因主要有以下四种：一是公共物品；二是外部性；三是信息不对称；四是不可控。农产品质量安全管理正是因为具备了这四重特征，才导致了市场失灵。

（1）外部性理论

农产品质量安全管理问题具有典型的外部性特征，而外部性必然导致市场失灵，市场无法进行自行调节，使得具有外部性特征的经济活动偏离其最佳状态。因为农产品市场价格并没有全部反映产品生产和消费的所有成本，忽略了农产品质量安全管理的成本，而管理成本却要自己消化，从而导致资源无法有效配置。质量安全的农产品生产具有明显的外部经济；反之，质量不安全的农产品生产具有明显的外部不经济。这就是说，质量安全的农产品生产不仅可以为农产品生产经营者带来较高的经济利益，还具有较好的社会效益，社会效益包括通过生产高质量的农产品使得人民生命健康的安全得到保障以及推动现代农业的可持续发展等；相反，质量不安全的农产品生产则会危及人民的身心健康，影响农产品的国际竞争力。正是这种外部经济的存在，意味着市场需求不可能完全体现农产品生产经营者的所有收益，而外部不经济又与公共利益紧密联系。因此，政府必须执行对农产品质量安全问题的规制行为，从而有效遏制市场失灵的现象，以使农产品质量安全得到长效保障。

(2) 信息不对称理论

2001 年，美国经济学家斯彭斯（Spence）、阿克尔洛夫（Akerlof）和斯蒂格利茨（Stigliz）因研究信息不对称理论被授予诺贝尔经济学奖。该理论认为：市场中卖方比买方更加了解产品的相关信息；拥有更多信息的一方，可通过向信息较少的一方传递可靠信息而获益；拥有较少信息的一方则会努力向拥有较多信息的另一方获取信息；信息不对称是市场经济的弊病，需要政府在市场体系中发挥强有力的作用。信息不对称是信息不完全的一种表现方式，也是经济活动中的一种普遍现象，会严重影响市场运行的效率，是导致市场失灵的重要原因。在信息不对称下，农产品质量安全管理陷入怪圈。在农产品市场上信息不对称的现象较普遍，主要表现在以下三个方面。

①农产品经营者与消费者之间的信息不对称。经营者与消费者之间的信息不对称主要是由农产品生产者与消费者在进行交易的时候，生产者对于农产品品种的选择、培育以及农药化肥的使用情况更加清楚，有些经营者为了获得更多的利益而盲目提高价格，而消费者只能通过农产品的外观来进行判断，掌握的信息量较少。这就造成了农产品的生产者和消费者之间信息的不对称。

②农业生产资料提供商与生产者之间信息不对称。农产品的种植需要各种生产资料的投入，然而不合格的生产资料投入品，例如化肥、农药、各种添加剂、动物药品等直接导致农产品的质量安全。我国的农业生产者主要是农户，农户的文化水平普遍比较低，而且缺乏专门的检验检测技术来识别生

产资料的好坏，并且劣质的生产资料价格比较低，农户出于降低成本的考虑会选择劣质的生产投入品，这样生产出来的农产品使用后必然会造成一定的负面影响。

③政府与农产品流通环节各主体之间的信息不对称。政府在农产品流通环节中起到监督的作用。政府与农产品流通环节各主体之间的信息不对称，主要体现在两个方面。首先，政府的信息传导机制不健全。目前，农产品质量安全管理中存在部门分割、权责交叉等现象，各部门通常只负责自己的信息传递，且在传递过程中，大多通过一些专业网站或专业的报刊等向外传递各种政策信息和农产品质量信息。由于信息网络不健全、农民信息接收能力差、农民文化程度低等原因，造成了信息传递面窄、传递实效性差等问题，使得农产品流通环节中各主体很难及时、有效、全面地了解相关信息。其次，政府的监管力量有限。农产品种类繁多、生产分散、缺乏标识、产品的安全责任可追溯性差，因而政府管理者在监管中监管成本高；加上目前检测检验技术相对落后，检验成本高，高成本使得政府不可能对农产品实施完全、持续的监管。以上两点则造成了政府与农产品流通环节中各主体之间的信息不对称。

2.2.2 农产品供应链管理理论

农产品供应链管理就是对整个农产品供应链中各主体之间的物流、信息流、资金流进行计划、协调和控制，通过供应链上下游主体之间的密切合作，以最小的成本提供最大的价值和最好的服务，从而提高整个供应链运行效率和经济效益，并通过一定的利益分配机制使供应链上所有主体的经济效益得到提高（朱毅华，2004）。在供应链内部形成一套行之有效的组织机制是供应链组织管理的首要任务，即在供应链成员之间建立信任、诚实和开放的组织合作关系，以获得供应链整体利益的最大化。在实践中，农产品供应链管理不仅涉及纵向一体化成员之间关系（联盟）的管理，还涉及横向成员之间关系（联盟）的管理。理论界已经用产业组织理论、交易成本理论、委托—代理理论和战略管理理论等来解释这些关系管理的必要性和合理性。

农产品供应链管理是一种全新的管理理念和方法，其核心是强调运用集成的思想和理念来指导企业的管理行为实践，即以消费者需求引导整个供应链的运作，不是环节的单独管理，而是将整个供应链作为一个系统来严格控制（魏国辰等，2009）。集成化供应链（Integrated Supply Chain，ISC）是指供应链的所有成员基于共同的目标而组成的“虚拟组织”，组织内的成员通过信息共享，资金和物资等方面的协调与合作，优化组织目标（整体绩效）。

集成化供应链管理就是对整个集成化供应链进行管理，即对供应商、制造商、分销商、客户和最终消费者之间的商流、物流、信息流和资金流进行计划、协调、控制等，使其成为一个无缝的过程，实现集成化供应链的整体目标。

依据供应链集成的思想，集成化农产品供应链管理就是促进农产品供应链各节点企业专业化分工，供应链各节点企业通过信息共享、资金和物资等方面的协作进行协调，优化组织目标（整体绩效），对供应链上所有的过程和物流功能进行无缝链接，集成供应链上各节点企业的核心竞争力，使供应链的竞争者不易复制、模仿，从而提高供应链的竞争优势，实现集成化供应链的整体目标。

集成化农产品供应链，会促进农业专业化分工，优化和链接供应链上所有过程和功能，把农业生产资料供应商、农产品生产商、加工商、销售商以及物流服务商整合为一体，以顾客需求为导向提供农产品，节约交易成本，使整个供应链产生的价值最大化，同时向各环节都能获得平均利润的方向发展，更好地控制食品质量和安全，有利于在供应链成员间传播知识、技术，扩散资本，使供应链的竞争者不易复制、模仿，从而提高供应链的整体竞争优势。

2.2.3 供应链风险管理方法

供应链风险管理分为供应链风险识别、供应链风险评估、供应链风险的控制与预防 3 个步骤，在各个步骤中要应用相应的方法和工具。

1. 供应链风险识别

供应链风险识别是风险管理的第一步，它是指对供应链所面临的和潜在的风险加以判断、归类和对风险性质进行鉴定的过程。即对暂时没有发生的、潜在的和客观存在的各种风险因素，进行供应链风险的识别和归类。

风险识别的方法主要有：供应链流程分析法、历史分析法、情景分析法、财务报表分析法等。风险识别的技术和工具主要有：风险核对表、供应链运作参考模型、因果图和故障树、数据挖掘技术等。

本书主要采用供应链流程分析法来识别农产品供应链的质量安全风险，即根据不同的流程，对每一阶段、每一环节逐次进行调查分析，进而从中发现潜在的危险，找出影响危险发生的因素，分析危险发生后对整个农产品供应链质量安全可能造成的不利影响。

2. 供应链风险评估

供应链风险评估主要是对各风险进行定性分析，主要分析其形成机制、作用机制、各风险因素间的相互影响等；分析风险在供应链成员企业间的传递性、作用机制以及对各节点企业和整个供应链的影响情况；量化已识别出的风险的发生概率和后果，并站在整个供应链角度对风险进行优化。

常见的供应链风险评估模型有层次分析法和模糊综合评判法。层次分析法是把复杂的问题分解为各个组成因素，按支配关系分组以形成有序的递阶层次结构，通过两两比较判断的方式确定每一层次中因素的相对重要性，然后在递阶层次结构内进行合成以得到决策因素相对于目标的重要性的总顺序。模糊综合评判是对多种属性的事物，或者说其总体优劣受多种因素影响的事物，做出一个能合理地综合这些属性或因素的总体评判。本书将采取多属性群决策方法对各环节的质量安全风险进行评估。

3. 供应链风险的控制与预防

供应链风险控制与预防主要是采用规避、转移和风险分担等策略使供应链风险的影响最小化，同时，通过一系列的监控措施及时处理供应链上出现的问题，使供应链能够长期健康发展。

规避风险的方法包括：供应链上下游的垂直整合；增加库存和缓冲库存；

保持一定的多余生产；存储；处理和运输能力；和供应商签订契约以增加供应商的责任；生产延迟策略；多维供应源；当地采购以及供应链上下游联合以改进供应链透明性和可理解性、分享风险相关信息、制订供应链持续性规划。

供应链风险转移是将供应链中可能发生风险的一部分转移出去的风险防范方式，它涉及一方（转移者）对另一方（被转移者或风险承担者）的支付。被转移者同意承担转移者希望规避的风险，有时风险程度会通过风险转移过程而降低，因为被转移者可能更擅长运用大数定律来预测损失。在其他情况下，风险程度保持不变，而只是以一个价格从转移者转给被转移者。

供应链风险自担是供应链中企业将可能的风险损失留给自己承担。自留可以是有计划的，也可以是非计划的，并且可以事先为将发生的损失预留资金，也可以不预留。

2.2.4　供应链风险传递理论

供应链风险传递是指风险沿着供应链的运作流程所进行的传递过程。由于供应链的节点企业繁多，供应链结构复杂，其中的每个环节都可能成为供应链风险的源点，因此，供应链风险传递过程是一个复杂的系统过程。

1. 供应链风险传递要素

供应链中的风险传递由四个关键要素组成，分别为风险源、风险传递节点、风险传递介质、风险传递路径（李刚，2011）。

作为供应链风险传递的基础，风险源在供应链中特定的时间、环境下产生，并不断聚集，逐渐能力增大，直至形成一股风险流。根据风险源产生的条件，可以将其分为内部导致的风险源与外部导致的风险源。

风险在供应链中进行传导时，供应链中的内部与外部的风险因素会互相渗透，其中，各种风险聚集交汇的交叉点就是风险的传递节点。供应链中的各个节点都可能成为风险的传递节点。对传递节点进行评估调查，找出关键的节点，并对其进行严加监督控制，可以在很大程度上减少风险的破坏能力。

风险传递介质指风险在供应链中传递所依附的物质。风险依附于该物质，

造成该物质的特性遭到改变。风险介质在供应链传递，风险会在无形中以时间指数形式进行扩散并逐级扩大至供应链中的各个节点。

风险在供应链中依附于风险传递介质，并集聚形成风险流，依据业务的价值链、利益链、流程链，沿着供应链的流程或功能节点进行传递的路径，被称为风险的传递路径。它可以分为集中式、辐射式、链式与交互式。

供应链中的风险可能被供应链中的任何节点企业所接收——原料供应商、生产制造商、运输配送商、销售商、最终的消费者。风险在供应链中不断聚集至一定的能量，当风险接受者对存在的风险不能承担或转移时，风险就会对风险接受者产生冲击，致使其遭受巨大损失。而这些损失又会外溢，成为新的风险源，不断聚集传播，形成新的风险传递过程。

2. 供应链风险传递特征

供应链风险传递具有以下特性：随机性与突发性；联动性与非线性；路径依赖性；风险变动性；不可逆性（夏喆，2007）。

风险具有随机的特性，因此供应链的风险传递也就有随机的特性。风险在迸发传递前会经历一个不断集聚的过程，这个过程并不易被管理者所察觉。当风险积累至一定状况时突然出现，随着供应链中的传递介质传递，给企业造成不同程度的冲击。这一特性就是风险传递的随机性与突发性。

供应链中的风险流多种多样、复杂多变。它们之间互相作用和影响。一个风险流的产生可能会促使其他风险流的产生，一个风险流的变动可能会致使其他风险流发生变动。而且风险流对供应链的影响往往不是线性关系，而是一种非线性关系。这一特性被称为风险传递的联动性与非线性。

供应链中的风险传递充分依赖风险的传递路径，不论是正反馈，还是负反馈。因此，当研究分析出各个风险的不同的传递路径的规律，就可以采取措施阻止风险在供应链中的传递。这一特性被称为风险传递的路径依赖性。

风险在供应链传递过程中，会随供应链节点的不同而改变风险的性质，并形成不同的风险子系统。这些新形成的风险子系统会随供应链节点传递至供应链企业的各个环节中。这一特性被称为风险传递的变动性。

供应链中的风险传递过程是不可逆的。首先，风险已经传递，供应链的风险状态发生改变，供应链的内部与外部环境也会随之发生变化，并且不可复原。其次，风险在供应链的各个节点企业间传递，对企业的业务流程链、价值链、信息流的每个节点产生影响，并改变其风险状态，而该状态是不可复原的。

3. **风险传递理论基础**

风险传递主要包括两大理论基础——多米诺骨牌理论和能量释放理论。

（1）多米诺骨牌理论（Heinrich's Domino Theory）

1931 年，W. H. Heinrich 在其创建的多米诺骨牌理论中指出，88% 的事故是人为导致的，10% 是由不安全行为引起的，2% 是由上帝引起的。他认为风险发生具有类似倒塌的多米诺骨牌墙的特征，风险的发生分 5 步进行，如图 2－2所示。

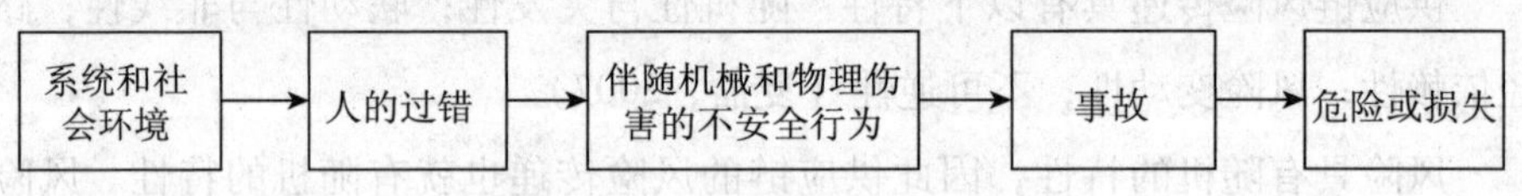

图 2－2　风险发生的 5 步骤

该理论认为只要排除中间步骤的发生，事故就会像抽掉了中间一块骨牌的多米诺骨牌墙那样终止倒塌，从而预防风险的发生，而最关键的步骤是第 3 步。多米诺骨牌理论强调风险因素、风险事件和风险结果之所以相继倾倒的主要原因是人的错误行为，强调人为的因素。

多米诺骨牌理论主要应用于包括金融、证券、保险等行业的传统风险类型企业中。该理论所用到的重要模型包括投资组合模型、固定资产定价模型、VAR 模型、二项树模型和 Black－Scholes 模型。在基于多米诺骨牌理论的风险模型中，是用风险矩阵将风险因素转换为风险损益或损益期望，基于多米诺骨牌理论的风险分析核心内容是建立该风险矩阵，因此风险分析的主要环节是风险矩阵的参数估计，常用的方法有概率类、推理类、时间序列分析类、仿真类四类。

（2）能量释放理论（Energy Release Theory）

在社会科学领域的风险研究中，William Haddon 建立了能量释放理论，用

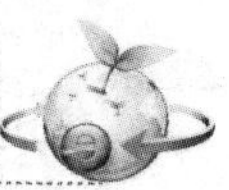

能量的概念解释了疾病控制、灾害预防的现象；Haddon 矩阵作为能量释放理论中用于风险分析的主要工具以及风险对策制定过程的工具，在社会科学领域得到认同的同时，在医学、社会学以及社会文化领域的灾害预防与政策制定方面也有广泛的应用，特别是在系统化建立灾害监测、预防、控制以及应对策略体系的建立中具有重要地位。能量释放理论强调风险发生的物理因素，认为风险是由于系统承受的能量超过其承受限度所致。

能量释放理论关注的是风险的防范和控制，该理论的核心思想是通过分析风险事件发生前、发生时、发生后的环境、风险结果承受体状态以及导致风险产生的能量源（风险因素）状态的改变程度，建立 Haddon 矩阵，列举风险结果与能量源的对应关系；依据 Haddon 矩阵制定防范风险产生和控制能量释放的风险对策。

2.2.5 委托—代理理论与博弈论

1. 委托—代理理论

委托—代理的概念最早来源于法律。在法律上，当甲授权乙去从事某种活动时，委托—代理的关系就发生了，甲成为委托人，乙则成为代理人。一般的委托—代理关系泛指在任何一种设计不对称信息的交易（合同、协议或契约）中参与者之间的经济关系。掌握信息多、处于信息优势的一方称为代理方，掌握信息少、处于信息劣势的一方称为委托方。也就是说，只要在建立或签订合同前后，市场参与者双方掌握的信息不对称，这种经济关系都可以被称为委托—代理关系（靖继鹏、张向先，2007）。

委托—代理理论主要研究的是这样一类问题：委托人想让代理人按照委托人的利益选择行动，但委托人不能观测到代理人选择了什么行动，能观测到的只是一些相关的结果，这些结果是由代理人的行动和一些随机因素所共同决定的，委托人无法从可观测的结果中得到代理人行动的全部信息。委托人需要解决的问题：当委托人与代理人进行博弈时，应当采取怎样的策略以使得代理人选择对委托人最为有利的行动。

在供应链中，企业供需双方之间的信息获取常常是不对称的，因此造成了供应链委托—代理问题，供应链中的企业在相互来往时，一些比较隐私的信息会被拥有的一方隐藏起来，比如生产能力、产品质量等可能会影响自身利益的信息。当代理人的选择多维（如兼顾质量、成本和交货期等）时，他们在不同工作之间的分配精力上是有冲突的，而委托人对不同工作的监督能力又是不同的，例如，对于产品质量的监督比成本监督更难。这一因素会诱使代理人将过多的努力花在成本上，而忽视了产品质量，从而造成产品质量安全问题频繁发生。因此，针对这一现象，本书将采用委托—代理理论对农产品供应链各企业主体间的成本与监督问题进行博弈分析，进一步探讨造成农产品质量安全问题频繁发生的内在影响因素。

2. 博弈论

博弈论，亦可称为对策论，是研究各参与主体的行为发生直接的相互作用时的决策以及这些决策的均衡问题的一门学科（罗杰 · B. 迈尔森，2001）。通俗来讲，博弈论考虑的是"游戏"中参与主体的预期行为和实际行为，用于研究每一个主体的最优策略以及"游戏"最终的均衡结果。目前，博弈论在经济学、生物学、政治学、军事战略学和其他很多学科中都得到了广泛应用，用于分析相互影响或作用的参与主体间各自的行为决策及预期均衡结果。

博弈行为的研究最早起源于西方经济学中对所假定的理性行为人（经济人）的行为进行分析的方法和思路，各种博弈模型中最简单的模式是一次性博弈和简单的重复博弈，而相对比较复杂的模型则是基于信息不对称下的两人或多人的非重复性博弈行为，即彼此都不知道对方所掌握的信息数量和内容，因此，这种博弈行为在很大程度上是基于对对方行为的一种模拟和预测，其依据就是自己所掌握的信息量以及对于对方信息量的估计和猜测，再进行综合考虑和权衡，从而作出自己的决策。

在供应链环境下，各个环节的行为主体在共同确定了整体利益目标时，必然还会因为彼此利益的多寡而进行反复多次的博弈（尹静、王行焘，2009）。其原因有二：一是各行为主体在整个供应链中所处的位置不同，且各自所拥有的实力差异共同导致他们在整个供应链中的话语权存在差异；二是各行为主体之间多多少少都会存在信息不对称的可能，这就导致彼此并不十

分清楚对方的真正合作动机以及当这种合作关系并不十分稳定时，就会使得机会主义和一次性博弈有了发生的可能。因此，无论供应链机制运作如何正常高效，都必须承认链上各成员并非时刻都能以整体利益最大化为目标和宗旨，他们必然会考虑到自身利益的得失（张春勋等，2010）。所以，只要存在目标不一致、利益分配不均衡时，链上的行为主体之间必然会存在博弈的行为（张晓凤等，2010）。因此，博弈论的思想也是谋求整个供应链系统稳定、构建公平合理的利益协调机制的基础。

近年来，越来越多的学者将博弈论应用于保障农产品质量安全的研究中。由于农产品有信任品的特征，消费者需要通过一些途径来获得安全和非安全农产品分别所占的比例，如通过第三方（如政府）调查公布以及广告、新闻等。而且信息的不对称性以及经济人自身的自利性使得企业生产不合格农产品成为必然，因此需要政府监管部门介入予以纠正，保证其健康发展。罗敏、李旭（2010）利用静态博弈论方法，分析了农产品生产者、消费者和政府之间的信息不对称问题及其后果，揭示了农产品质量安全事故频出的根本原因是农产品质量安全信息不对称，而且这种信息不对称状态在市场经济情况下是普遍存在的，并据此提出了只有依靠政府加大监管力度，才能消除农产品的质量安全问题。王世表等（2011）应用信息不对称、“柠檬”市场、博弈论和交易费用等经济学理论对食品安全问题开展了深入的理论分析，剖析了当前食品行业频繁出现质量安全问题的深层理论原因，并基于分析结果提出了一系列具有针对性的对策建议。费威（2012）通过建立以大型乳品企业、奶农和政府为参与主体的4阶段动态博弈模型，分析了政府监管有效性和奶农预期利润的影响因素，并结合我国乳品行业现状，探讨了我国乳品行业存在的食品质量安全问题，并据此提出了相应建议。

3　农产品供应链质量安全风险现状分析

3.1　农产品供应链组织模式

在分析农产品供应链质量安全风险现状之前，有必要对目前农产品供应链的不同组织模式进行简要介绍。传统的农产品供应链以批发市场为界分为两部分，一是“生产—流通”环节，即从农户到批发市场；二是“流通—消费”环节，即从批发市场到消费者。随着农业的发展和市场需求的变化，很多农业企业纷纷采用“公司—基地—农户”“基地—农户—公司—超市”等多种形式的供应链结构，以龙头企业为主形成一个小范围的供应链系统，这些新兴的组织模式随着龙头企业的壮大而发展迅速。我国农产品供应链的组织模式主要分为四类：“批发商+农户”为主导的模式、“农户+中介组织”为主导的模式、“纵向一体化”为主导的模式以及以“农超对接”为代表的新兴模式。

3.1.1　“批发商+农户”为主导的模式

这是一种传统的农产品供应链模式，也是我国目前所占比例最大且最为普遍的一种农产品供应链组织模式，如图3-1所示。这种模式的特点是：生产与销售之间主要通过各地农产品批发市场连接，批发商在其中扮演核心角

色。每到农产品收获的季节，农产品产地的运销户（或运销协会）和外地的批发商将农产品收购集中，然后运到批发市场（产地批发市场或者是销地批发市场），最终通过农贸市场等零售终端到达消费者手中。批发商与农户之间没有合同，没有固定的交易关系，他们之间是自由交易。

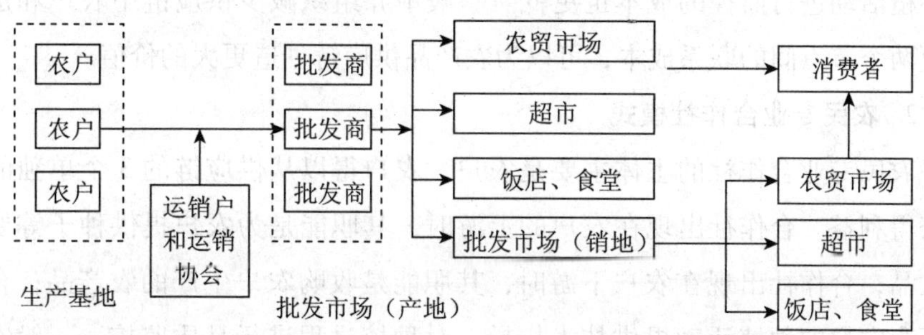

图 3-1 “批发商 + 农户”为主导的农产品供应链模式

“批发商 + 农户”为主导的供应链组织模式中，批发商是整个系统的核心。市场的信息来源和发布都掌握在批发商的手中，价格主要是在批发市场内形成。这种模式中的农户、批发商和零售商之间是完全的买断关系，交易双方存在着严重的信息不对称和议价成本高等问题。这种极为分散的生产与销售结构，决定了批发商或运销商等无法有效地将需求信息，如生鲜农产品的口味、外观和需求时间等传递给农户，更谈不上对农药残留等质量安全方面的因素进行控制和指导。因此，该模式下生产销售的农产品往往质量不均，质量安全缺乏保障，供应不稳定，消费需求也不确定。然而，这种供应链模式所生产销售的农产品产量却占到农产品总产量的90%左右。

3.1.2 “农户 + 中介组织”为主导的模式

这一模式的中介组织可以分为一般中介组织和农民专业合作社两种。其中一般中介组织的特点是其主体不是农户，其利益独立于农户。农民专业合作社主要由农户参与组成，主要代表农户的利益，而这正是《中华人民共和国农民专业合作社法》的两条基本原则。“农户 + 中介组织”模式可以表示为中介组织 + 农户 + 中介组织 +（加工企业）+（批发商）+（零售商）。

1. 一般中介组织模式

一般中介组织的主体是非农户，可以是当地的农资提供商。一般中介组织满足一些条件，即能够利用本地化的信息优势和大量分散的农民进行交易。相对于下游的加工企业，一般中介组织和农民进行交易的成本更低，对农民的种植活动进行监控的成本也更低。一般中介组织减少供应链中农户和加工企业两个节点间的联系成本，可以为农产品供应链创造更大的价值。

2. 农民专业合作社模式

农民专业合作社的主体主要是农户，农户得以从供应链的3个单独的节点获得利益。合作社出现在农户的上游时，其职能是为农户提供种子等要素投入品；合作社出现在农户下游时，其职能是收购农户生产的农产品；合作社还为农户的种植活动提供技术指导，对种植过程进行品质监控。一般农民专业合作社需要具备以下3个条件：第一，合作社具有盈利的潜力；第二，存在具有企业家才能的农户；第三，较高的农户收入水平和农村金融发展水平。

3.1.3 “纵向一体化”为主导的模式

这种模式具体有两种形式，如图3-2所示：一种称为完全纵向（垂直）一体化，即由公司采用“反租倒包”模式租用土地，雇用农民，严格按照操作规范进行种植；另一种则类似于“公司+农户”模式，不过公司只与规模较大的农户签订合同，使其成为公司的合同农户，而且签订的合同期限较长，关系较稳定，管理更为严格。无论采用哪种形式，公司一般都严格实行农田管理和操作规范，实施农田生产档案制度和可追踪系统，并实行统一下达种植计划、统一供应种苗、统一供应药肥、统一病虫害防治、统一检测监控、统一收购加工。公司一般都经过了相关的质量管理体系认证。这种模式的特点为：供应链的各参与主体是一种伙伴关系，有共同的利益。他们频繁地交换信息，互相沟通和磋商，提供技术支持，有时采购商还与其供应商共同投资。

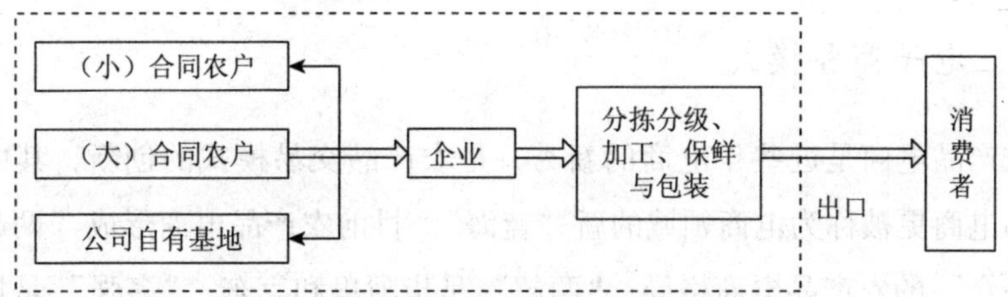

图3-2 以“纵向一体化”为主导的供应链模式

3.1.4 “农超对接”模式

随着经济发展、技术进步以及消费者对食品安全的日趋关注，当前我国农产品供应链的组织模式呈现多元化趋势，除了上述介绍的国内三种主要供应链的组织模式之外，还有一些其他类似或新的形式，如“支部+协会”和“农超对接”等模式。特别是近几年来，随着我国超市的发展和完善、人们消费观念的改变以及国家大力支持大型连锁超市和农产品流通企业开展“农超对接”，农产品经由超市销售的比重也逐步增加。

“农超对接”是指农民与超市通过农民专业合作社和农业公司等组织按照某种协议合约与操作方式，向农产品产地的农民直接采购标准化的农产品，简称“超市直采”或“农民直供”，即超市直接到农村去采购农产品，或是农民把他们的农产品直接送进超市。“农超对接”也存在着多种不同模式，有“超市+专业合作社”和“超市+农产品公司”等。在“农超对接”模式中，超市利用自身在市场信息、管理等方面的优势参与农业生产、加工、流通的全过程，为农业生产提供技术、物流配送、信息咨询、产品销售等一整套服务，从而成为农户与市场的纽带，将农户的小生产与大市场有效地连接起来，发挥流通带动生产的作用。这一模式是我国农产品流通方式的一次创新，优化了农产品供应链，有助于构建适合我国基本国情的农产品现代流通体系。此外，“农超对接”也有助于提高农产品的质量安全水平。因此，“农超对接”为主导的模式将成为农产品供应链的一种非常重要的组织模式，并将在提高农产品质量安全方面发挥更大作用。

3.1.5 电子商务模式

农产品电商是近些年电商的新秀，是农产品交易模式的创新，其中生鲜农产品电商更被称为电商领域的新“蓝海”。目前农产品电商形成“两超—多强—小众”的农产品电商格局，“两超”是指阿里和京东；“多强”是指具有较强竞争力的农产品电商；“小众”是指具有成长性的特色农产品电商，具体企业如表 3-1 所示。

表 3-1　农产品电商的格局

格局	农产品电商企业
两超	天猫“喵先生”淘宝网、京东商城生鲜频道
多强	苏宁“苏先生”、1 号店、顺丰优选 + 嘿客、沱沱工社、本来生活网
小众	龙宝溯源商城、电子菜箱、中国地理标志产品商城、社区 001、青年菜君、新疆“维吉达尼”、多利农庄、鲜码头、15 分钟绿色生活、芒果网、淘常州、甫田网

中华全国供销合作社 2015 年 1 号文件《关于加快推进电子商务发展的意见》中描述了全国农产品电子商务网络，如图 3-3 所示。

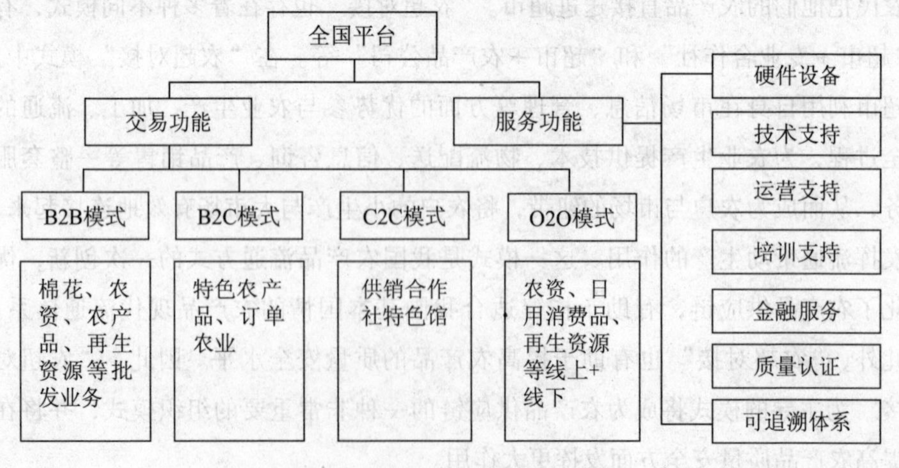

图 3-3　全国农产品电子商务网络

我国农产品电商模式多样化，最基本的是 B2C 模式，比如京东、阿里和顺丰等，最近两年在此基础上衍生出很多新的模式，如 F2C（农场直供模式）、C2B（消费者定制模式）、C2F（订单农业模式）、O2O（合作共建平台模式）和 CSA（社区支持农业）等。上海依托其先进的科技创建了“电商 + 冷链快递物流 + 职能终端取货（自动售货机售菜）”的模式。

农产品电商平台大多依托传统农业生产组织模式，通过为其搭建交易平台，在冷链物流迅速发展的基础上，结合现有的电商资源营销创收。2010 年至今，阿里平台农产品销售额的平均增速为 112.5%，农产品销售额从 2010 年的 37 亿元左右，到 2014 年突破 800 亿元。2013 年淘宝网生鲜农产品的增速高达 194.58%，在所有品类中排名首位。从全国的规模来看，2013 年全国生鲜电商交易规模 130 亿元，同比增长 221%，2014 年全国达到 260 亿元，增长 100%。加上迅速发展的冷链物流，预计将突破这个增长速度。2014 年开通了农产品专列，广西百色的果蔬运到北京只需要 3 ~4 天。

我国农产品供应链模式可以简单分为农业生产组织模式或交易模式主导模式。传统的农产品供应链模式一般是由生产组织模式主导，例如，“批发商 + 农户”“农户 + 中介组织”。新兴的模式主要由交易模式主导，例如“农超对接”“电子商务”等。目前，我国农产品供应链模式还是以传统模式为主。随着经济的发展，尤其是“互联网 +”的推进，农村电子商务等多种模式的农产品供应链将不断融合发展。

3.2 我国农产品质量安全现状

3.2.1 总体监测合格率较高

20 世纪 90 年代，我国农业发展在继续强调数量安全的同时，开始关注质量安全，提出了“两高一优”的农业发展。21 世纪初提出“高产、优质、高效、生态、安全”的农业发展目标。为进一步确保农产品质量安全，2006 年颁布了《农产品质量安全法》，2009 年又颁布了《食品安全法》，2015 年出台了修改后的《食品安全法》，有关农产品质量安全监管的法律保障体系正在逐步完善。农业部从2001年开始建立了农产品质量安全例行监测制度，首次将北京、天津、上海、深圳四个城市作为试点开展蔬菜农药残留、畜产品瘦肉精残留的监测，2002年监测扩展到畜产品磺胺类药物残留；2004年监测的对象中增加了水产品，对水产品中氯霉素污染开展定期监测；2006年又增加了水产品中孔雀石绿的监测。经过不断调整和完善，农产品质量安全例行监测的监测范围、监测品种和参数都显著增加，2012年实施的《农产品质量安全监测管理办法》又对例行监测的类型范围等做了进一步的明确，2013年监测范围已经覆盖了全国31个省（区、市）的153个大、中型城市，监测对象也已经扩大到包括蔬菜、水果、茶叶、畜禽产品和水产品的103个品种。

2006—2014年蔬菜质量监测合格率如图3-4所示。从监测结果看，我国蔬菜质量安全总体合格率稳步上升，2012年蔬菜产品监测合格率达到97.9%，比2006年提高了近6个百分点。2013年和2014年略有下降，分别为96.2%和96.3%。近几年蔬菜总体合格率保持在96%以上。

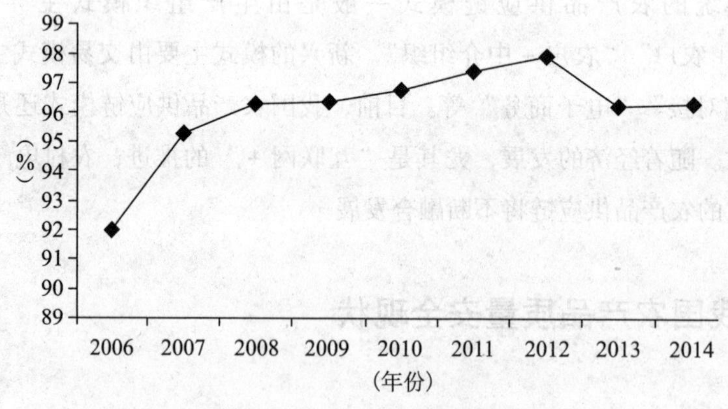

图3-4　2006—2014年蔬菜质量监测合格率

数据来源：农业部关于农产品质量安全例行监测结果的有关公报、通报等。

2006—2014年全国畜禽产品质量监测合格率如图3-5所示。从监测结果看，我国畜产品质量安全总体合格率稳定中呈上升态势，整体稳定在98%以上。尤其是2008年以后监测合格率保持在99%以上，2013年更是达到了

99.7%。这与三聚氰胺质量安全治理专项和瘦肉精质量安全治理专项的开展有极大的关系。

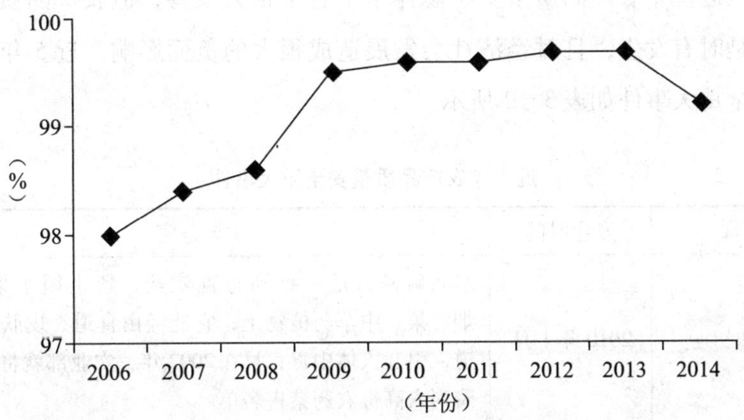

图 3-5　2006—2014 年全国畜禽产品质量监测合格率

数据来源：农业部关于农产品质量安全例行监测结果的有关公报、通报等。

2006—2014 年全国水产品质量监测合格率如图 3-6 所示。从监测结果看，水产品的监测合格率比较稳定，保持在 93% 以上。2007 年的监测合格率为 99.8%，异于其他年份，之后检测合格率保持在 95% 左右。

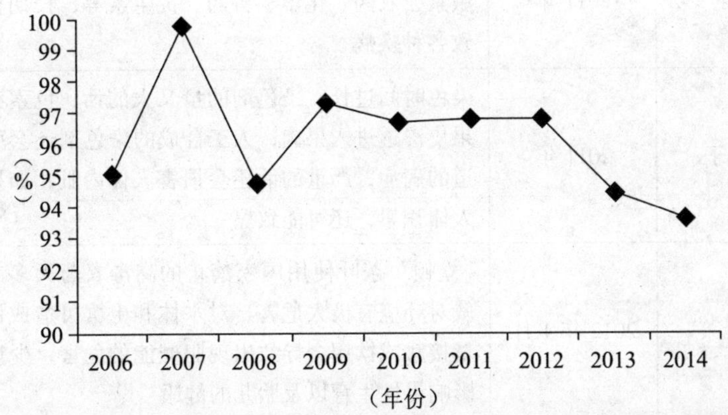

图 3-6　2006—2014 年全国水产品质量监测合格率

数据来源：农业部关于农产品质量安全例行监测结果的有关公报、通报等。

3.2.2 农产品质量安全隐患依然存在

虽然近些年农产品质量安全总体水平有了很大改善，但农产品质量安全事件还是时有发生，且对经济社会发展造成很大的负面影响。近5年农产品质量安全重大事件如表3-2所示。

表3-2 近5年农产品质量安全重大事件

事件	发生时间	主要危害
海南毒豇豆	2010年1月	水胺硫磷，是一种高毒性农药，禁止用于果、茶、烟、菜、中草药植物上，它能经由食道、皮肤和呼吸道，引起人体中毒；早在2002年，农业部就将水胺硫磷列入高毒农药禁售名单
双汇瘦肉精事件	2011年3月	瘦肉精在医学上称为“盐酸克伦特罗”，既不是兽药，也不是添加剂，而是肾上腺素类神经兴奋剂，是严重危害畜牧业健康发展和畜产品安全的毒品；在动物体内，对营养物质具有重新分配的作用，能促进动物生长、提高瘦肉率、降低脂肪沉积、提高饲料报酬等
毒豆芽	2011年	在豆芽生产过程中非法添加对人体有害的工业原料、激素、农药、化学、兽药、抗生素等，长期食用会导致各种疾病
染色橙子	2011年	染色时间过长、染色剂的量又大的话，色素有可能从果皮渗透进入果肉，人工合成的染色剂还会引起消化道的病症，严重的话还会损害人体内脏，如果长期在人体积累，还可能致癌
立顿“毒茶”	2012年4月	“立顿”茶叶使用国家禁止的高毒农药灭多威；灭多威对环境有极大危害，对水体和土壤可造成污染；过量接触或饮用会导致出现胆碱能的危害，少量残留会影响男性生育以及胎儿的健康
山东毒生姜	2013年5月	是用硫黄熏制的生姜，外观颜色比普通生姜娇黄嫩脆，具有较强的毒性，如果经常食用，轻者会引起肠胃功能紊乱，出现腹痛、头晕等症状，重者将导致人体相关器官组织慢性衰竭

续 表

事件	发生时间	主要危害
华英农业“死鸭”门	2013 年	有“世界鸭王”之称的华英公司长期大量“死鸭”没有按相关规定做无害化处理，而是形成了一条完整的企业流出、初加工、分割处理、再销售的黑色产业链条，流入市场；死鸭中滋生大量细菌，严重危害人们的身心健康
福喜事件	2014 年 7 月	麦当劳、肯德基等洋快餐供应商上海福喜食品公司被曝使用过期劣质肉。过期劣质肉会导致细菌大量生长，比如大肠杆菌的生长，致使蛋白质腐败变质，染上肉毒杆菌后会影响人的神经系统和肌肉运动系统，严重的会引起呼吸肌麻痹，导致病人死亡

3.3 农产品供应链各环节质量安全风险因素

农产品供应链的整个链条上，种植、养殖、生产加工、市场流通等各环节都存在各种质量安全风险因素，各环节的质量安全风险都有可能导致农产品质量安全事件的发生。本节从农产品供应链视角出发，对供应链各个环节的质量安全风险现状及风险源进行系统分析。

3.3.1 农产品生产环节质量安全风险因素

在我国农产品生产环节，农产品质量安全隐患和制约因素仍比较多，主要体现在以下几个方面。

1. 产地环境污染

近年来我国城市化、工业化快速发展，经济持续快速增长，资源被高强度开发利用，人们的生活方式也在不断发生变化，种种因素导致了大量的未经妥善处理的污水、固体废弃物、废气尾气等被任意地排放，使得部分地区的农产品生产环境被大幅破坏，这是造成许多重大农产品质量安全事件的重要原因。产地环境污染主要包括水污染、空气污染和土壤污染等几个方面，工业废水、生活废水的大量排放，以及化肥、农药的超量使用，使得很多农产品产地水质受到污染；大气污染主要是烟尘、二氧化硫等，另外还有氧化物、氟化物等，都可能对农产品质量安全产生影响；土壤污染最为严重的就是重金属污染，主要是镉、铅、汞、铬、砷等，土壤的重金属污染给农作物生长和农产品质量安全造成了巨大的影响，导致了如“镉大米”等一系列重大农产品质量安全事件，更为严重的是，重金属所带来的污染是长期的甚至是不可逆的，对农产品质量安全和农业可持续发展已经构成严重而又长期的威胁。

2. 农业投入品污染

随着农业集约化程度不断提高，大量的化肥、农药、兽药等农用化学品被投入到农业生产中，在推动农产品产量高速增加的同时，也对农业产地环境和农产品质量安全产生了一系列的负面影响。主要表现在以下几个方面。

（1）化肥的过度投入和低效利用问题突出。我国农业生产中化肥的施用量呈现逐年递增的趋势，如图 3－7 所示。

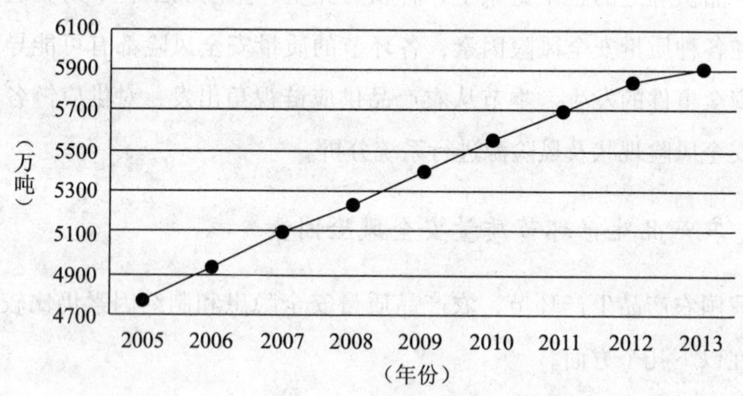

图 3－7　2005—2013 年我国化肥施用量走势

数据来源：《中国统计年鉴（2014）》。

如图 3－7 所示，2005 年化肥施用量 4766.2 万吨，到 2013 年增加到了 5911.86 万吨。化肥的过量施用以及低效利用，对农业生态环境造成了很大的

破坏，使得土壤结构变差，导致农产品中有害物质如硝酸盐、亚硝酸盐、重金属等残留超标，严重危害了农产品质量安全，降低了农业可持续发展的能力。

（2）农药的滥用严重影响植物性农产品质量安全。虽然我国政府已明令禁止使用高毒、高残留或有致畸、致癌、致突变作用的农药，并要求严格执行农药安全使用标准和合理使用准则。但在实际的农产品生产过程中，使用违禁农药的行为屡禁不止，不执行农药安全使用标准而滥用农药的现象仍较为普遍。山东的"毒生姜"和"毒韭菜"、海南的"毒豇豆"等一次次化学农药滥用和残留问题的出现，使人们对农产品质量安全越来越失去信心。从近几年的农药施用情况来看，农药的施用量逐年增加，如图3-8所示。

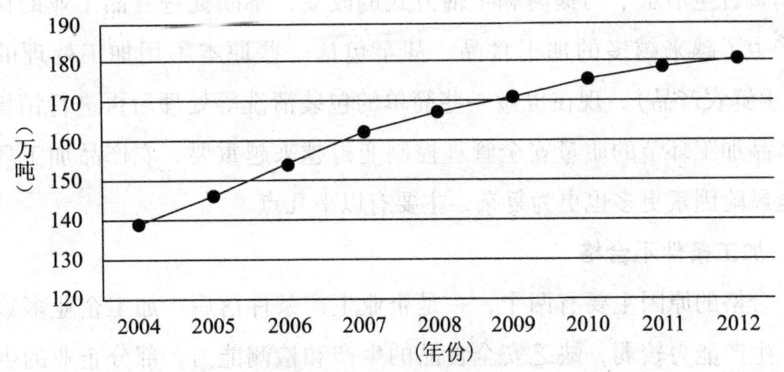

图3-8　2004—2012年我国农药使用量走势

数据来源：《中国统计年鉴（2014）》。

农产品生产过程中使用的农药有很大一部分流失到水、土和空气中，使得农产品中的药物残留事件不断增多。另外，我国农药生产企业2010年经农业部认可的就有2400多家，80%以上是小企业，经营单位有60多万家，绝大多数都是小规模个体经营，还有一些商贩走村串户进行农药的销售，由于数量多、分布广，对农药的生产经营管理也存在一定困难。

（3）兽药、渔药和饲料添加剂的滥用严重影响动物性农产品的质量安全。在动物性食品的养殖过程中，需要用到兽药、渔药和饲料添加剂等。兽药、渔药的目的是为了预防或治疗畜禽、水产品的疫病，饲料添加剂是为了使动物、水产品加速生长繁殖，提高农业生产效率。这些兽药、渔药和饲料添加剂对提高畜牧业、水产养殖业产量有突出贡献，但同时也带来了一些药物残留、药物污染等问题。一般来说，造成药物残留的原因可能是擅自加大药物用量、不严格执行休药期、用药方法错误、使用违规违禁添加剂和药物等。同农药生产经营情况类似，兽药生产企业和经营单位也存在数量多、分布广等特点，质量参差不齐，加上养殖户缺乏科学的药物使用知识和安全意识，极易导致制假售假和出现投入品滥用现象，产生药物残留超标问题。

3.3.2 农产品加工环节质量安全风险现状

消费者生活水平的提高和生活方式的改变，不断促进食品工业的快速发展，产生了越来越多的加工食品，甚至包括一些原本不用加工处理的食品（比如生鲜农产品），现在也做一些简单的包装清洗等处理后再进行销售，使得农产品加工环节的质量安全管理控制变得越来越重要。农产品加工环节质量安全风险因素更多也更为复杂，主要有以下几点。

1. 加工条件不合格

不合格的原因主要有两个，一是企业生产条件落后。加工企业多数规模较小，生产能力较弱，缺乏安全食品的生产和检测能力，部分企业的生产车间或加工场所卫生环境较差，除了饮料等对生产环境要求比较严格的食品外，很多食品都是在简陋的加工场所完成的，缺乏严格的卫生管理规范和保障措施。二是企业管理水平低下，食品安全意识较为薄弱。食品行业很多生产经营单位“小”而“散”，业主和从业人员食品安全意识淡薄，普遍缺乏维护食品安全的先进技术和观念，对工艺流程的控制许多都是依靠个人的经验和感觉，企业的内部管理也不够规范，缺少员工管理和培训或对设备维护不足，操作人员操作不规范或加工程序不当等现象时有发生，这些都是食品安全问题产生的重要原因。

2. 食品添加剂滥用现象严重

食品添加剂是食品工业必不可少的原料，目的是为了改善食品的色、香、味以及加工工艺的需要，但其使用是有着严格的限制和使用标准的。联合国

粮食与农业组织（FAO）、联合国世界卫生组织（WHO）以及食品添加剂联合专家委员会（JECFA）等都对食品添加剂的安全性做出过规定或评价。科学合理地使用食品添加剂是没有危害的，但随意使用违禁添加剂、超量或超范围使用受限的添加剂等都会对食品安全和人体健康产生影响，如在肉制品加工过程中，有的食品生产厂家为了使肉色更为鲜艳，过量添加亚硝酸钠、硝酸钾等发色剂，还有为了延长食品保质期超量使用防腐剂等，都会危害肉制品的质量安全。

3. 违法违规行为多种多样

在食品市场失灵加上政府监管不力的背景下，出于对经济利益的追求，一些违法违规行为就会产生，主要包括为了降低成本购买和使用廉价不合格的食品原料，制造假冒伪劣食品；采用废料回收再利用，如对过期的月饼、元宵、牛奶等产品进行重新加工，或用陈化粮、病死猪肉作为原料加工食品，用甲醇勾兑白酒等；使用违禁添加剂或其他有毒有害的物质，如用甲醛（福尔马林）浸泡水产品、用苏丹红对辣椒制品染色等。违规违法生产加工行为等人源性因素是引发恶性食品安全事件的最主要因素。

3.3.3 农产品流通环节风险现状

农产品流通环节主要包括仓储运输和经营销售两部分，以下分别从这两个方面分析农产品流通过程中存在的质量安全风险。

1. 农产品仓储运输过程中的质量安全风险

农产品行业由于产品价值普遍较低，所能够承受的物流成本有限，但其对质量安全的要求又较高，在仓储运输过程中容易遭受污染，因此对物流的要求也就比较高。我国农产品物流中先进技术如RFID、GPS、低温制冷技术、智能化仓储和配送技术等的普及程度比较低，管理水平和运作效率也比较低下，严重影响了我国农产品供应链总体运作水平。不少农产品因为物流不及时而腐烂变质，也有很多农产品因为仓储运输过程中环境不适宜、操作不规范等造成食品的二次污染。从冷链物流现在的应用情况来看，与发达国家的差距比较明显，冷链设施设备严重不足，绝大部分水果蔬菜等都是用普通卡车运输，损耗非常严重；农产品的第三方冷链物流发展也比较滞后，相应的服务网络和信息技术应用都不完善，严重影响了农产品物流的在途质量、准确性和及时性，同时农产品冷链成本和农产品损耗程度都很高。

目前我国农产品流通多数是通过商贩收购并运输，商贩数量多、规模小、资金能力欠缺，无法承担冷链的高昂成本，所以很少有冷链运输；其次是卫生问题，由于大多数商贩没有专门的卫生保障措施，对卫生环境要求较高的农产品如牛奶等，经常出现卫生不达标的问题。另外，由于生鲜农产品存在市场需求波动较大、市场信息不及时等，往往造成农产品的积压，微生物污染情况较为严重。

随着农产品销售区域的不断扩大，农产品产地到销售场所之间的距离也越来越远，虽然加工和包装技术越来越先进，使得农产品保质期在延长，但易腐农产品的腐败变质现象仍屡有发生。物流运输过程中的人员操作不规范、设备不卫生、环境温度不适宜等原因都可能引起农产品的污染，造成农产品质量安全问题。

2. 农产品销售过程中的质量安全风险

批发市场和农贸市场作为农产品的集散地和零售渠道，农产品质量安全问题也屡屡出现，如农药残留超标、假冒伪劣、注水肉等。除了一些大型的管理水平较高的农产品批发市场外，大多数市场食品安全检测能力较差，缺乏检测仪器、设备等，人员配备不足，检测人员的业务能力也有待提高；市场中从事农产品经营的从业人员有些文化程度不高、食品安全意识淡薄，为了追求不正当经济利益会产生一些违法违规的销售行为，而市场又欠缺有效的管理控制手段，给投机行为以可乘之机，这些都使得批发市场和农贸市场存在较严重的农产品质量安全隐患。超市销售的农产品大部分是无包装摆放，消费者可以随意触摸，容易引起交叉污染，产生生物性食品安全风险。另外，存在保质期的问题，由于信息更新不及时、管理不规范或为了追逐不正当经济利益等原因，某些超市会销售超过保质期的食品或将包装上的保质期进行篡改，超市对临期的食品应该有严格的控制，但目前一些超市在这方面的管理还不是很完善。

3.3.4 农产品消费环节风险现状

除了农产品种植/养殖、加工、流通各个环节累积的风险可能在这个环节爆发外，本环节还存在一些质量安全风险。消费环节包括餐饮业、食堂、家庭消费等，是食物中毒的高发环节。近几年来，政府监管部门采取了一些行之有效的办法，对控制消费环节食品安全风险起到了积极作用，但每年我国因各种因素导致的食物中毒事件仍然时有发生。图3－9、图3－10、图3－11和图3－12分别是我国2006—2014年不同致病原因、不同场所的食物中毒人数和食物中毒死亡人数情况。从图中可以看出，食物中毒人数和死亡人数均呈现波动性下降的趋势，说明我国消费环节食品安全整体水平在不断提升，但仍存在导致食品安全水平不稳定的风险因素，形势仍较严峻。从食物中毒的原因来看，微生物性食物中毒的人数最多，大多是细菌性食物中毒，主要是由于食品加工或储存条件不合格导致的食品污染等；化学性食物中毒包括亚硝酸盐、有机磷农药、剧毒鼠药及甲醇等，其中以亚硝酸盐中毒的事件比较多，多以误食为主；有毒动植物食品中毒多因食用河豚、毒蘑菇、未煮熟的四季豆等食物居多。

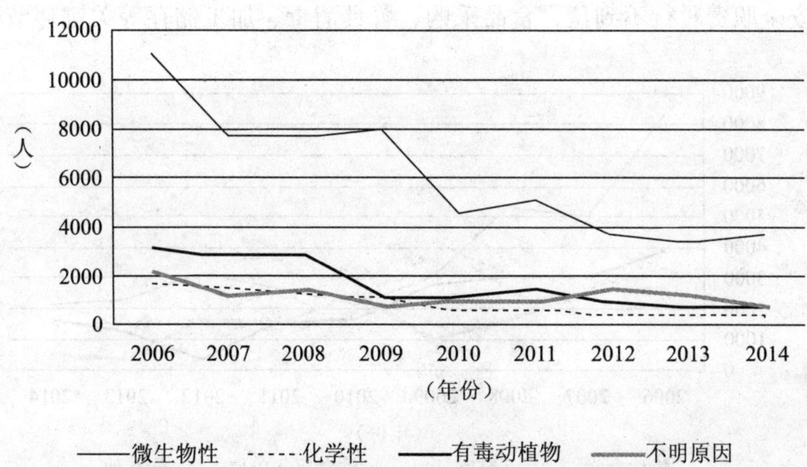

图3－9 2006—2014年不同原因导致食物中毒人数

数据来源：根据历年卫生部办公厅关于全国食物中毒事件情况的通报整理。

从食物中毒死亡人数来看，食用有毒动植物及毒蘑菇导致中毒人数虽然远没有微生物性食物中毒人数多，但死亡人数所占比例最高，而且呈现反复波动的趋势，化学性食物中毒导致的死亡人数下降的趋势明显。

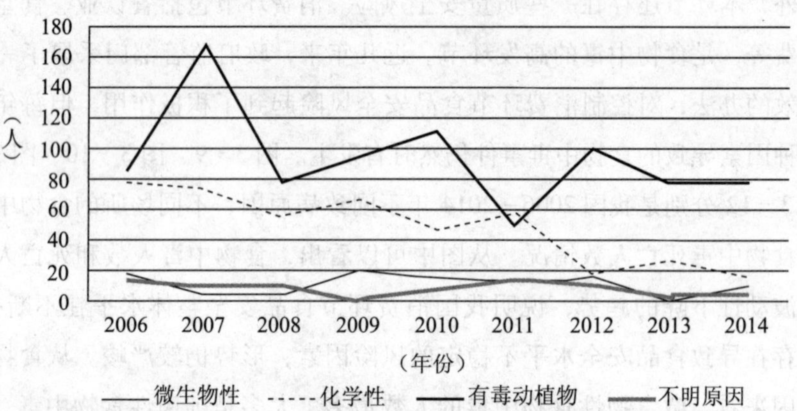

图 3-10　2006—2014 年不同原因导致植物中毒死亡人数

数据来源：根据历年卫生部办公厅关于全国食物中毒事件情况的通报整理。

从食物中毒的场所来看，集体食堂是发生食物中毒人数最多的场所，主要是因为集体食堂用餐人数多、食品用量大，加上部分食堂管理不善，食品卫生安全职责履行不到位，食品采购、餐具消毒、加工储存等关键环节把关

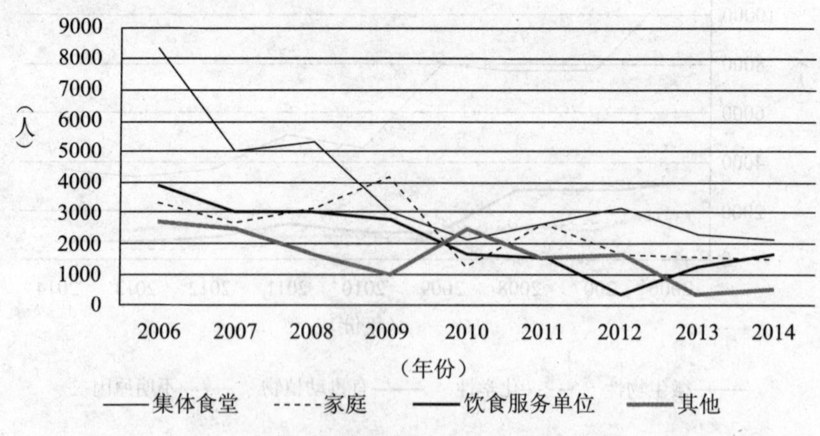

图 3-11　2006—2014 年不同场所中毒人数

数据来源：根据历年卫生部办公厅关于全国食物中毒事件情况的通报整理。

不严等原因导致的食物污染或变质、加工不当及交叉污染等。因此，餐饮企业和食堂等卫生环境不达标、经营资质不合格或供应劣质假冒食品等是消费环节主要风险因素之一。

从食物中毒死亡人数来看，整体上呈下降趋势，但波动较为频繁。家庭是食物中毒死亡人数最多的场所，中毒死亡的最主要原因是误食有毒动植物。家庭食物中毒多发生在偏远农村地区，主要由于农村群众缺少食品安全知识和相应的鉴别能力，加上一些农村地区偏远、医疗救治水平有限或救治不及时，死亡率也较高。

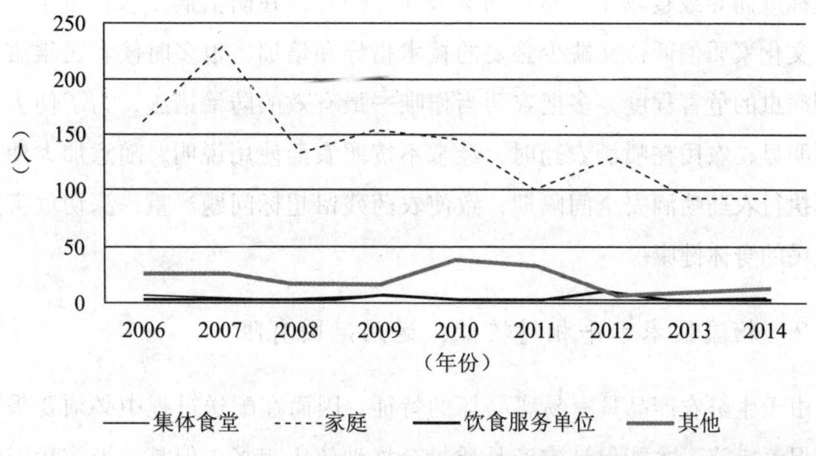

图 3－12　2006—2014 年不同场所食物中毒死亡人数

数据来源：根据历年卫生部办公厅关于全国食物中毒事件情况的通报整理。

3.4　农产品供应链质量安全问题原因分析

3.4.1　生产管理模式落后，农户组织化程度较低

从生产体制上来讲，导致我国农产品质量安全出现问题的主要原因是农产品的生产方式落后。如当前我国菜区，除园艺场、出口蔬菜基地实行一定的组织管理外，80% 菜区的生产体系是采取农户小规模分散经营方式，平均

每户家庭仅有耕地0.42hm^2。尤其是在中小城市，生产群体大，生产者素质和产品质量参差不齐，检测更是流于形式，造成我国蔬菜种植制度随意性大，蔬菜数量、品种及质量不确定，蔬菜质量安全难以整体把握。

另外，我国农户组织化程度较低，规范化和标准化的生产难度大。我国农民素质相对较低，食品安全防范意识薄弱，法制观念不强，所以在施肥用药问题上，大部分农民首要考虑的还是成本问题，加上农户对禁用农药的认识比较匮乏，在生产中为追求经济便宜、见效快，常常使用国家明文禁用的剧毒、高毒农药，如甲拌磷、甲胺磷和克百威等，致使农产品农药残留量严重超标进而导致食物中毒事件时有发生。另外，在防治病虫害技术上，我国农民文化素质偏低，又缺少必要的技术指导和培训，很多时候农民很难准确识别病虫的危害程度，多把农药当作唯一最有效的防治措施，为了使去虫效果更明显，农民在喷洒农药时，经常不按照农药使用说明，随意加大使用量且不执行农药喷洒安全间隔期，致使农药残留超标问题严重，深切危害到我国人民的身体健康。

3.4.2 物流技术水平相对较低，运用范围有限

由于生鲜农产品具有易腐易坏的特征，因而在配送过程中必须要采取一定的保鲜措施，才能保证农产品质量合格地流入市场。但是，当前我国农产品的保鲜、储存和冷藏技术水平仍然较低，运载方式虽然在一些地区采用了冰保车（普通加冰）、机械保温车、箱式保温汽车等运输工具，但运用范围十分有限。我国仍然有很多集贸市场和批发市场大量采用肩挑、各种各样人力车作为农产品运输工具，再加上许多农产品批发市场场内交易秩序混乱、卫生环境极差，这也给农产品质量带来了安全隐患。

3.4.3 未形成优质优价机制，高质量蔬菜缺乏竞争力

高质量农产品的生产成本往往要高于低质量农产品的生产成本，但是对于这两类农产品，消费者很难通过肉眼进行直观区分，加上目前市场准入制度的不健全、市场认证管理和竞争管理的缺位等原因，使得消费者对当前市

场上的高质量农产品存在一定程度的不信任，当前高质量农产品市场的销售价值还不能正确体现优质优价，很多情况下，高质菜卖不过低质菜，因此，菜农和生产经营者对高质量农产品的生产经营仍然持观望态度，参与的积极性低。

3.4.4 供应链各主体间信息不共享、反馈不及时

信息是连接供应链各主体企业间的纽带和桥梁，是进行供应链各项管理决策的重要依据。目前，我国农产品供应链参与主体多，但信息系统和信息技术却仍不完善，缺乏信息的统一共享平台，缺少对信息流的控制，导致农产品供应链各环节企业间信息不畅。由于信息沟通不畅，信息准确性和及时性不够，难以实现农产品的精确配送，造成大量农产品的严重浪费和无效配送。另外，上游的菜农缺乏市场供应需求信息的获取方式，下游销售终端对于农产品质量信息的采集、分析、反馈也很迟钝，而且不准确，这在一定程度上纵容了低质量农产品在市场上的流通。

3.4.5 政府监管体制机制有待完善

1. 相关法律法规不健全，执法力度不严

我国于2006年11月出台了《农产品质量安全法》，该法律的出台使得农产品质量安全管理终于有了一部成形的、规范的法律体系，也代表着我国农产品质量管理水平得到了极大提高。然而整体来看，目前我国农产品质量安全管理方面的法律体系还不够健全，在有关农产品质量安全管理的某些方面，我国相关法律法规还是比较滞后甚至是缺失的。另外，我国目前农产品的市场准入制度仍不够完善，因此需要进一步完善相应的法律法规。

从现行法律来看，我国对于农产品质量安全违规问题的处罚是比较轻的，一般只承担民事赔偿责任，而在美国等发达国家，农产品质量安全的违法者不仅要承担对于受害者的民事赔偿责任，而且还要受到行政乃至刑事制裁。另外，对农产品农药残留量检测结果超标的农产品生产者，尚未制定出切实可行的处罚措施，造成我国农产品农药残留量超标问题长期得不到解决。更

有甚者，出于地方保护主义和经济利益，很多执法部门与地方政府放任当地的假冒伪劣生产行为，出现执法者不执法、执法不力等问题。

2. 相关质量标准体系不够完善

目前，我国有关农产品的质量标准大约有300个，虽然数量多，但整体不够完善。首先，现行标准的层次性差，可操作性不强，国家标准、地方标准以及行业标准的立项准则雷同，没有明显的层次差异；其次，标准的配套性差，在农产品生产、加工和对其进行监督方面，缺乏技术根据；最后，现行标准的国际对接性差，与国际食品法典委员会（CAC）及欧盟、日本等发达国家和地区相比，我国已制定的农产品类的各个具体农药残留标准在数量上偏少，标准相对笼统，而不像发达国家具体到每个品种。

3. 检验检测体系相对落后

目前，我国农产品的质量安全检测工作主要靠政府机构强制进行，没有调动行业中介力量和生产者自检意识，此外，相关的监测仪器、设备、资金投入等都难以满足当前质检工作的实际需要。第一，仪器设备陈旧老化，现有部级质检中心均是在科研、教学和技术推广等技术单位原有实验室的基础上建立的，仪器设备使用时间多数在10年以上，故障频繁发生，维修困难；第二，检测能力弱，我国农产品质检机构中有气质联用仪的不多，对于检测中出现超标问题的样品缺乏判定的手段；第三，检测人员素质亟待提高，目前的检测人员多是原筹建单位的科研和教学的技术人员，这些人员缺乏对质量、标准、检测工作的深入了解及相关培训。

4. 信息服务体系不完善，信息披露不透明

近年来我国政府加大了信息资源的建设，关于农产品安全方面的信息也得到越来越多的重视。政府管理部门通过报纸、电视、电台、网络等渠道将食品质量问题和相关信息及时通报给各个相关利益主体（消费者、食品生产商、研究机构等），大大提升了产品质量安全信息的公开化程度。

尽管如此，我国目前的政府信息服务体系仍然不尽完善。一方面，我国缺乏与国内各个食品质量安全相关系统、国际相关组织以及食品贸易国的信息交流共享机制和网络体系；另一方面，虽然政府建立了公众了解和获取相

关信息的权威途径和渠道，但是相关质量安全信息的披露程序和结果不透明、不及时，公众只是被动地接收只言片语的事后信息，无法对整个过程进行监督和评论，不能及时全面地了解食品质量安全现状，因而导致他们的责任感和质量安全意识不强。另外，我国目前的信息工作服务对象主要是针对上级，专门针对基层农民、各类企业和大众消费者的信息服务体系相对缺乏，导致我国消费者对农产品质量安全管理的参与不足，积极性不高，这也是影响我国食品质量安全问题频发的重要原因之一。

4　农产品供应链质量安全风险传递机理分析

4.1　农产品供应链各环节主体及质量安全风险因素

农产品供应链涉及环节众多，每个环节又存在众多不同的参与主体，这些参与主体都对农产品质量安全起着至关重要的作用。根据第3章的分析，本章将对农产品供应链各环节的质量安全风险因素进行提炼总结，这些风险因素从农产品供应链上游向下游进行传递。

4.1.1　农产品生产环节主体及质量安全风险因素

农产品生产环节是指初级农产品的种植/养殖过程。以家庭为基础单位的联产承包生产模式使得我国初级农产品生产环节的参与主体主要是以家庭为单位的分散农户。近些年随着农业产业化、规模化的不断发展，开始出现了一些新兴的组织形式，包括农业合作组织和生产基地等。

1. 农户

分散化、数以亿计的小农户是我国农产品生产的基本单元，也是农产品供应链的主要源头。目前我国有2.6亿农户，户均耕地不到7.5亩。由于其规模微小，在与其他交易对手（如加工企业、批发商、连锁超市等）进行合作时，无法以对等的地位参与到交易过程的价格谈判中，使得农户这一主体

的利润空间被压缩，整体利益得不到有效的保障，从而缺乏对保障农产品质量安全进行投入的动力，甚至可能产生危害农产品质量安全的行为。另外，我国农户大部分受教育程度偏低，农产品安全生产知识较为欠缺，生产技能水平也比较低下，保障农产品质量安全的能力相对较弱，这些都是导致农产品质量安全风险产生的重要原因。

2. 农民专业合作社

根据《中华人民共和国农民专业合作社法》，农民专业合作社是在农村家庭承包经营基础上，同类农产品的生产经营者或者同类农业生产经营服务的提供者、利用者，自愿联合、民主管理的互助性经济组织。农民专业合作社以其成员为主要服务对象，提供农业生产资料的购买，农产品的销售、加工、运输、储藏以及与农业生产经营有关的技术、信息等服务。

农民专业合作社是在个体农户生产的基础上、通过自愿加入的方式组成的经济合作组织。合作社将一定地域内的农户组织到一起，按照利益共享、风险共担的原则，在组织内部实现成员之间的生产互助、技能学习交流，提高农户的能力和竞争力，以发挥协同优势和规模优势，提高规模效益。近些年农民专业合作社的实践也证明，农民专业合作社是提高农业组织化、规模化的有效途径，不仅能促进高新、实用农业技术的应用，提高农产品市场竞争力，同时也是一种农户内部监督机制，合作社成员为了共同的利益组织到一起，会自觉按照合作社制定的生产标准和规程统一生产，并互相监督和促进，更有效地发挥内部监督的功能，提升农产品质量安全水平。

截至2014年12月底，全国依法登记注册的农民专业合作社已达128.88万户，出资总额2.73万亿元（国家工商行政管理总局统计资料 http://www.saic.gov.cn/zwgk/tjzl/zhtj/xxzx/201501/t20150123_151591.html）。各级政府也在积极推进农业适度规模化经营，支持农民专业合作社的成立。但大部分合作社成立的时间较短，村镇领导、种植大户、农业龙头企业等往往是合作社的发起人，农民专业合作社还缺乏完善的运行机制和制度规范，规范化运作的农民专业合作社还比较少。

3. **农产品生产基地**

生产基地一般是农产品生产加工企业的组成部分，具有特定的农产品品种和先进的生产方式，是更有组织、更先进的农产品生产整合形式。生产基地作为农产品生产环节的主体，近几年在我国呈现快速增加的趋势，以公司加农户、龙头带基地等多种形式，建设了一大批规模化、标准化、专业化的农产品生产基地，辐射带动了1亿多农户。在目前的农业生产主体中，这类主体的组织化程度和规模化程度比较高，发展速度较快，与农户和农民专业合作社相比，企业的生产基地更注重专业化的种植/养殖和先进的科学技术，生产管理也更加科学，生产效率更高。

根据3.3.1的分析，农产品生产环节存在的质量安全风险因素如表4-1所示。

表4-1　　农产品生产环节存在的质量安全风险因素

风险构成因素	具体描述
产地环境污染	主要是重金属污染，水污染等
农业投入品污染	过量使用或非法使用高毒农药、兽药，添加剂超标或违规使用

4.1.2 农产品加工环节主体及质量安全风险因素

农产品加工环节是供应链上最为复杂的环节，各种农产品加工主体遍布全国各地区，呈现多种业态模式。从销售网络覆盖全国乃至出口的大型农产品生产加工企业，到以家庭为单位的小农产品加工作坊，农产品生产加工主体与人们生活息息相关。各主体的规模组织形态差别较大，农产品质量安全管理水平的差异也较大。

目前我国的农产品企业中，大规模企业相对欠缺，小型、微型企业和小作坊占绝大部分，这类企业经营规模和资金规模都比较小，技术、资源运用能力都相对较弱，大多数设施简陋、工艺落后、内部管理和技术创新水平低，难以有效保障农产品质量安全。另外，由于行业进入门槛较低，企业数量众

多，导致行业内部同质化恶性竞争现象严重。部分企业在激烈的竞争中为了获取经济利益，只能想方设法通过各种手段降低生产成本，这些企业成了农产品安全问题的多发地带，难以适应现代农产品加工业的发展需要。

随着我国现代农产品加工业的快速发展，农产品生产加工企业的规模组织形态也在不断发生变化，产生了一批以大型化、现代化、集约化、集团化为特征的大中型企业。2012 年，全年完成主营业务收入超过百亿元的农产品工业企业有 54 家，不计烟草制品业，农产品工业主营业务收入百亿元以上企业有 33 家，规模以上大中型农产品企业共计 4740 家，占农产品工业企业数的 14.1%，而小型企业有 28952 家，占农产品工业企业数的 85.9%，一些重点行业如乳制品、肉制品等行业的生产集中度水平也在不断提高。

农产品生产加工环节存在的质量安全风险因素如表 4－2 所示。

表 4－2　农产品生产加工环节存在的质量安全风险因素

风险构成因素	具体描述
农产品原料不合格	使用废弃物、劣质或非食用物质作为原料制作农产品或制作假冒伪劣农产品等
添加剂或非食用物质的滥用	超量或超范围使用添加剂，使用违禁添加物或其他有毒有害物质等
加工条件不合格	农产品加工环境不符合卫生标准或操作人员操作不规范，导致微生物超标、混有异物等，如由于存储不当等原因造成的生物性污染
包装不合格	使用虚假或有毒有害包装，导致农产品受污染或误导消费者食用劣质或有毒农产品

4.1.3　农产品流通环节主体及质量安全风险因素

农产品流通销售环节主体复杂多样，主要包括连锁超市、批发市场和农贸市场、食杂店和便利店等。

随着人们对农产品品质要求的逐步提高，超市由于其经营环境、管理水平和秩序相对较好，正逐步成为城市居民购买农产品的重要渠道。目前，我国绝大多数连锁超市都有较为完善的管理制度规范，在农产品检测技术和管理水平上领先于其他主体。

批发市场和农贸市场是指在城乡设立的可以进行农副产品自由买卖的市场，其所经营的范围主要包括粮油、生鲜肉、腌腊制品、干货、水果蔬菜等。批发市场是农产品流通体系的中心环节，发挥了集散商品、形成价格、提供服务、传递信息等功能，是我国传统农产品市场体系建设的重点。有部分较大的批发市场采用了先进的信息技术手段，拥有较高的管理水平，如上海农产品中心批发市场，配有高低温冷库、仓库、停车场甚至连接全国各大批发市场的信息管理中心。

一部分实力较强的大型农产品企业还设有自己的专卖店，由于其直接归属企业管理，硬件水平和管理水平往往较高，农产品质量安全也能够得到有效的保障，但这种经营业态在我国的农产品销售中所占比例仍然较低。

通过2015年1—6月对北京市新发地批发市场、永辉超市、家乐福超市以及多家食杂店进行实地调研获取资料，并进行归纳整理得到主要的农产品流通主体的特点如表4－3所示。

表4－3　农产品流通主体的特点

流通主体	批发市场/农贸市场	连锁超市	食杂店	便利店
流通主体特点	批发/零售	零售	零售	零售
消费者特点	经销商批发、机关、食堂、餐饮批发、居民零售购买	附近居民大量采购	附近居民少量购买	附近居民少量购买
农产品种类	初级农产品占比较大	农产品种类较齐全	初级农产品占比小，大部分为加工农产品	初级农产品占比小，大部分为加工农产品
农产品来源	大多来自产地直供、品牌直供	自建基地、品牌直供、个别来自批发市场	品牌直供	品牌直供、集团统一配送

续 表

流通主体	批发市场/农贸市场	连锁超市	食杂店	便利店
农产品安全管理	按批次抽样自检配合监管部门定期抽样；检测技术水平较低	具有自检能力，且定期送检；具有严格的农产品检查制度	无自检能力，依靠国家抽样结果一般根据保质期、农产品感官等判断是否下架	集团统一监测；与超市相同的检查制度
不合格农产品流向	清出市场，具体流向不清楚	部分自行销毁，并修改供应商评级，进行处罚，部分退回供应商	问题农产品下架，退给供应商，过期农产品下架销毁	问题农产品下架，退给供应商，过期农产品下架销毁

连锁超市、便利店等对于农产品质量的把控较为严格，对供应商要进行严格的资质审核，对进店农产品也要进行严格检测。大型批发市场是生鲜农产品的集散地，政府和批发市场在农产品安全监测和质量安全风险防控上都投入了大量精力和财力。相比之下，农贸市场的资源比较缺乏，农产品安全风险防控能力较弱，无法杜绝某些商家为了追求不正当利益而售卖问题农产品，缺乏投入、疏于质量安全管控是农贸市场最大的农产品安全隐患。

农产品流通环节存在的质量安全风险因素如表4-4所示。

表4-4　　农产品流通环节存在的质量安全风险因素

风险构成因素	具体描述
仓储运输条件不合格	仓储环境、运输工具等不符合规定，导致食物变质、菌落数超标等
销售行为不规范	销售过期变质、假冒伪劣、废弃农产品、三无农产品，无QS标志农产品等
有害投入品污染	如滥用双氧水、甲酸等延长腐败期，造成农产品的二次污染

4.1.4 农产品消费环节主体及质量安全风险因素

位于农产品供应链末端的是消费者。由于农产品安全信息的不透明性，消费者对农产品生产流通过程的监督能力比较弱，主要是因为农产品生产加工及流通环节中所使用的投入品、工艺流程等信息，相关主体一般不愿对外公布相关的详细信息甚至刻意隐瞒其违法行为，消费者很难深入了解农产品生产、加工、流通过程中各主体的具体行为表现，消费者对于农产品质量信息也很难通过感观进行准确的判断。另外，由于我国的相关法律法规还不够健全，在消费者受到农产品质量安全问题侵害时，应承担责任的责任主体和相关责任义务的界限不明确。

由于关注程度的提高、信息的不对称，再加上农产品质量安全责任的不明确等多种原因，使得消费者许多时候会夸大自身面临的风险，尤其近几年“瘦肉精”猪肉、“毒豇豆”等重大农产品质量安全事件的接连发生，消费者对农产品质量安全的信心从根本上被动摇。消费者对农产品质量安全问题的敏感程度越来越高，农产品安全恐慌不时侵袭整个社会，抑制了农产品市场的健康发展并牵连农产品供应链中的守法主体，给农产品行业和相关政府部门都造成了巨大损失。因此，对农产品质量安全风险进行科学客观的评估，并采用有效的风险交流方式，对消费者农产品质量安全风险认知的导向进行干预和引导，使消费者在提高农产品质量安全意识的同时，消除或降低恐慌心理，应该是农产品质量安全风险管理工作的一项重要内容。

农产品餐饮/消费环节存在的质量安全风险因素如表 4－5 所示。

表 4－5　　农产品餐饮/消费环节存在的质量安全风险因素

风险构成因素	具体描述
餐饮条件不合格	餐饮单位、食堂等卫生环境不达标或供应劣质农产品
烹饪/食用不当	如加热不当，豆角未煮熟等
农产品含天然毒素	出售或误食含有天然毒素的动植物，如有毒蘑菇、河豚等

4.2 农产品供应链质量安全风险传递机理分析

4.2.1 农产品供应链质量安全风险传递的圈层结构

根据本章4.1节对农产品质量安全风险来源的分析，分析各个环节质量安全风险形成的原因，结果如表4-6所示。从表4-6可以看出，农产品供应链质量安全风险主要源自供应链主体资金、技术、管理等方面能力的缺失和供应链合作关系不紧密导致的机会主义行为。而由于农产品质量安全信息不对称导致的市场逆向选择问题，使得供应链主体缺乏提升农产品质量安全保障能力的动力，也使得供应链合作中的机会主义行为缺乏有效约束。

表4-6 农产品供应链质量安全风险传递原因分析

供应链环节	风险因素	风险成因
农产品生产风险	产地环境污染	工矿“三废”和城市生活污染源； 农业面源污染，主要是农业生产过程中滥施化肥、农药和农膜等化学投入品及任意排放畜禽粪便等农业污染物造成
	农业投入品污染	农业从业人员技能水平偏低，农药、兽药、化肥等应用不当； 缺乏鉴别能力导致购买或使用违禁投入品； 为追求不正当经济利益而使用有害投入品； 技术落后或应用不足导致的风险
农产品加工风险	农产品原辅料不合格	利益驱动而使用不合格原辅料、废料或违法违规生产； 原辅料进货把关不严、检测体系不健全； 安全意识薄弱，员工不了解添加剂使用标准及其危害
	添加剂或非食用物质的滥用	由于利益驱使故意违规，超量使用添加剂或使用有毒有害物质等； 生产技术工艺落后，添加剂使用技术不过关或原辅料混合不均匀等

续 表

供应链环节	风险因素	风险成因
农产品加工风险	加工条件不合格	农产品生产加工环境卫生不达标、操作人员卫生不达标、工艺设备落后等； 操作人员操作不规范或质量控制缺失
	包装不合格	企业执行产品标签管理法律法规意识淡薄，标签不规范； 为降低成本使用不合格包装材料或为追求不正当利益使用虚假标注包装等； 包装工艺落后
农产品储藏、流通风险	仓储运输条件不合格	运输技术水平低下、设备落后或存储方式不当； 工人安全意识薄弱，运输、搬运过程中人员粗放操作； 为了节约成本使得储藏运输环境达不到标准
	销售行为不规范	管理疏漏导致销售过期变质农产品等； 利益驱使下销售过期、假冒伪劣、废弃农产品和三无农产品，无 QS 标志农产品等
	有害投入品污染	安全意识薄弱或对投入品危害认识不足； 利益驱使下使用有害投入品
餐饮/消费风险	餐饮条件不合格	餐饮单位、食堂等卫生环境不达标、工艺落后等； 利益驱使下供应劣质不合格农产品； 管理水平落后，农产品质量安全管理体系不健全
	烹饪/食用不当农产品含天然毒素	农产品质量安全知识欠缺； 不安全农产品鉴别能力较差

农产品供应链质量安全风险既存在于供应链各个主体内部，也存在于各个主体之间，同时外围市场环境也会导致农产品质量安全风险的形成，因此本书提出农产品质量安全风险形成机理的圈层结构，如图 4－1 所示，从供应链各主体质量安全保障能力缺失导致的能力风险、供应链主体间合作关系不紧密导致的信用风险、农产品质量安全信息不对称导致的市场风险三个层面

来剖析农产品质量安全风险形成的内在机理，找出风险产生的根源，为构建合理的农产品质量安全风险控制机制提供理论基础。

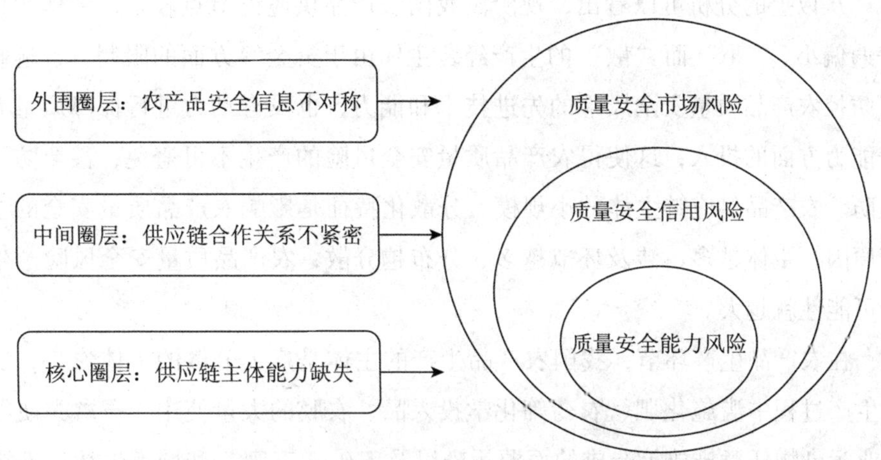

图 4－1　农产品供应链质量安全风险形成的圈层结构

农产品供应链质量安全能力风险被定义为主体本身不具有保障农产品质量安全能力的可能性和严重性，包括技术能力、管理能力、认知能力等。农产品供应链各个参与主体都会对农产品质量安全产生影响，主体的质量安全能力直接决定了最终的农产品质量安全风险水平，因此质量安全能力风险处于农产品供应链质量安全风险形成的圈层结构中的“核心圈层”。

农产品供应链质量安全信用风险被定义为主体为了追求不正当经济利益主动在合作过程中采取危害农产品质量安全的行为的可能性和严重性。信用风险处于农产品质量安全风险形成的圈层结构中的“中间圈层”，是由于供应链结构松散、主体之间的合作关系不紧密导致的风险。

农产品供应链质量安全市场风险被定义为由于农产品市场信息不对称，消费者无法准确辨别农产品真实质量安全水平，从而导致的逆向选择风险。市场是农产品供应链运行的外部环境，因此市场风险处于农产品供应链质量安全风险形成的圈层结构中的“外围圈层”。

4.2.2 农产品供应链质量安全能力风险传递机理

从以上的分析可以看出，现阶段我国农产品供应链节点较多，主体规模普遍偏小。“小”而“散”的生产经营主体由于资金等方面的限制，普遍缺乏防控农产品质量安全风险的先进技术和能力，也没有动力进行保障质量安全能力方面的投入，这使得农产品质量安全风险的产生不可避免，甚至防不胜防。农产品供应链主体的小规模、分散化特征是影响农产品质量安全的主要原因，主体越多、涉及环节越多、分布越分散，农产品质量安全风险产生的可能性就越大。

在农产品生产环节，我国农产品生产的主体是广大分散的个体农户，农业生产过程中滥施化肥、农药等化学投入品、农膜的大量使用、畜禽粪便等农业污染物任意排放等造成的面源污染以及工矿“三废”和城市生活污染源等都在不同程度上影响着农产品产地环境，从而影响农产品质量安全。而个体农户对于防控源头的这种农产品质量安全风险根本无能为力。另外，由于农业从业人员技能水平偏低，为了追求产量，往往投入更多的农药、兽药、化肥等来达到这种目的，由于农药、兽药、化肥等应用不当或缺乏鉴别能力导致购买或使用违禁投入品是农产品生产环节质量安全问题产生的主要原因，因此迫切需要对于源头农户的质量安全能力风险进行有效控制。

生产加工环节农产品安全的保障需要设备、设施和管理的投入，小规模农产品生产企业和个人由于资金、人员等方面的限制往往没有能力或动力进行投入，使得不合格原辅料由于检测能力缺失流入企业，生产过程中由于环境设备等不合格受到微生物污染，储运流通过程中由于人员装备落后导致腐败变质等现象时有发生。另外，农产品添加剂的滥用，甚至添加非食用物质的现象较为严重，一是由于员工的安全知识欠缺、风险意识薄弱或缺乏添加剂的认知和使用能力；二是由于企业的技术能力较弱，生产工艺落后。农产品添加剂或非食用物质的滥用已成为我国农产品质量安全风险的关键点，再加上相当数量的农产品企业并不具备相应的检验检测能力，农产品质量安全难以保障，不仅增加了市场监管的难度，更直接导致或增加了农产品质量安全风险。

农产品流通环节，跨地区甚至跨国界的农产品贸易越来越频繁，消费者与农产品生产地的距离越来越远，长距离运输在满足消费者需要的同时，由于储藏、运输技术水平低下、设备落后、人员质量安全意识薄弱等原因使微生物与有害物质污染的可能性增大，而小规模分散化的流通销售主体又缺乏必要的检验技术和监督手段，使得农产品质量安全风险难以避免。

综上所述，农产品供应链的流程包括农产品的生产、初级加工到流通销售，是农产品质量的形成过程，也是农产品供应链质量安全能力风险的形成过程。农产品的最终质量是由链上的所有主体紧密协作共同保障的，各主体的质量安全风险控制能力都会影响到最终的农产品质量安全，供应链质量安全能力风险包括整个供应链运作过程中农产品生产质量安全能力风险、农产品加工质量安全能力风险、物流运输质量安全能力风险、流通销售质量安全能力风险，而且这些风险会向其所在环节的下游环节传递。农产品供应链主体质量安全能力风险形成过程如图 4-2 所示。

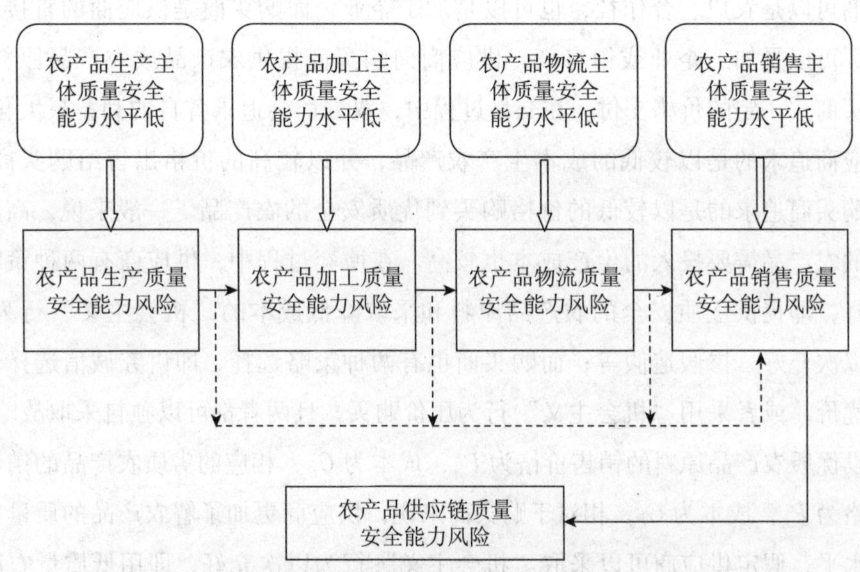

图 4-2　农产品供应链主体质量安全能力风险

4.2.3 农产品供应链质量安全信用风险传递机理

农产品供应链质量安全信用风险产生的根本原因，主要是由于主体间缺乏合理的利益分配和风险共担机制而产生的危害农产品质量安全的机会主义行为。以我国奶制品供应链为例，从投入来看，原奶供应环节的投入约占整个供应链的70%，加工环节占20%，流通环节占10%，而从利润分配来看，这三个环节的利润分配比例为1∶3.5∶5.5。可见，奶牛养殖和原奶供应环节的投入和利润分配严重不合理，乳制品供应链一般是由加工企业主导的，乳企与奶农之间往往通过奶站连接，利益联结机制并没有真正形成，二者分属两个不同的利益主体，合作关系松散，使得在短期利益驱使下降低原奶质量，甚至掺假造假等危害质量安全的“机会主义”行为是难以避免的。

供应链中各利益主体之间的博弈关系决定了农产品质量安全信用风险程度。为分析方便，假设农产品供应链上下游是存在相互合作关系的两个参与主体，分别称之为供应商和购买商，二者构成博弈中的两个局中人。其中供应商可以是农户、合作社，也可以是加工企业，而购买商是供应商的直接下游，可以是加工企业或销售商，供应商向购买商提供农产品或农产品原料，购买商按一定的价格支付。在交易过程中，双方都会追求各自的利益最大化，供应商追求的是以较低的成本生产农产品，并以较高的价格出售给购买商，而购买商追求的是以较低的价格购买到优质安全的农产品。一般来说，高质量的农产品需要投入的生产成本也较高。在博弈过程中，供应商有两种策略选择，即提供优质安全的农产品原料和采取降低成本的“机会主义”行为，如以次充好、掺假造假等；而购买商也有两种策略选择，即讲究诚信选择优质优价，或者采用“机会主义”行为压价购买，且两者都可以独自采取战略。假设优质农产品原料的销售价格为 P_H，成本为 C_H，相应的劣质农产品的销售价格为 P_L，成本为 C_L。相对于购买商来说，供应商更加了解农产品的质量安全水平，假定供应商可以采取“机会主义”行为以次充好，即用低质量农产品冒充高质量农产品的价格销售，购买商购买到高质量和低质量农产品的收益分别为 R_H 和 R_L。

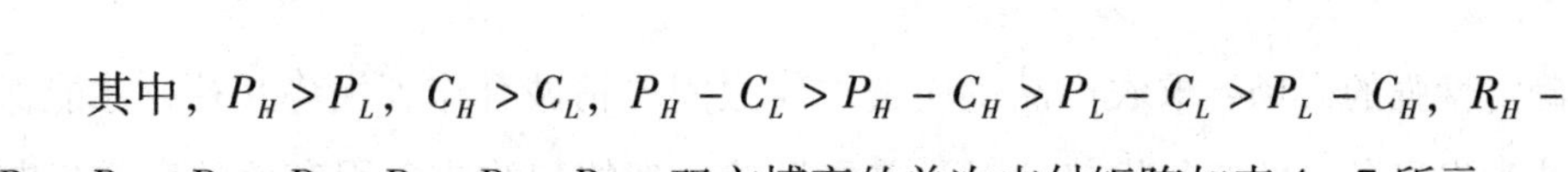

其中，$P_H > P_L$，$C_H > C_L$，$P_H - C_L > P_H - C_H > P_L - C_L > P_L - C_H$，$R_H - P_L > R_H - P_H > R_L - P_L > R_L - P_H$，双方博弈的单次支付矩阵如表4－7所示。

表4－7　供应商和购买商的博弈的支付矩阵

		购买商	
供应商	优质安全	优质优价	机会主义
		$P_H - C_H$，$R_H - P_H$	$P_L - C_H$，$R_H - P_L$
	机会主义	$P_H - C_L$，$R_L - P_H$	$P_L - C_L$，$R_L - P_L$

由博弈矩阵可以看出，该博弈是典型的囚徒困境博弈，博弈双方在短期利益的驱动下，均衡的结果唯一，即（机会主义，机会主义），双方为了追求短期利益的最大化，采取机会主义行为导致农产品供应链质量安全信用风险的产生，优质安全农产品的供给无法保障。

以上是农产品供应商和购买商单次博弈的过程，但是农产品是人们在日常生活中需要大量重复购买的产品，购买商需要重复提供同样的产品，因此购买商和供应商之间的博弈也往往是重复发生的。对于重复博弈来说，影响博弈均衡结果的主要因素是博弈重复的次数和信息的完备性，重复博弈可以分为有限次重复博弈和无限次重复博弈，有限次重复博弈会产生“连锁店悖论”，即只要博弈次数是有限的，就不会改变单次博弈产生的唯一均衡结果（张维迎，2004）。因此，有限次重复博弈后，供应商和销售商为了追求各自利益最大化，仍然会选择（机会主义，机会主义），农产品质量安全信用风险仍然会产生。如果博弈是无限次重复的，并且假设短期的机会主义行为所获得的超额收益是微不足道的，二者就会在博弈过程中做出（优质安全、优质优价）的策略选择，供应商通过提供优质安全的农产品，购买商通过优质优价诚信合作，争取树立良好的声誉以获取长期收益。因此，合理的声誉机制有利于保障安全农产品的供给，防控质量安全信用风险。

基于上述分析可以看出，供应链合作关系不紧密是农产品质量安全信用风险产生的重要原因。现代企业的竞争是供应链之间的竞争，竞争激烈、不确定性强的市场要求农产品供应链主体之间要精诚合作、优势互补，才能保持和发展各自的竞争优势。因此需要设计合理的契约或采用有效的声誉机制以约束农产品供应链主体的机会主义行为，改善农产品供应链上下游的关系，形成长期稳定的合作关系。

4.2.4 农产品供应链质量安全市场风险传递机理

农产品供应链质量安全市场风险产生的根本原因是从事农产品生产经营的商家与消费者之间在农产品质量安全信息上的严重不对称（周应恒、霍丽琪，2003）。Nelson（1970）、Darby 和 Kami（1973）等学者将商品划分为搜寻品、经验品和信任品，农产品质量相当于搜寻品特性、经验品特性和信任品特性的综合（王秀清、孙云峰，2002），农产品的色泽、形状、新鲜度等属性具有搜寻品特征，味道、口感等属性具有经验品特征，而农产品是否安全，即食用之后是否会对人体健康产生危害，除了极其严重的显性安全问题（如严重的食物中毒）之外，消费者往往在食用之后也无法获得完全的信息，其给人体造成的往往是一些潜在的、长期的危害，因此农产品的安全属性具有明显的信任品特征，生产者比消费者拥有更多的农产品安全信息，如药物残留是否超标、添加剂含量是否超标等。农产品的“信任品”特征决定了消费者很难凭感官判断农产品是否存在质量安全隐患，这就为部分商家的投机行为如以次充好、制售假冒伪劣或提供虚假信息等创造了机会，导致农产品市场秩序混乱，市场失灵，从而形成了农产品质量安全市场风险。农产品质量安全市场风险形成的原因主要包括以下两个方面（孙小燕，2008）。

1. 逆向选择——高质量安全农产品需求萎缩

由于农产品生产经营者和消费者之间的信息不对称，消费者很难凭感观了解市场上农产品的真实质量安全水平，必须借助于专门机构的专业设备，成本一般也比较高，消费者个人一般没有能力承受这种高昂的鉴定成本。因此，消费者对市场上的农产品质量会形成一个预期，这个预期代表着市场上农产品质量安全的平均水平，并且消费者只愿意根据自己的预期来进行支付。但由于高质量农产品的生产成本较高，农产品生产经营者要保证农产品质量

安全就需要加大质量投入，消费者如果不能给予高质量农产品一定的额外支付，企业就只能获得很少的利润，最终质量安全水平高于市场平均水平的农产品会退出市场，市场上整体农产品质量安全水平随之下降。当消费者发现市场上农产品的质量安全水平低于其原来的预期时，其愿意支付的价格也会随之下降，如此就形成了市场上农产品质量安全水平持续不断下降、消费者支付意愿也持续下降的恶性循环，导致高质量农产品需求萎缩。

2. 囚徒困境——低质量农产品供给增加

由于高质量农产品的生产成本要高于低质量农产品，但消费者由于缺少农产品质量安全的相关信息，对于高质量农产品的支付意愿就可能同低质量农产品一样，所以生产高质量农产品的利润就会远远低于生产低质量农产品的利润。为了实现利益最大化，一些农产品生产经营者就倾向于降低生产成本（如使用廉价的劣质化学投入品、使用不合格的农产品原料、廉价的工业原料冒充农产品添加剂等）或最大限度地增加产量（如过度使用化肥农药、滥用生长激素等）来增加收益，从而降低了农产品质量安全水平，增加了农产品质量安全风险。

假设市场上有两个农产品生产企业 A 和 B，二者的策略都有两种，即(生产高质量农产品，生产低质量农产品)，且二者可以独立作出决策。假定市场总需求量为 Q，单位价格为 P，高质量农产品生产成本为 C_H，低质量农产品生产成本为 C_L，显然 $C_H > C_L$，则高质量农产品的单位利润 $R_H = P - C_H$，低质量单位利润为 $R_L = P - C_L$，且有 $R_H < R_L$。二者博弈的支付矩阵如表 4-8 所示。

表 4-8　　农产品生产者博弈的支付矩阵

A	B	
	生产高质量农产品	生产低质量农产品
生产高质量农产品	R_H，R_H	R_H，R_L
生产低质量农产品	R_L，R_H	R_L，R_L

该博弈也是典型的“囚徒困境”博弈。在非合作博弈的情况下，农产品

生产者之间博弈的纳什均衡是为了获得利益最大化，都选择生产低质量农产品。如果没有有效的监管与惩罚机制，低质量农产品生产者可能冒充高质量农产品生产者，产生以次充好的投机行为。对于高质量农产品生产者，由于前期投入相对较高，也就具有较高的退出壁垒，当市场中充斥假冒伪劣农产品时，高质量农产品生产者限于退出成本，往往选择的不是退出市场，而是生产低质量农产品，从而扩大了市场中低质量农产品的供给量，整体农产品质量安全水平降低。

4.3 农产品供应链质量安全风险的马尔科夫模型

4.3.1 基本假定

马尔科夫模型是利用某一变量的现在状态和动向，去预测该变量未来的状态及其动向的一种分析手段。由于其具有的马尔科夫性（无后效性）对历史数据需求不多，预测方法具有很多优点，因此在现代统计学中占有重要的地位。马尔科夫模型与其他统计方法（如回归分析、时间序列等）的不同之处在于，它不需要从复杂的预测因子中寻找各因素之间的相互规律，只需要考虑事件本身的历史状况的演变特点，通过计算状态转移概率预测内部状态的变化。

当转移概率 P_{ij}（m，$m+n$）只与 i，j 及时间间隔 n 有关时，即 P_{ij}（m，$m+n$）$=P_{ij}$（n）时，称此链是齐次的，称齐次马尔科夫链的转移概率 P_{ij}（n）$=\{X_{m+n}=a_j \mid X_m=a_i\}$ 为马尔科夫链的 n 步转移概率，记 P（n）$=$（P_{ij}（n））为 n 步转移概率矩阵。

转移概率为 $P_{ij}=P_{ij}$（1）$=P\{X_{m+1}=a_j\}$，转移概率矩阵为：

$$P(I)=P_{ij}=\begin{bmatrix} P_{11},P_{12},\cdots,P_{1j} \\ \cdots \quad \cdots \quad \cdots \quad \cdots \\ P_{i1},P_{i2},\cdots,P_{ij} \\ \cdots \quad \cdots \quad \cdots \quad \cdots \end{bmatrix}$$

其中 P_{ij}是由状态 a_i 到 a_j 的概率。对齐次马尔科夫链有 P（n）$=P_n$，若

齐次马尔科夫链满足 $\lim_{i=\infty} P_{ij}(n) = \sum_j Q_j = 1, i \in I$。

则称此链具有遍历性，称 Ⅱ =（Q_j）为链的极限分布。说明具有遍历性的马尔科夫链不论过程从哪一个状态出发，经过相当长的时间后，过程处在状态 j 的概率将稳定在 Q_j。

在构建农产品供应链质量安全风险的马尔科夫模型之前，做如下假设：

（1）农产品在由前一环节传递至下一环节时，会进行一次质量检测，得到相应的合格率；

（2）农产品进入新的环境，被新环境存在的风险隐患导致不合格，因此，每次检测都只检测上一环节所导致的不合格率；

（3）抽检不合格率小于规定的不合格率，农产品流入市场；

（4）抽检不合格商品被废弃，而没有被抽检到的不合格产品会流入下一环节；

（5）针对提供的不合格产品的上级供应链，企业采取一定的惩罚措施以约束供应商违约行为。

4.3.2 模型的构建与求解

在市场上流通的农产品最终只有 8 种状态，如表 4－9 所示。

表 4－9　农产品最终状态

	生产环节		加工环节		流通环节	
	合格	不合格未被抽检	合格	不合格未被抽检	合格	不合格未被抽检
状态 1	√		√		√	
状态 2	√		√			√
状态 3	√			√	√	
状态 4		√	√		√	
状态 5	√			√		√
状态 6		√	√			√
状态 7		√		√	√	
状态 8		√		√		√

由假设及风险传递路径可以得到农产品供应链质量安全风险的马尔科夫模型的状态转移图，如图 4－2 所示。

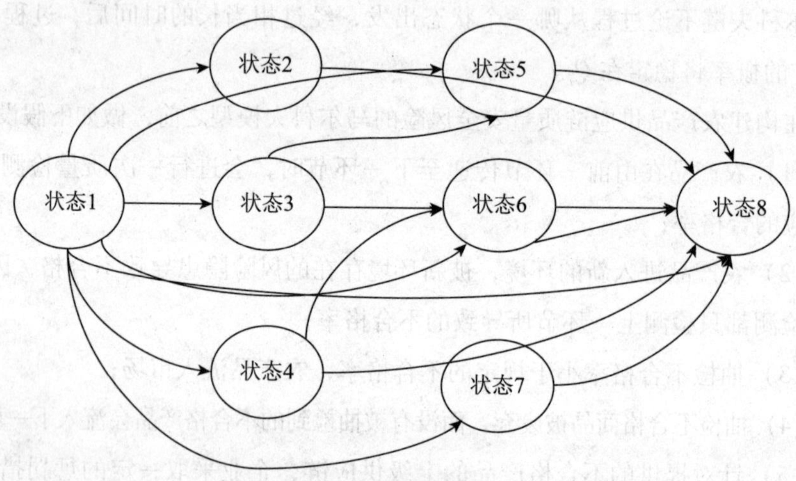

图 4－3　状态转移图

由上，农产品供应链质量安全风险的马尔科夫模型的状态转移矩阵如下所示。

$$A_{8\times8}=\begin{bmatrix}\eta_{11}&\eta_{12}&\eta_{13}&\eta_{14}&\eta_{15}&\eta_{16}&\eta_{17}&\eta_{18}\\\eta_{21}&\eta_{22}&\eta_{23}&\eta_{24}&\eta_{25}&\eta_{26}&\eta_{27}&\eta_{28}\\\eta_{31}&\eta_{32}&\eta_{33}&\eta_{34}&\eta_{35}&\eta_{36}&\eta_{37}&\eta_{38}\\\eta_{41}&\eta_{42}&\eta_{43}&\eta_{44}&\eta_{45}&\eta_{46}&\eta_{47}&\eta_{48}\\\eta_{51}&\eta_{52}&\eta_{53}&\eta_{54}&\eta_{55}&\eta_{56}&\eta_{57}&\eta_{58}\\\eta_{61}&\eta_{62}&\eta_{63}&\eta_{64}&\eta_{65}&\eta_{66}&\eta_{67}&\eta_{68}\\\eta_{71}&\eta_{72}&\eta_{73}&\eta_{74}&\eta_{75}&\eta_{76}&\eta_{77}&\eta_{78}\\\eta_{81}&\eta_{82}&\eta_{83}&\eta_{84}&\eta_{85}&\eta_{86}&\eta_{87}&\eta_{88}\end{bmatrix}$$

其中，η_{ij}表示状态 i 在农产品风险传递路径中转移为状态 j 的概率。假设 S_1^L 最终市场上农产品处于状态 i 的概率，由此建立行矩阵乘积表达式，计算极限状态概率：

$$\begin{bmatrix} S_1^L & S_2^L & S_3^L & S_4^L & S_5^L & S_6^L & S_7^L & S_8^L \end{bmatrix} \begin{bmatrix} \eta_{11} & \eta_{12} & \eta_{13} & \eta_{14} & \eta_{15} & \eta_{16} & \eta_{17} & \eta_{18} \\ \eta_{21} & \eta_{22} & \eta_{23} & \eta_{24} & \eta_{25} & \eta_{26} & \eta_{27} & \eta_{28} \\ \eta_{31} & \eta_{32} & \eta_{33} & \eta_{34} & \eta_{35} & \eta_{36} & \eta_{37} & \eta_{38} \\ \eta_{41} & \eta_{42} & \eta_{43} & \eta_{44} & \eta_{45} & \eta_{46} & \eta_{47} & \eta_{48} \\ \eta_{51} & \eta_{52} & \eta_{53} & \eta_{54} & \eta_{55} & \eta_{56} & \eta_{57} & \eta_{58} \\ \eta_{61} & \eta_{62} & \eta_{63} & \eta_{64} & \eta_{65} & \eta_{66} & \eta_{67} & \eta_{68} \\ \eta_{71} & \eta_{72} & \eta_{73} & \eta_{74} & \eta_{75} & \eta_{76} & \eta_{77} & \eta_{78} \\ \eta_{81} & \eta_{82} & \eta_{83} & \eta_{84} & \eta_{85} & \eta_{86} & \eta_{87} & \eta_{88} \end{bmatrix}$$

$$= [S_1^L \quad S_2^L \quad S_3^L \quad S_4^L \quad S_5^L \quad S_6^L \quad S_7^L \quad S_8^L]$$

且：$S_1^L + S_2^L + S_3^L + S_4^L + S_5^L + S_6^L + S_7^L + S_8^L = 1$

求解极限状态概率：$[S_1^L \quad S_2^L \quad S_3^L \quad S_4^L \quad S_5^L \quad S_6^L \quad S_7^L \quad S_8^L]$的值，流入市场的质量安全农产品比率与废弃品的比率之和即为农产品供应链质量安全概率，而状态2、状态3、状态4、状态5、状态6、状态7的概率之和为农产品供应链质量安全风险概率，即：

$$\text{农产品供应链质量安全概率} = S_1^L + S_8^L$$

$$\text{农产品供应链质量安全风险概率} = S_2^L + S_3^L + S_4^L + S_5^L + S_6^L + S_7^L$$

5　基于多属性群决策的农产品供应链质量安全风险评估

5.1　农产品供应链质量安全风险评估概述

5.1.1　农产品供应链质量安全风险评估的作用

农产品供应链质量安全风险评估侧重从农产品生产、加工、物流、销售等环节中发现导致农产品质量安全问题的隐患，预防农产品质量安全问题的出现。农产品供应链质量安全风险评估不同于农产品质量安全风险评估，但二者之间有密切的关系。

农产品质量安全风险评估关注的是农产品质量安全方面存在的农兽药残留、重金属、生物毒素、病原微生物、外源添加物（包括防腐剂、保鲜剂和添加剂）、客观存在尚不知道的其他危害因子6大危害因子的识别、甄别、鉴定、评价和农产品质量安全营养功能及动植物、微生物产品中相关活性物质的评定。农产品质量安全风险评估的目的是探测农产品质量安全方面的未知危害因子种类，评价已知危害因子的危害程度，为农产品供应链质量安全监管重点的锁定、农产品质量安全标准的制修订、生产的科学指导、消费的正

确引导、及时的科普宣传、突发问题的应急处置、准确的科学研究、公正的国际贸易技术措施评定以及各种有关农产品质量安全的质疑、谣传、说法、猜想、“潜规则”的识别提供科学数据和技术依据。

随着我国农产品质量监管从前些年的突出问题专项整治迈入多因子、全过程、“科学管理、依法监督”的新阶段，有重点、有目的和有计划地对农产品供应链所有过程中的质量安全风险进行有效控制，已成为一种共识和必然趋势。因此，对农产品种养殖过程、加工过程、物流过程、销售过程中存在的未知与已知的风险进行系统的、全面的、持续的风险评估，揭示农产品供应链质量安全风险隐患发生发展的客观规律，作为一种有效预防农产品质量安全问题的手段，是对我国农产品质量安全进行科学管理、依法监督的必然选择和现实需要，是防控农产品质量安全风险的有效途径之一。

5.1.2 农产品供应链质量安全风险来源

农产品供应链质量安全风险存在于农产品供应链的种植环节、养殖环节、加工环节、物流环节以及零售环节等。风险主要来源于技术、管理、环境等方面。

1. 技术风险

无论是农户，还是农产品加工企业，抑或农产品物流服务商和销售商，都必须具备相关的农产品质量安全知识与技术以避免给农产品带来生物性或化学性污染。因农产品质量安全问题主要产生于种植、养殖阶段，故源头的质量安全控制技术成为研究重点。

2. 管理风险

由于管理不当或操作不按标准、规范去做而对农产品质量安全产生隐患，如化学性污染，即在生产、加工过程中不合理使用化学合成物质而对农产品质量安全产生危害。如使用禁用农药，过量、过频使用农药、兽药、渔药、添加剂等造成的有毒有害物质残留污染。该污染可以通过标准化生产以及严厉打击各种违规违法行为进行控制。

3. 环境风险

环境风险来源于自然环境和社会环境两方面。自然环境是指农产品产地环境中的污染物对农产品质量安全产生的危害，主要包括产地环境中水、土、气的污染，如灌溉水、土壤、大气中的重金属超标等。产地环境污染治理难度最大，需要通过净化产地环境或调整种养品种等措施加以解决。社会环境带来的风险是指政策环境的变化会给农产品的生产销售带来影响。如质量安全市场准入制度、农产品监督检测等政策法规若发生变化，会影响农产品的生产、加工及销售，进而影响农产品的质量安全。

5.1.3 多属性群决策评价方法简介

元继学（2010）指出群决策是研究一个群体如何共同进行一项联合行动抉择，它要解决的问题主要侧重于集结一个群体中每个人的偏好，以形成群的偏好，然后根据群的偏好对一集方案进行排序，从中选择群体最偏爱的方案。多属性群决策过程是在多个属性条件下多人对多个方案进行决策的过程，大体可分为评价准备阶段、获取决策人偏好信息阶段、数据分析阶段和集结群体意见达成共识阶段。许多学者对集结专家决策信息的方法进行了深入研究，集结群体信息之前进行群体意见一致性分析的研究相对较少。

多属性群决策研究的内容属于集体决策中的专家判断和群体参与领域。研究这种环境下的群决策方法，要以一些假设为前提：首先，决策者本身是理性主体。决策者都是具有一定资历的专家，他们对决策问题的判断和评价受自己的经验、知识、信息的影响，决策问题同他们自身利益联系不是非常紧密，他们的决策在自身条件的基础上是公正的、合理的。其次，决策问题的指标体系已经建立，决策方案已经拟订。决策者进行决策时已经明确了决策指标集、方案集、专家集等一些信息，不对指标体系的建立、方案集的确定提出疑义。当然，多数情况下，方案集是由决策组织机构或部门通过集体讨论拟订，在决策过程中一般不进行更改。

5.2 农产品供应链质量安全风险识别

5.2.1 农产品种植过程质量安全风险识别

民以食为天，食以安为先。但近年来曝光的大量问题食品把我国农产品质量安全问题推到了风口浪尖，农产品作为食品供应链的源头，若存在质量问题则会不可避免地传递给下游企业。这些农产品一部分由田间直接走向消费环节，例如水果、蔬菜、海产品等；另一部分则作为原材料进入食品加工环节，最后进入消费环节（高艺，2012）。作为食品供应链的源头，不管是直接进入消费环节，还是进入加工环节，农产品的安全性直接决定了最终消费产品的安全性。因此，有必要对农产品种植过程中的质量安全风险进行有效、科学的预测和评估，以便采取有效措施规避或消除质量安全风险，实现农产品的安全供应。

当前，我国农户的特点是规模小、数量大、分布广、总体素质偏低、市场意识薄弱，在大多数农产品种养过程中采取的是粗放式作业，农产品损失程度高，质量安全隐患严重，各种质量安全风险因素较大。农产品种植过程中面临的质量安全风险可分为设备风险、技术风险、管理风险和环境风险4部分。

1. 设备风险

由于全球经济一体化进程不断加快，我国农业和农村经济发展也进入了一个关键时期，只有加快现代化进程才能在国际竞争中立于不败之地，要想实现农业现代化必须加强农业机械化建设，提高机械化设备的综合水平，从而提高劳动生产率，降低生产成本，提高产品质量，增加农民收入。但我国农业机械发展滞后，农机设备虽呈现多样化趋势，但品种不多，质量不稳定，动力机具多，作业机具少，机具配套低，小型机具多，大中型机具跟不上发展的需要，缺少适用机具，产品的可靠性、耐久性、安全性、舒适性、产品整体构造质量等与发达国家差距较大。设备的不完善在一定程度上增加了农产品在种植过程中的质量安全风险。

（1）种植设备故障。农产品种植设备一般包括农用动力机械、农田建设机械、土壤耕作机械、种植和施肥机械、植物保护机械、农田排灌机械、作物收获机械、农业运输机械等。随着农业机械保有量的快速增长以及农机服务领域的不断拓展，农业机械的功率越来越大，产品结构和操作也日渐复杂，同时由于作业人员的素质普遍偏低以及我国农机安全管理制度的欠缺，农机安全隐患凸显，农业机械风险日渐突出。

（2）检测设备故障。现代化农业已逐渐采用自动化的监测控制技术，对工作部件和作业质量进行实时监测和控制。随着播种施肥等机械向大型化和复杂化方向发展，单靠机械操作人员对机械各部分的技术状态和工作情况进行观察已经不能满足机械作业要求，必须对各主要工作部件进行实时监测，发生故障及时报警。同时，对一些靠人工很难精准控制的操作机构引入自动控制单元，保证机器的作业质量和效率。一旦检测设备出现故障，会影响检测结果的真实性而不能准确把握农产品的质量，进而带来入市产品的质量安全风险。

（3）消毒设备故障。高密度栽培及同一地块上连年种植作物，使得土传病害、病原菌得以不断积累、生长和繁殖。但是国内农用栽培消毒机械和设备发展缓慢、作业机械应用较少、作业机具配套水平不高，这类病害如果不及时加以控制，会造成严重减产或降低产品质量。

2. 技术风险

（1）种植技术。科学的种植技术有利于保护资源，培肥地力，维护农田生态平衡；有利于充分利用自然资源和社会经济资源；有利于协调种植业内部各种作物之间的关系，达到多种农作物全面持续增产；同时还能满足国家、地方和农户的农产品需求，增加农民收入的同时，提高农业生产效率。

（2）检测技术。由于长期以来主要关注数量增长，我国农产品质量问题一直未受到重视。从鸡蛋出口被阻开始，我国检验检疫部门才开始知道并研究农药残留问题。多年以来，一直是国外提出某项技术壁垒，国内才开始着手建立相关标准。从我国的农产品检测技术来看，属于传统的检测方法和技

术，检测速度慢、费用高，往往是出现了质量问题，查找原因，重新检测，难以在生产线上在线检测。检测技术是否有保障，是否按照国家规定的方法检测，是决定检测结果准确与否的重要依据。

（3）消毒技术。农业高密度和多年连作栽培会加剧土壤传播病虫害，出现连作障碍，造成果菜和花卉产量下降、品质低下，甚至绝收。土壤消毒是解决土壤传播病虫害的有效方法之一，所谓土壤消毒是利用物理方法或化学方法处理土壤，以达到控制土壤病虫害，克服土壤连作障碍，保证设施栽培生产高产、优质的目的。一般消毒技术有化学消毒法即化学药剂消毒法，常用药剂包括40%福尔马林、氯化苦和溴甲烷等；物理消毒法主要指太阳能加热消毒法、蒸汽消毒法和热水消毒法。消毒方法的正确与否，是决定种植环境是否健康的重要依据（董菲菲，2014）。

3. 管理风险

（1）农药、激素及添加剂安全。为了满足消费者对农产品在种类和数量上的要求，企业不断寻求和研发新技术，而新技术和新方法的过度使用（如杀虫剂、激素、抗生素和转基因技术等），使得农产品在种植过程中，不同程度地受到农药、化肥、工业“三废”污染，一些地下加工厂在加工制造过程中乱用添加剂和防腐剂，给人们的健康带来严重隐患。农产品种植过程中使用的农药、激素及添加剂等的质量安全及其用量的多少直接关系到农产品的质量安全。

（2）种植环境清洁和消毒。环境污染、生态破坏可使一些有毒有害物质经过水、土壤、肥料进入作物体内并聚集起来，使其含有超量的有毒、有害成分，而为了弥补生态环境恶化的负面影响，生产上又多求助于农药、化肥、抗菌素、激素等，以达到抑病增产的目的，形成恶性循环。种植环境的清洁和消毒管理是否到位，将影响农产品的质量。若清洁和消毒管理不到位，易导致农产品产量和安全水平下降。

（3）过程记录。种植过程的记录有助于种植过程的监控、追查、统计总结和种植环节管理水平的提高。建立农产品种植信息追溯系统，通过企业、政府有关部门为追溯系统提供种植环境、种植品种、种植技术、种植管理等过程数据，经专业化收集、整合，构成农产品种植追溯信息系统的核心内容，实现了对农产品种植全过程的记录。若种植过程中不记录或记录不全，将不能保证农产品的质量安全。

4. 环境风险

（1）生态环境。我国农业生态环境存在很多问题。首先，水土是农业的基础，水土流失、土地沙化，使土壤中大量的氮、磷、钾等营养成分丧失，使土地变得贫瘠甚至荒废；农业水资源被污染，影响了农业灌溉，破坏了农业生态；对森林的滥砍滥伐、对草地的盲目开垦，使森林、草地调节气候、涵养水源、防止水土流失与荒漠化的能力减弱。工业“三废”未经处理就直接排放，使农业耕地发生大面积板结，导致农业资源总量的减少和质量下降。其次，农业生物多样性安全受到严重威胁，农产品质量下降，人们的生活质量受到严重影响。农业生态环境是一个复杂的系统，维护它的平衡极为重要，保持农业生物多样性是维护农业生态平衡的基础。最后，由于土壤成分的改变和化肥、农药等在农产品中的大量残留，使一些本来应给人体增加营养的农产品变成了携毒品，农产品质量等级下降，极大地影响了人们的身心健康和生活质量。

（2）政府监管力度。农产品安全监管涉及面广，专业性强，基层管理还缺乏有效的技术支撑，农产品质量检测与实际要求差距较大。目前比较常用的监管手段就是抽样检测，包括快速检测、定性检测以及定量检测。快速定性检测项目少、误差大，可能导致误判，损害被检测者的利益，难以全面评定农产品安全。而定量检测时间长、费用高、时效性不强，由于农产品的流通很快，等检测结果出来时农产品早已销售出去并可能已造成危害，检测结果往往只能作为事后警告或责任追究的依据。政府的监管力度会影响农产品的质量，若政府监管力度不够将会影响农产品的安全。

（3）政策法规。政策法规首先要明确针对农产品种植环节进行约束的作用、手段、目标、实施主体、实施对象、实施程序、责任、救济、赔偿等，以期对实施、保障、规范农产品种植行为提供必要的法律依据。因此，现行政策法规是否能有效地规范种植行为，是决定农产品质量安全的重要因素

（辜松，2006）。

5.2.2 农产品养殖过程质量安全风险识别

目前，我国农村养殖业得到迅速发展，规模化、集约化养殖正逐步壮大，农村散养户逐年减少，有利于养殖业的长远发展。但我国现阶段农村养殖业还处于竞争发展状态，限于养殖者的专业素质和养殖理念，农村养殖业的风险，既有外部的自然、市场等因素，也有养殖内部的因素，都造成养殖业效益比较低。因此，养殖户必须遵循自然规律和市场规律，按照以预防为主、防治并举的原则，采取综合防治，这样既有利于建立养殖户收入稳步增长的长效机制，也有利于动物安全和生态安全，更有利于保护城乡广大消费者的利益。所以，评估养殖风险对提高农民品质量具有重要的现实意义和战略意义。

1. 仔畜禽或种苗来源风险

仔畜禽或种苗是进行健康养殖的第一道关口，优良的品种意味着优越的生产性能及较好的健康水平。种苗的状况直接关系到健康养殖的全过程。专业化的种苗场或孵化场在仔畜禽或种苗的培育上具有资源和技术优势，因此专业化的种苗场有能力使其提供的种苗符合健康养殖的要求。

2. 饲料来源及安全性风险

饲料和饵料是安全生产最重要的保证之一，是实行健康养殖的关键，它贯穿于动物生长的全过程，对养殖业的影响是全方位的，即包括养殖业自身的产品安全和对环境的安全。如果饲料或饵料本身就是不安全的，比如饲料或饵料中含有不符合国家规定的成分甚至是违禁药品，期望生产出无公害或健康的动物产品是不现实的，严重的还可能损害人类自身的健康。另外，饲料发生霉变或受到微生物污染，微量元素添加过量引起重金属污染和中毒，饲料原料受到化学性污染等诸多因素都是影响畜产品安全的重要因素。由于一些对人体影响较大的兽药及药物添加剂仍然在大量使用，虽然养殖过程中在饲料或饵料中加入必需的药物或抗生素对动物和人是没有危害的，但过量添加就会产生副作用。

3. **养殖场排泄物风险**

由于传统的畜牧养殖业污染主要包括畜禽粪便未经无害化处理直接排放对环境造成的污染，所以养殖过程中废弃物的排放及其处理方式是应该重点关注的养殖行为之一。水产养殖造成环境污染主要有三种途径：残饵残留、生物排泄物、药物残留。废弃饵料及水产生物的排泄物一方面可以通过水循环污染环境；另一方面通过污染的水环境传递给水产养殖生物，进而形成水产品的不安全。因此，废弃饵料及排泄物的处理方式是健康养殖的重要方面。

4. **养殖技术缺乏及管理不善风险**

养殖业对技术的要求较高，饲养人员不仅要严谨、勤劳，还要熟悉养殖产品的卫生标准、疾病预防标准、常见疾病的治疗方法，这对于知识结构相对偏低的养殖户挑战较大。大多数中小型养殖户（场）没有专业的技术人员，对现代化养殖业没有系统的管理措施，也不会管理，存在着防疫保健跟不上、饲料浪费大、药物乱用滥用、环境污染严重、没有生物安全意识等诸多问题。

5. **疫情风险**

随着国际贸易交流的发展，动物传染病如今在地理学上比历史任何时期传播的速度都要快，动物疫病的变化和动物保健品的广泛应用使危害畜产品质量安全的因素不断增加。如果处理不当，很多动物疫病可以从畜禽产品直接传染给人，即人畜共患病，如布鲁氏菌病、结核病、禽流感、猪囊虫病、猪流感、血吸虫病等。即使动物所固有的非人畜共患病，如猪瘟、鸡新城疫等不直接感染人，但其分解的毒素也会引起人的食物中毒。因动物疫病可以使畜产品携带细菌、病毒或寄生虫引起人发病、死亡，所以不容忽视。在现实生活中，一些不法商贩为了谋求暴利，把患有疾病的畜禽私自宰杀后上市销售，这不仅危害了畜牧业的健康发展，也严重危害了人们的身体健康。

5.2.3 农产品加工过程质量安全风险识别

农产品加工企业是介于农业与工业之间的组织形式，是农业产业化的核心，是现代农业的重要承担者。改革开放三十多年以来，我国农产品加工企业正呈现出数量飞速增长、质量大幅提升、产品日趋多元化的良好势头，但

是在农产品加工企业管理理论不断丰富，农产品加工企业经济飞速发展的同时，许多制约农产品加工企业进一步发展的突出问题也纷纷暴露出来。为了保证农产品加工企业的高成功率，必须对农产品加工企业进行风险管理。企业风险管理是企业运作过程中识别和评估风险、管理和解决风险的一种管理手段，其中风险的识别尤其重要。在这种情况下，加强对农产品加工企业管理的研究，积极发展农产品加工业，提高农产品加工企业管理水平，对于提高农业效益、增加农民收入、增强农业国际竞争力具有重要的意义。

1. 原材料及添加剂风险

各农产品加工企业均需要以农产品为主要原材料，同时还有各类食品添加剂。农产品价格随季节气候变化起伏较大，往往造成制成品售价很高，但带来的利润却低，使得加工企业采购不合格原材料，进行二次加工，以次充好。添加剂和防腐剂的滥用更增加了农产品的危险性，有些不法商人为了使成本最低，产生利润最大，在农产品添加剂的安全控制上不把关，即使国家有相关规定，但为了自身的利益，企业也不去执行，安全系数下降，大规模生产后就容易产生污染并蔓延。

2. 设备及工艺风险

农产品加工过程每个部分在运行中都有自己的技术指标和技术规程，尤其对于农产品这类与人们的日常生活关系紧密的产品有严格的国家标准。但是由于我国大多数农产品加工企业设备简陋，技术落后，陈旧过时的生产加工设备容易遭到微生物等有害物质的污染。包装中使用不合格包装物、过量使用保鲜剂等，都导致了农产品在加工环节的质量问题。

3. 加工场地条件不达标风险

目前我国很大一部分地区的屠宰场由于规模小，受场地设施设备的限制，屠宰、储藏等条件欠佳，加工后的废弃物、污水、粪便等不能及时处理造成微生物污染二次污染。

5.2.4 农产品物流过程质量安全风险识别

我国是农业大国，自然地理条件决定了农产品品种多、数量大。这些商品除部分农民自用外，大部分成为商品需要物流，因此，形成了巨大的运输市场，而且还在不断扩大。但由于我国农产品物流主体呈多元化，但规模普遍偏小、竞争力不强等原因，导致我国农产品在物流存储运输方面存在许多问题尚待解决。

1. **保鲜设备风险**

与农产品生产的季节性和上市的集中性、大量性相比，我国农产品物流基础设施、设备发展相对滞后，其问题相对突出，造成流通环节农产品质量安全等问题。主要表现在：一是城市化的加速以及生活方式的改变使得人们对农产品种类的需求越来越广，非时令农产品的消费量剧增，导致农产品长距离且大范围的运输，使微生物与有害物质污染的可能性增大。二是在农产品运送过程中，现代化的冷藏储运设施严重滞后，造成巨大的在途农产品损耗。农产品物流中采用敞篷汽车散装运输，缺乏冷藏冷冻设备，箱式冷藏车严重不足，初加工手段以及后续物流环节的基础投入明显不足。

2. **农产品物流信息滞后风险**

农产品的流通主要是从农户到批发市场，再到农贸市场或超市，最终到达消费者手中，很多环节都缺少完善的农产品信息收集、处理、发布、反馈等手段和机制，使得农产品物流信息共享程度低、信息流通不畅、农产品生产者对市场供求信息获取不完全而且滞后，最终导致农产品供给、流向与流量常常带有盲目性，赶不上市场变化，从而造成大量的农产品库存。而农产品的保鲜期一般都比较短，过长的流通环节和库存时间使农产品失去最佳的食用时间，产生质量安全问题隐患。

5.2.5 农产品销售过程质量安全风险识别

随着技术的极大进步以及商品种类的日益复杂，消费者对于商品多样性的需求迫使以生产商为主导的产业链形式逐步向零售商为主导的产业链形式转移。零售商作为直接连接生产与消费的桥梁，将农产品和服务提供给最终消费者。随着零售业的迅速发展与零售企业的地位不断增强，零售企业成为供应链上的核心企业。零售企业离消费者最近，最容易掌握市场的需求信息，

可以有效地领导供应链的运作。当零售商在供应链上的影响力逐步扩大，零售企业对于物流体系的要求也将更高，而基于农产品流通的物流体系也将逐渐显现其规模效益。此外，零售商实力的增强也有利于对农产品的质量安全进行严格控制。零售企业根据严格的质量检测标准对采购的农产品进行规范的质量检测，在一定程度上降低由农产品质量安全而引发的各种安全事故，使消费者在超市中能够买到“放心菜”。但是由于农产品供应链的复杂性，农产品零售企业的规模和实力参差不齐，造成农产品零售过程中也存在一定的质量安全风险。

1. **信息风险**

农产品零售商处于供应链的末端，由于牛鞭效应等不利于信息传递因素的影响，容易造成信息传递的失真和延时。农产品零售过程的质量安全风险主要体现在两个方面：一为逆向选择，二为道德风险。主要体现在三方面：①零售商和消费者之间的信息不对称。由于消费市场的需求不确定性，零售商无法客观地预测消费者的需求，从而导致供给信息的不确定性，农产品质量安全特征信息不能有效地传递给消费者，使消费者对农产品质量安全真实性失去信任。②农产品零售商和供应商之间的信息不对称。在农产品生产、加工环节，供应方在伪劣禁用添加品的高效和低成本诱惑下而滥用激素和添加剂，如“瘦肉精”造成的农产品质量安全隐患。而零售商对农产品内在质量安全信息难以跟踪，这样就造成了供应商和零售商的质量安全信息不对称。③农产品零售商和政府之间的信息不对称。政府披露农产品质量安全信息的时间和零售商的需求不一致性，使农产品质量安全信息不能及时、有效地传递给零售商，从而导致了政府和零售商之间的信息不对称。

2. **物流风险**

农产品属于易腐易逝产品，因此对农产品供应链的配套物流服务的要求较高。而我国物流产业起步较晚，且大多集中于制造业周边，农产品的物流发展还远远不能达到农产品供应链发展的需要。传统农产品供应中间环节过多，会引起生鲜农产品储运量增大，使产品到达顾客的时间延长，流通与交易费用增加，最终导致流通效益低下，同时产品的鲜活性也受到较大影响。

如采用农超对接的形式，可以解决部分问题，但仍然会存在物流过程中的质量安全风险。

5.3 农产品供应链质量安全风险评估指标体系

建立农产品供应链质量安全风险评价指标体系是进行风险评价的基础。对影响农产品供应链质量安全风险的各种不确定因素进行识别，以发现农产品供应链中存在的显性风险和隐性风险，进而对这些风险的来源及内部的相互关系进行分析，并通过一定的选取原则，建立有关农产品供应链质量安全风险评价的指标体系。

5.3.1 农产品供应链质量安全风险评价指标的选取原则

农产品供应链是一个复杂的、动态的大系统，在进行指标选取的时候，为了保证能够从各个侧面反映出农产品供应链中可能存在的风险因素，在收集大量相关信息的基础上，需要以一定的原则来选取指标，以对风险进行准确的刻画。对指标选取的原则进行总结和概括，主要有以下几项。

1. 系统全面性原则

农产品供应链涉及众多主体和环节，在进行指标选取的时候，需要从系统的角度找出每个环节所隐含的风险信息，再根据一定的风险分析方法提取关键的风险要素。这样建立的指标体系才能够更加全面地反映农产品供应链所面临的风险状况，而且能够体现农产品供应链质量安全风险的未来发展趋势。

2. 可比性原则

可比性原则是指各个风险指标之间是完全独立的，与其他指标具有明显的区分度，能够进行风险大小的衡量和比较，这样建立的指标体系才能反映出各项指标与农产品供应链质量安全风险的相关度大小，并据此有针对性地控制农产品供应链质量安全风险的各种因素。

3. 重要性原则

由于影响农产品供应链质量安全的风险因子很多，不可能将所有的指标都纳入到评价体系中，否则，一方面会增加太多的计算及求解难度，另一方面则没有必要。因此，应该根据各因子对农产品供应链质量安全风险的影响程度，选择影响大且发生概率大的指标。

4. 真实有效性原则

真实有效性原则是选择评价指标最重要的原则之一，只有保证指标的真实有效性才能进行客观和科学的风险评价，进而保证综合评价指数的有效性，才能进行最终的科学决策。要做到指标的真实有效，一是必须保证指标内容的信息来源真实可靠，且计算方法正确；二是要科学合理地确定评价因素、设计风险调查表、收集整理数据以及采用科学的方法分析结果。

5. 动态性原则

指标的动态性原则指的是，在设计和选择指标的时候，要考虑农产品供应链的发展性，指标必须能够适应农产品供应链的变化并反映其发展趋势。

6. 定性和定量指标相结合原则

在选择指标的时候，要遵循定性和定量相结合的原则，对于可以用数据表达的指标，直接做定量指标。而对于有些不能用数据描述又难以获得的，但是对农产品供应链质量安全风险评价非常重要的指标，只能用作定性指标加以利用。

5.3.2 农产品供应链质量整体风险评价指标体系

根据前文对农产品供应链各环节的质量安全风险分析，从质量安全的角度，建立农产品供应链质量安全风险评估指标体系，该指标体系包含种植过程、养殖过程、加工过程、物流过程、零售过程共5个环节，设计评价指标体系，将农产品供应链质量安全风险评估指标集设为 $C=\{C_1, C_2, \cdots, C_m\}$，$m\geqslant 2$，其中，$C_i$ 代表第 i 个评价指标，$i=1, 2, \cdots, m$，如表5-1所示。

对农产品供应链各阶段的质量安全风险评估，以农产品种植过程质量安全风险评估为例来建立模型并进行分析。

表 5-1　　农产品供应链质量安全风险评估指标体系

供应链阶段	评价指标	评价指标描述
种植过程	C_1 设备风险	种植设备、检测设备、消毒设备出现故障时对种植质量的风险评估
	C_2 技术风险	对种植技术、检测技术、消毒技术合理性的风险评估
	C_3 管理风险	对农药、添加剂以及养殖环境的监督管理评估
	C_4 环境风险	包括自然生态环境和政策制度环境两方面的风险评估
养殖过程	C_5 仔畜禽或种苗来源风险	仔畜禽或种苗的来源对质量的影响
	C_6 饲料来源及安全性风险	饲料本身的安全性及被微生物、化学添加剂污染带来的风险评估
	C_7 养殖场排泄物风险	排泄物对养殖环境和经过水循环对其他环节污染造成的风险
	C_8 养殖技术缺乏及管理不善风险	养殖技术的缺乏及对人工检疫用药管理措施不到位造成的风险
	C_9 疫情风险	畜产品携带的细菌、病毒或寄生虫对其质量的影响
加工过程	C_{10}原材料及添加剂风险	在加工时使用不合格原材料及违法使用添加剂对质量的影响
	C_{11}设备及工艺风险	加工设备及包装、保鲜剂等工艺使用不规范带来的风险
	C_{12}加工场地条件不达标风险	加工中的清洗、储存及最后废弃物的处理不当造成的质量安全风险
物流过程	C_{13}保鲜设备风险	长距离大范围的运输中保鲜措施不到位带来的风险
	C_{14}农产品物流信息滞后风险	供应链中各环节信息不通畅拉长了农产品流通的时间，降低了上市的品质
零售过程	C_{15}信息风险	零售商和消费者、供应商、政府之间的信息不对称带来的风险
	C_{16}物流风险	零售商如便利店、超市是对接顾客的最后环节，运输、存储、包装等是质量关键控制点

5.4 基于多属性群决策的农产品种植过程质量安全风险评估模型

本书采用的多属性群决策方法是为解决多个专家由于社会地位、知识和偏好等不一样，在确定风险属性权重时意见难以统一的问题。当多个专家各自给出一些方案的偏好关系后，依据专家意见的不同重要程度给出了偏好关系的“重要度”，并在此基础上构造｛0，1｝混合整数线性规划模型，求得各风险属性的权重值，并通过求与理想解间的加权方差来评估风险指标值的大小，得到更加客观准确的评估结果。该方法既适用于整体大风险的计算、比较，也适用于具体的风险因素间的比较。

5.4.1 确定评价属性集及评价标准

基于上述风险分析，已知农产品种植过程中有4种质量安全风险，每种风险有3个评价指标，共12个指标，分别记为 $s=\{a_1,a_2,\cdots,a_{12}\}$，如下图所示。

设每个评价指标有 m 个属性，指标 i 关于第 j 个属性的属性值为 x_{ij}，所有这些属性值构成了决策矩阵 $A=(x_{ij})_{12\times m}$：

$$\begin{Bmatrix} x_{11} & x_{12} & \cdots & x_{1m} \\ x_{21} & x_{22} & \cdots & x_{2m} \\ \cdots & \cdots & \cdots & \cdots \\ x_{121} & x_{122} & \cdots & x_{12m} \end{Bmatrix}$$

接下来在该类数据中找到一个最佳结果，即 $E=(x_1^*,x_2^*,\cdots,x_j^*,x_m^*)$，称其为该风险指标集合的理想解，效益型和成本型指标的理想解计算公式分别为 $x_j^*=\max\{x'_{ij}\}$ 和 $x_j^*=\min\{x'_{ij}\}$。对风险指标数据集 A' 中的各组数据分别求和理想解 E 的加权方差，设 w_1，w_2，…，w_m 为风险指标各属性的权重值，计算方法如下：

$$C_i=w_1(x'_{i1}-x_1^*)^2+w_2(x'_{i2}-x_2^*)^2+\cdots+w_m(x'_{im}-x_m^*)^2$$

C_i 越小，说明 i 指标风险越小。

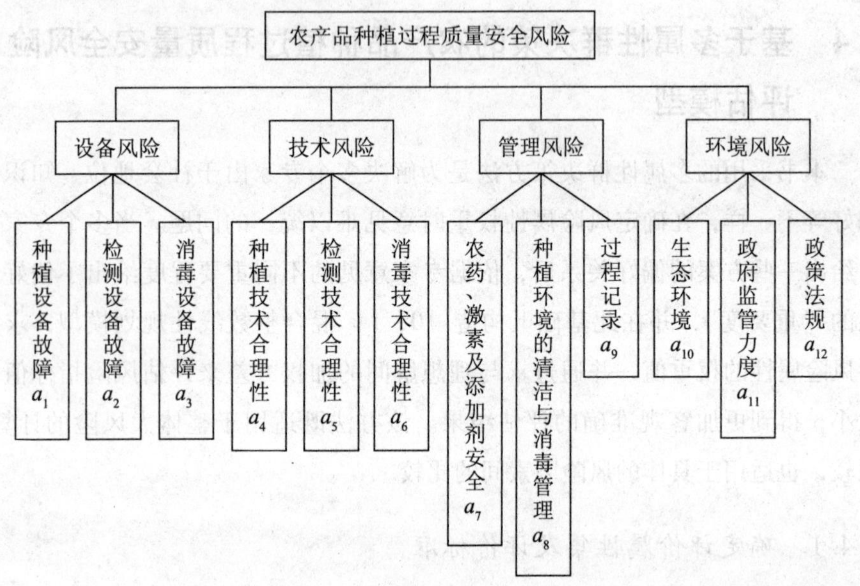

农产品种植过程质量安全风险评价指标体系

5.4.2　确定权重的不完全信息及专家对风险指标的偏好序

假设评估群体由 L 个专家组成，记 Θ 为各评估专家共同承认的属性权重的不完全信息，具体形式如下：

$$\Theta = \{w \in R^n \mid w_1 \geqslant w_2 \geqslant \cdots \geqslant w_m\}$$

不同专家有着不同的偏好序，记所有专家的偏好序关系的集合为 I。给出偏好序定义：对于任意给定的两种风险 a_p 和 a_q，如果存在数 $\beta \geqslant 0$ 以及权重矢量 $w \in \Theta \cap \{w \mid w \geqslant 0, e^T w = 1, e = (1, 1, \cdots, 1)^T\}$ 满足 $c_p \geqslant c_q + \beta$，则称风险 a_p 和 a_q 之间具有偏好序关系，记为 $a_p > a_q$。令 $\alpha_q^p = c_p - c_q$，则 $c_p \geqslant c_q + \beta$ 可简化为 $\alpha_q^p > \beta$。令 λ_k $(k = 1, 2, \cdots, L)$ 表示第 K 位专家的权重，对于任意 $(p, q) \in I$，偏好序关系 $a_p > a_q$ 的“重要度”μ_{pq} 定义为所有认为关系 $a_p > a_q$ 成立的评估者的权重之和。

构建模型确定风险指标属性权重值和风险评估值，给出以下定义：如果

存在$\beta \geqslant 0$，$w \in \Theta \cap \{w \mid w \geqslant 0, e^T w = 1, e = (1, 1, \cdots, 1)^T\}$ 使得 $\alpha_q^p \geqslant \beta$，则称 w 为群决策问题的协调权。

建立如下 {0，1} 混合整数线性规划（P_1）：

$$\min z = \sum u_{pq} y_{pq} \qquad (p, q) \in I_2$$

$$\text{s. t. } \alpha_q^p + \theta y_{pq} \geqslant 0 \qquad (p, q) \in I_2 \qquad (5-1)$$

$$\alpha_q^p \geqslant 0 \qquad (p, q) \in I_1 \qquad (5-2)$$

$$w \in \Theta, e^T w = 1, w \geqslant 0 \qquad (5-3)$$

$$y_{pq} \in \{0,1\} \qquad (p, q) \in I_2 \qquad (5-4)$$

其中，$I_1 = \{(p, q) \in I \mid u_{pq} = 1\}$，$I_2 = \{(p, q) \in I \mid u_{pq} < 1\}$，$y_{pq} = 0$，表示该偏好序存在协调权；$y_{pq} = 1$，表示该偏好序不存在协调权。$\theta$ 是一个充分大的正数，令 $\theta = 10$，以保证当 $y_{pq} = 1$ 时，式（5－1）总成立。

求出 P_1 的最优解为（w^*，$\{y_{pq}^*\}$），最优值为 Z^*，则：

（1）如果 $Z^* = 0$，则群决策问题存在协调权；

（2）当 $Z^* > 0$，$I_2^* = \{(p, q) \in I_2 \mid y_{pq}^* = 1\}$ 时，专家对 I_2^* 中的元素做“放弃”选择（I_{21}^*）或“逆向”选择（I_{22}^*），一定能得到协调权。

考虑上述情况（2），若 P_1 的最优值 $Z^* > 0$，则建立如下 {0，1} 混合整数线性规划（P_2）：

$$\max \beta$$

$$\text{s. t. } \alpha_q^p \geqslant \beta \qquad (p, q) \in I_2 - I_2^*$$

$$-\alpha_q^p \geqslant \beta \qquad (p, q) \in I_{22}^*$$

$$\alpha_q^p \geqslant \beta \qquad (p, q) \in I_1$$

$$w \in \Theta, e^T w = 1, w \geqslant 0$$

求解问题 P_2 得到最优解为（w'，β'），其中 w' 为风险属性的权重值。将 w' 带入 C_i 的表达式便可求得供应链中各指标风险的大小排序。

5.4.3 算例分析

依据上述建立的风险评价指标体系，对农产品种植环节的质量安全风险进行算例分析。总结归纳出了质量安全风险的几个评价属性：风险发生的概率、风险的间接影响、风险的直接影响、风险发生后的可控制程度。我们在总结前人研究的基础上，提出另一个影响因素——风险的预防难度。

风险预防是指有目的、有意识地通过计划、组织、控制和检查等活动来阻止防范风险损失的发生，削弱风险发生的影响程度。一个风险，如果其预防难度很低，我们就可以通过相关措施很好地将其遏制在萌芽中，削弱该风险带来的威胁；相反，如果其预防难度很高，我们将很难阻止其发生，加上风险本身的未知性，就会增大该风险的威胁性。因此，本研究将风险的预防难度作为质量安全风险的一个评价属性。

假设分析历史数据后得到如下的决策矩阵：

$$
\begin{Bmatrix}
0.6 & 0.3 & 0.7 & 0.4 & 0.7 \\
0.3 & 0.5 & 0.6 & 0.5 & 0.2 \\
0.4 & 0.7 & 0.2 & 0.8 & 0.5 \\
0.6 & 0.8 & 0.3 & 0.9 & 0.3 \\
0.8 & 0.6 & 0.4 & 0.1 & 0.4 \\
0.2 & 0.3 & 0.6 & 0.3 & 0.5 \\
0.7 & 0.4 & 0.1 & 0.2 & 0.6 \\
0.2 & 0.6 & 0.3 & 0.6 & 0.8 \\
0.5 & 0.4 & 0.7 & 0.3 & 0.2 \\
0.3 & 0.7 & 0.5 & 0.2 & 0.1 \\
0.9 & 0.3 & 0.8 & 0.7 & 0.4 \\
0.4 & 0.5 & 0.2 & 0.8 & 0.7
\end{Bmatrix}
$$

理想解为（0.2，0.3，0.1，0.9，0.1），12 种风险指标的加权方差分别为：

$$c_1 = 0.16w_1 + 0.36w_3 + 0.25w_4 + 0.36w_5$$

$$c_2 = 0.01w_1 + 0.04w_2 + 0.25w_3 + 0.16w_4 + 0.01w_5$$

……

$$c_{12} = 0.04w_1 + 0.04w_2 + 0.01w_3 + 0.01w_4 + 0.36w_5$$

专家共同确定属性权重的不完全信息为 $\Theta = \{w \mid w_1 \geqslant w_3 \geqslant w_4 \geqslant w_2 \geqslant w_5\}$。设有4个专家 e_1、e_2、e_3、e_4 参与评估，他们的权重分别为 $(\lambda_1, \lambda_2, \lambda_3, \lambda_4) = (0.4, 0.1, 0.3, 0.2)$。表5-2是4个专家分别给出的风险的偏好序关系。

表5-2　　风险的偏好序关系

专家	权重（λ）	偏好序关系	I_k
e_1	0.4	$a_1 > a_2$，$a_4 > a_3$，$a_7 > a_8$，$a_{11} > a_{12}$	{(1, 2), (4, 3), (7, 8) (11, 12)}
e_2	0.1	$a_1 > a_6$，$a_6 > a_5$，$a_4 > a_3$，$a_7 > a_8$	{(1, 6), (6, 5), (4, 3) (7, 8)}
e_3	0.3	$a_9 > a_{10}$，$a_{10} > a_3$	{(9, 10), (10, 3)}
e_4	0.2	$a_1 > a_6$，$a_{11} > a_{12}$，$a_{12} > a_{10}$	{(1, 6), (11, 12), (12, 10)}

从表5-2可以得到 $I = \{(1, 2), (4, 3), (7, 8), (11, 12), (1, 6), (6, 5), (9, 10), (10, 3), (12, 10)\}$，计算它们的重要度分别为 $u_{12}=0.4$，$u_{43}=0.5$，$u_{78}=0.5$，$u_{1112}=0.6$，$u_{16}=0.3$，$u_{65}=0.1$，$u_{910}=0.3$，$u_{103}=0.3$，$u_{1210}=0.2$。

建立如下 {0, 1} 混合整数线性规划 (P_1)：

$$\min z = 0.4y_{12} + 0.5y_{43} + 0.5y_{78} + 0.6y_{1112} + 0.3y_{16} + 0.1y_{65} + 0.3y_{910} + 0.3y_{103} + 0.2y_{1210}$$

$$\text{s.t.}\quad c_1 - c_2 + 10y_{12} \geqslant 0$$

$$c_4 - c_3 + 10y_{43} \geqslant 0$$

……

$$c_{12} - c_{10} + 10y_{1210} \geqslant 0$$

$$w_1 \geqslant w_3 \geqslant w_4 \geqslant w_2 \geqslant w_5$$

$$w_2 + w_4 + w_5 + w_1 + w_3 = 1$$

$$w_1, w_2, w_3, w_4, w_5 \geqslant 0$$

$$y_{12}, y_{43}, \cdots, y_{1210} \in \{0, 1\}$$

求得 $Z^*=0.1$，$w^* = (0.83, 0, 0.17, 0, 0)$，$(y_{12}^*, y_{43}^*, \cdots, y_{65}^*, \cdots,$

y_{1210}^*）=（0，0，…，1，…，0）。从计算结果可知，$I_2^* = \{(6, 5)\}$，假设对关系 $a_6 > a_5$ 做反转调整，求解 P_2：

max β

$$\text{s. t.} \quad c_1 - c_2 \geqslant \beta$$

$$c_4 - c_3 \geqslant \beta$$

$$\cdots\cdots$$

$$c_5 - c_6 \geqslant \beta$$

$$\cdots\cdots$$

$$c_{12} - c_{10} \geqslant \beta$$

$$w_1 \geqslant w_3 \geqslant w_4 \geqslant w_2 \geqslant w_5$$

$$w_2 + w_4 + w_5 + w_1 + w_3 = 1$$

$$w_1, w_2, w_3, w_4, w_5 \geqslant 0$$

最优值 $\beta = 1.24$，因此经过调整后的权重存在，与 β 对应的权重为 $w^* =$ (0.33，0，0.33，0.33，0)，从 P_2 中明显可以看出求得的权重满足偏好序，因此可将 $w^* =$ (0.33，0，0.33，0.33，0) 带入 c_i，求出农产品种植过程各风险指标的加权方差（c_1，c_2，…，c_{12}）=（0.26，0.14，0.02，0.07，0.36，0.2，0.25，0.04，0.27，0.22，0.34，0.02），其中设备风险 $= c_1 + c_2 + c_3 = 0.42$、技术风险 = 0.62、管理风险 = 0.56、环境风险 = 0.58，总风险 = 2.18。由此得出，在该例中，农产品种植过程中的质量安全风险以技术风险为最高，需要引起高度重视。

本书应用多属性群决策方法对农产品种植过程中的质量安全风险进行了综合评价，解决了评估专家由于经验、知识和偏好不完全相同而使得意见难以统一的问题。该方法不仅简单、客观，而且将定性和定量结合起来，能够比较全面地评价农产品种植过程及农产品供应链其他环节的质量安全风险。

6　基于风险传递的生猪供应链质量安全风险评估

6.1　生猪供应链概念及主要功能

生猪供应链是指与生猪养殖、生猪运输、屠宰加工、冷库储藏、生猪配送及生猪销售等密切相关的、具有上下游关系的所有功能环节组成的整个流程。

国务院于 2008 年 5 月 25 日公布了《生猪屠宰管理条例规定》，明令规定除边远和交通不便的农村地区，我国境内所有地区实行生猪定点屠宰、集中检疫制度。根据这一条例，本书将生猪供应链分为供应链上游养殖节点、定点屠宰厂、下游销售节点三个环节，如图 6－1 所示。生猪供应链的质量安全风险分布于供应链上游养殖节点、定点屠宰厂、下游销售节点的所有企业之中。因此，所有节点都应加强质量安全风险控制，以保障生猪的质量安全。

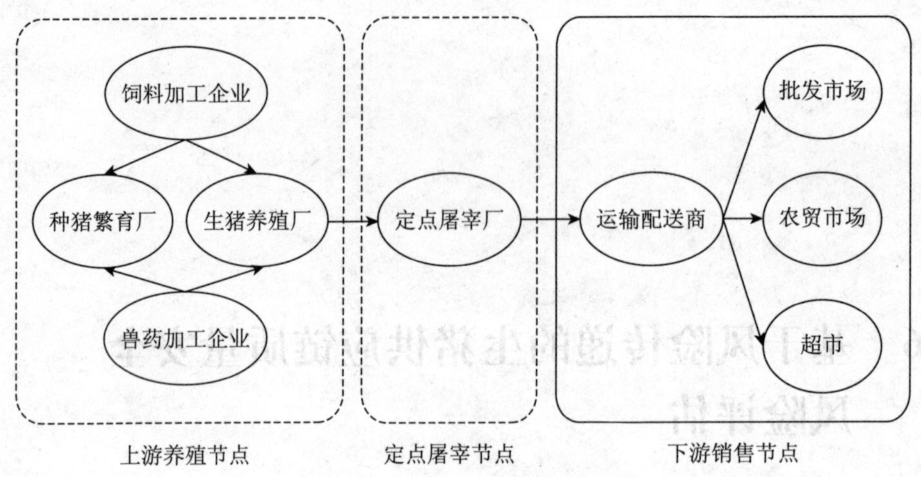

图6-1 生猪供应链节点

生猪供应链上游养殖环节主要包括种猪繁育企业、生猪饲养厂、饲料加工企业、兽药加工企业四大主体。其功能主要是利用科学的动物饲养方法，不断使仔猪发育、增肥，培育适宜屠宰的生猪。

生猪供应链定点屠宰环节的主体为定点屠宰加工企业。其功能主要为将质量达标的生猪加工成安全卫生的生猪产品，其加工过程包括宰前检疫、宰前淋浴、电力击晕、割杀放血、高温烫毛、刮毛与剥皮、内脏割离、胴体清理、机械劈半、清水冲洗、胴体分割、检验检疫、猪肉入库等一系列处理过程。

生猪供应链下游销售环节主要包括批发商、农贸市场、超市、物流运输四大主体。其功能主要是通过物流运输和销售将屠宰加工后的生猪产品转移至消费者手中。

6.2 生猪供应链质量安全风险源

国内外学者对生猪供应链质量安全影响因素进行了大量研究。通过对文献的收集，本书对供应链上游养殖节点、定点屠宰节点、下游销售节点存在的风险源分别进行分析。

6.2.1 生猪供应链上游养殖环节风险源

生猪上游供应商主要由饲料供应商、兽药供应商、种猪供应商和生猪养殖供应商组成。生猪上游供应链是影响猪肉质量安全的源头因素，对生猪质量安全具有至关重要的作用。

1. 饲料供应商

根据《饲料工业术语》（GB/T 10647—2008），生猪养殖投喂料包括营养性添加剂和一般性饲料添加剂。营养性饲料添加剂（Nutritive Feed Additive）在饲料中的营养成分不足的情况下，通过饲喂含有少量或者微量物质的饲料以补充缺乏的营养物质。常见的营养性添加剂有维生素、矿物质、氨基酸、酶制剂、含氮的非蛋白等。一般性饲料添加剂（General Feed Additive）在饲料品质得不到保障时，通过饲喂一般性饲料添加剂以改善饲料品质、提高饲料利用率。

饲料中添加违禁药物，最广为人知的当数克伦特罗，俗称“瘦肉精”。因为当动物食用该物质后，动物的瘦肉占比会得到提高，体内脂肪沉积将会减少，饲料的利用率将会增加。然而它稳定的化学结构使得其在生猪体内无法溶解、排出，致使生猪体内不断沉积、残留物超标。我国于1999年就已明令禁止生猪养殖环节使用克伦特罗。然而事实证明，生猪养殖企业仍广泛使用克伦特罗，生猪中检出该物质的概率居高不下。2011年河南“瘦肉精”事件发生后，全国各地对之高度关注，共出动224万名政府执法人员，对生猪供应链中所有环节的284万个生产经营主体进行了突击检查。据统计，全国各级畜牧兽医部门共抽检活畜尿液等样品848万批次，检出含“瘦肉精”样品1481个，检出率为0.02%。农业部组织的11种“瘦肉精”类物质排查监测数据显示，从养殖环节抽检的4543批次活畜尿样中，有7批次检出盐酸克伦特罗，检出率为0.15%（数据来源于《中国农业年鉴2012》）。

禽畜在使用含有适量重金属的饲料后，会呈现出良好的生理特性，从而可以增加其销售量。如仔猪在使用含有砷元素的饲料后，血管得到刺激，生理特性上表现为皮肤红润、皮毛光亮，销售时能够以更高的价格进行出售进而获得更高的利润。基于此，饲料厂家从部分工业原料和废弃物中提取重金属，添加提取物从而改善其饲料的外观品质，吸引养殖户购买。然后，随着生猪使用的重金属饲料被消化吸收，其重金属元素伴随体内血液不断循环被输送至全身各个器官、细胞，其在体内无法溶解消化排出；有的以本来的状态在身体内沉积下来，有的与体内的其他物质发生化合作用形成新的化合物留在体内产生作用。生猪食用少量的重金属在体内沉积并不会有明显的不适症状，但是重金属无法排出，会在生猪体内不断沉积。一般临床研究表明，生猪食用的重金属沉积至一定的剂量后将会出现慢性中毒的症状，即先在消化道表现出严重的症状，接着对肝脏、肾脏和中枢神经系统产生损伤。人们往往会忽视这种慢性中毒，而它是生猪质量安全风险的来源之一。

生物污染物现已知大约有200 种，其中能够污染饲料、影响饲料卫生质量并能在动物体内产生毒素的大约有20 种，主要有黄曲霉毒素、赭曲霉毒素、杂色曲霉毒素、黄天精、岛色曲霉毒素、环绿素、红青梅毒素、黄绿青霉素、展青霉素等。这些霉素会对生猪造成以下危害：肝硬化、肝癌、脂肪癌、肺癌、肝出血、中枢神经损害等。此外，生物污染又加剧了抗生素的滥用，因为生猪即使食用含有很少剂量毒素的饲料也会降低生猪的免疫力。

2. 兽药供应商

目前，生猪常见的疾病主要分为消化系统疾病，呼吸系统疾病，急性、热性、烈性疾病及多种病原混合感染性烈性疾病，如表6－1 所示。同时，畜禽疫病还在不断增多、变种。据统计，新增畜禽疫病自20 世纪70 年代以来已达37 种，加大了我国生猪死亡概率，从而降低了生猪出栏率。

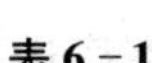

表 6-1　　生猪常见的疾病种类及名称

疾病种类	病　名
消化系统疾病	仔猪黄痢、仔猪白痢、仔猪副伤寒、仔猪水肿病、猪痢疾（血痢）、猪传染性胃肠炎、流行性腹泻等
呼吸系统疾病	猪肺疫、猪喘气病、猪传染性萎缩性鼻炎、猪流行性感冒、猪传染性胸膜肺炎、嗜血杆菌病（多发性纤维素性浆膜炎和关节炎）、猪繁殖和呼吸障碍综合征（蓝耳病）等
急性、热性、烈性疾病	猪链球菌病、猪瘟、猪丹毒、猪弓形体病、猪附红细胞体病、仔猪断乳后多系统衰竭综合征（PMWS）、猪口蹄疫、猪细小病毒病、猪繁殖和呼吸综合征（PRRS）等
多种病原混合感染性烈性疾病	以高热并伴有呼吸道症状为主要特点的“猪高热病”（表现为以蓝耳病为主的其中多种菌毒感染）、以圆环病毒（PCV-2）为主的混合感染、猪传染性胸膜肺炎（APP）与猪肺炎支原体（MH）的混合感染、猪传染性胸膜肺炎（APP）与链球菌（SS）的混合感染、以副猪嗜血杆菌为主的多种病原混合感染、以猪肺炎支原体（EP）为主的细菌性双重或三重感染性呼吸道疾病、伴有咳嗽及呼吸困难症状病毒、细菌混合感染的“呼吸系统综合征”（PRDC）等

我国 1977 年出版的《兽药手册》收载了 1300 个品种的原料药。该手册将兽药分为 7 类：灭锥虫药类、驱肠虫药类、抗原虫药类、镇静剂、抗生素类、β-肾上腺素能受体阻断剂类、生长促进剂类。其中，在生猪体内易产生兽药残留的主要兽药为抗生素类、抗寄生虫类和激素类药物，如表 6-2 所示。

表 6-2　　易产生兽药残留的兽药

兽药种类	兽药名称
抗生素类	氯霉素、四环素、土霉素、金霉素等
抗寄生虫类	双羟萘酸噻嘧啶类、呋喃丙胺及呋喃唑酮片等呋喃类、三哌喹、磺胺类等药物
激素类药物	性激素、生猪激素、甲状腺激素、兴奋剂等，如盐酸克仑特罗等

合理地使用兽药可以对生猪的疾病进行预防，对已经患有的疾病进行治疗，对生猪的身体状况进行改善。这在很大程度上可以减少生猪的死亡率，增加生猪的出栏率。然而，生猪养殖企业为了获取较高的利润，往往滥用兽药。抗生素通过动物肠黏膜变薄增加其通透性，从而促进营养物质渗透与吸收，刺激生猪垂体分泌促生长激素，增加生猪食欲、采食量，促进生猪生长发育。而且它可以抑制或杀死生猪体内致病细菌，减少细菌对营养成分的消耗，保证营养成分的正常供应。相较于欧美等国的生猪养殖环境，我国的生猪养殖环境较差，对抗生素具有很强的依赖性，导致我国存在愈加严重的滥用抗生素的状况。有些兽药的使用可以增强生猪表面的健康状况，兽药供应商在销售中以次充好，增加市场销售量。兽药的不合理使用可能增加生猪体内有毒有害成分，使其超过规定的标准，进而影响消费者购买的生猪的质量安全；当消费者食用生猪产品时，这些有毒有害物质会产生风险隐患，损害消费者的身体健康。

3. 种猪供应商

种猪是生猪供应链的源头节点。种猪的质量状况不仅影响最终的生猪的质量安全，还会给市场的正常运行带来一定的经济风险。我国从西方发达国家引进优质种猪，并经过杂交、培育，目前国内有大约70个品种的种猪。对生猪养殖户来说，种猪的质量直接关系着他们的收益。市场中的种猪质量良莠不齐，一般通过体内瘦肉占比、每日增重值等指标对其进行评估。种猪是生猪供应链疫病传播风险的重要介质。种猪繁育环节影响最终生猪质量安全状况的主要风险为疫病的预防治疗。种猪繁育环节主要的疫病包括高致病蓝耳病、"五号病"、副猪嗜血杆菌病、呼吸综合征、伪狂犬病、传染性胸膜肺炎、环状病毒、猪萎缩性鼻炎等。

4. 生猪养殖供应商

生猪饲养的过程一般表现为以下几个环节：养殖基础设施、饲养的供给、疫病的防治、养殖档案的建立、饲养员的素质、废弃物的无害化处理。

生猪养殖的基础设施可以在一定程度上反映生猪养殖的卫生、患病风险的状况；饲养的供给直接体现了生猪生长过程中所需营养物质的搭配与满足

状况；疫病的防治环节应保障养殖场（户）具有法律政策规定的疫病防疫制度和免疫程序；养殖档案的建立有助于从信息管理的角度对生猪的质量状况进行追溯；饲养员的素质包括身体素质与知识体系，饲养员的身体状况会对生猪的健康状况产生直接影响，知识体系有助于对生猪进行科学的饲养以保障生猪的质量安全；废弃物的无害化处理可以对存在质量安全隐患的有疫病的生猪进行科学的处理，避免疫病这一风险因素在猪群中传播。

我国的生猪养殖产业长期处于个体养殖、分散养殖、小规模养殖的状态之中，近几年，随着生猪养殖产业投资的增多与政府的鼓励，正在向规模化、集约化、集团化养殖的格局发展。在生猪养殖环节存在的质量安全风险隐患主要有以下几点。

（1）质量安全管理投入少。我国生猪养殖大多为个体养殖、小规模养殖，养殖管理人员的观念落后，缺乏质量管理意识。此外，市场上生猪养殖所需的饲料原材料与养殖劳动力的成本不断上升，养殖管理人员面对生猪、种猪、生猪价格的波动风险，所获得的利润也在不断降低。这造成生猪养殖户的积极性降低，对生猪养殖的质量管理投入减少，为生猪的质量安全埋下风险隐患。

（2）检验检疫措施缺失。生猪养殖人员的专业养殖知识缺乏，大多没有接受相关的教育、培训，对检验检疫的知识与重要性认识不足，往往不会对检验检疫投入应有的资金、精力，更不会按照标准建立控制程序及加强基础设施建设。当新的疫病出现时，不能及时控制其蔓延，形成质量安全风险隐患。

（3）实施标准化生产技术的成本较高。我国生猪养殖产业存在规模小的特点，目前在政府的鼓励之下，逐渐向规模经济发展。规模经济养殖可以实施标准化的生产技术以降低成本。我国生猪养殖产业结构造成采用标准化生产技术的成本较高，标准化生产技术的应用严重滞后。这不仅降低了生猪的市场竞争力，也会造成生猪质量安全风险隐患。

6.2.2 生猪屠宰厂风险源

我国于20世纪90年代出台法律规定生猪产业实行定点屠宰、集中检疫制度。2014 年之前，生猪从养殖、屠宰到肉品流通各个环节，分别由农业、商务、卫生、工商等多个部门分段监管。由于管理上脱节，造成定点屠宰企业过多，产能过剩，同时，也存在各部门责任不清、执行力分散等问题。2014 年根据《国务院机构改革和职能转变方案》和中央编办有关文件，商务部的生猪屠宰监督管理职责划入农业部。调整后，生猪定点屠宰监督管理职责划入农业部门。全国生猪定点屠宰企业数目逐渐减少，截至 2014 年年底，由原来的 10 万多家减少至 21674 家，各省市的具体数量如表 6－3 所示。

表 6－3　　2014 年全国生猪定点屠宰企业数量　　单位：家

地区	数量	地区	数量
北京	15	重庆	249
天津	53	西藏	39
河北	962	陕西	445
山西	381	甘肃	217
内蒙古	273	青海	37
辽宁	795	宁夏	63
吉林	471	新疆	184
黑龙江	600	新疆生产建设兵团	114
上海市	25	大连	12
福建	293	宁波	46
江西	703	江苏	1912
河南	1547	浙江	565
湖北	1112	安徽	1783
湖南	610	四川	3847
广东	1882	贵州	253
广西	1208	云南	564
海南	296	厦门	18
青岛	85	深圳	15

数据来源：全国猪肉质量安全专项整治信息网。

在监督、检测、控制生猪的质量安全方面，供应链中屠宰加工环节发挥着重大作用。其中，私屠滥宰肉、注水肉、病害肉等成为屠宰加工环节最突出的风险源。

私屠滥宰猪肉出没，不仅让广大市民深恶痛绝，对于行业监管部门来说，也一直是让人头疼的难题。以山东省为例，2010 年共查处私屠滥宰案件 1243 起，取缔窝点 209 处，没收生猪产品 7.3 万千克，罚没款 148 万元，查处案件 143 起，整治重点区域 260 个。2014—2015 年我国出现的私屠滥宰猪肉事件如表 6－4 所示。

表 6－4　　2014—2015 年我国私屠滥宰猪肉事件

省市	私屠滥宰猪肉事件	时间
湖南	祁阳县查处私屠滥宰猪肉 76kg	2015 年 3 月
西藏	拉萨销毁私屠滥宰猪肉 1000kg	2015 年 3 月
江西	全省取缔私屠滥宰窝点 67 个，没收私宰肉 33t	2015 年 2 月
湖北	汉南区取缔了 1 处生猪屠宰点，查获 200kg 猪肉	2015 年 2 月
广东	茂南区捣毁 1 处私屠滥宰窝点，收缴 350 多千克猪肉	2014 年 12 月
天津	天津宝坻私屠滥宰猪肉流向北京	2014 年 11 月
贵州	六盘水取缔私屠滥宰窝点 11 个，缴获问题肉品 2060kg	2014 年 10 月
海南	三亚取缔捣毁私宰窝点 12 个，没收 1007.5kg 私宰肉	2014 年 9 月
重庆	黔江捣毁 3 处私屠滥宰窝点，收缴 1500 多千克猪肉	2014 年 9 月
湖南	岳麓区查处私屠滥宰猪肉 680kg	2014 年 9 月
江西	南昌查处 3 起销售私宰肉违法行为，收缴 100 余千克猪肉	2014 年 8 月
山东	烟台查获 400kg 问题猪肉	2014 年 7 月
江西	江西省新余高新区缴获了数百千克私宰肉	2014 年 6 月

近几年，媒体频繁曝出的病死肉、注水肉和病害肉事件也层出不穷，如表 6－5 所示。这些事件造成的主要危害表现在三个方面：第一，降低生猪的品质，当不卫生的水被注入动物的体内后会导致体内细胞膨胀破裂，致使体内蛋白质流失。酶生化系统与生化环境受到不同程度的破坏，会延缓生猪的

尸僵成熟，致使生猪的品质降低。第二，导致病原微生物污染。注入猪肉的水质常含有病原微生物，再加上操作过程中消毒步骤的缺乏，易使生猪受到病原微生物的污染。第三，注水肉，尤其是病死肉、病害肉食用后对人体健康有很大的危害，传播人畜共患的传染病和寄生虫疾病，导致食物中毒。

表 6－5　2014—2015 年我国病死肉、注水肉和病害肉事件

省市	事件	时间
广西	上林县食品公司屠宰厂给猪肉及下水注水	2015 年 3 月
江西	江西省没收病死猪、注水肉、病害肉 2t	2015 年 2 月
江苏	南京溧水某屠宰场屠宰前注井水	2015 年 1 月
安徽	太和县一屠宰场屠宰生猪时注射某药物	2015 年 1 月
江苏	兴化一屠宰场 4 年每天约万斤注水肉	2014 年 9 月
广东	江门最大屠宰厂炮制注水肉	2014 年 8 月
福建	福建 2000 多吨病死猪肉流向餐桌	2014 年 4 月
湖南	安化县 50 余吨病死猪肉销往六省	2015 年 4 月
湖南	邵阳市病死猪肉变美味卤食卖向全国	2015 年 1 月
全国	1 千余吨病死猪肉横跨 11 省区	2015 年 1 月
江西	高安市猪贩拉拢查勘员，合伙收购病死猪	2014 年 12 月
广东	清远市佛冈县“3·25 制售病死猪肉案”	2014 年 12 月
浙江	杭州 18 万千克病死猪流向市场	2014 年 8 月
河南	襄城县一名肉贩子病死猪肉和新鲜肉掺着卖	2014 年 3 月

6.2.3　生猪供应链下游销售风险源

1. 批发销售节点

批发销售环节是捍卫生猪质量安全的最后关口，对生猪供应链质量安全风险控制具有至关重要的作用。近几年，常有不法商贩为牟取不法利益，明知有问题仍购入并销售问题猪肉，存在严重的质量安全风险隐患。

我国生猪销售商主要包括农产品批发市场、超市、食堂饭店、加工企业

等，其中农产品批发市场占主导地位。据商务部调查统计，截至2013年年底，全国共有农产品批发市场4476家。其中，具备销地市场、产地市场、检测机构、监管制度四个条件（见表6-6）的农业部定点农产品批发市场共有231家（见表6-7）。

表6-6　　农业部定点农产品批发市场应当具备的条件

因素	所需条件
销地市场	城市规模：50万以上非农业人口； 东部地区年交易额：8亿元以上； 中部地区年交易额：6亿元以上； 西部地区年交易额：4亿元以上； 基础设施：交易厅棚、质量检测、信息服务、安全监控、垃圾处理厂等
产地市场	地域特点：位于全国性或区域性优势农产品主产区，交通区位条件好； 东部地区年交易额：2亿元以上； 中部地区年交易额：1.5亿元以上； 西部地区年交易额：1亿元以上
检测机构	具有专业的农产品质量安全检测机构和相应的检测人员，对进入的农产品质量安全状况进行抽查检测
监管制度	完善的质量安全监管制度：市场准入制度、质量追溯制度、自检制度、检测结果公布与报告制度、不合格农产品处理制度等

数据来源：中国农业信息网。

表6-7　　全国各省市农业部定点批发市场数量　　单位：家

地区	数量	地区	数量
北京	10	江西	6
天津	7	广西	3
河北	17	广东	5
内蒙古	6	福建	2
山西	18	海南	0
山东	23	新疆	7

续 表

地区	数量	地区	数量
辽宁	9	青海	2
吉林	4	甘肃	7
黑龙江	4	宁夏	4
上海	3	陕西	6
江苏	15	西藏	1
安徽	8	四川	14
浙江	11	云南	4
河南	9	贵州	5
湖北	13	重庆	1
湖南	7		

数据来源：中国农业信息网。

规模化交易的猪肉批发市场因其自身具有已经完备的猪肉交易制度和程序化的组织模式，对进入批发市场的生猪按照规定进行检验检疫，对生猪市场的风险状况能够更快地感知并作出反应，降低了生猪供应链中因销售主体不明确、责任归属复杂的质量安全风险隐患。然而，也存在一些质量安全风险隐患：批发市场中检验检疫人员的素质影响了生猪的质量检测；批发市场的检验检疫规章在一定程度上影响所有进入市场的猪肉的质量安全；批发市场检验检疫设备的先进程度影响检测项目的准确性。

2. 肉类储运

在生猪储运环节，质量安全风险主要存在于温度控制及包装材料选择两个方面。

生猪在屠宰厂按照国家检疫检验制度规范对之进行屠宰，在 24 小时内，将屠宰后的胴体和分割肉的温度降至 0～4℃，并且直至到达消费者手中也要始终保持在该温度范围内。若中间被解冻，不但影响其食用口感、造成营养成分的流失，更为严重的是会增加依附在猪肉表层的微生物生长繁殖的机会，导致猪肉腐败。而低温可以有效抑制生物的生长繁殖，延长生猪的货架期。

不同的微生物具有不同的生长特点，不同的温度下生成的微生物会存在差异。比如，肉毒梭菌 E 型、沙门氏菌和金黄色葡萄球菌在3℃时会停止生长，在超过7℃时生长繁殖的机会将会增大；嗜冷微生物在 0℃ 以下生长缓慢，在 -10℃时基本停止生长。因此，温度的变化不但会增加微生物的数量，还会增加微生物的种类。即使生猪始终处于低温的环境，大多数依附的微生物的增殖被抑制，仍然会存在一些缓慢生长的微生物，这类微生物主要包括革兰氏阳性乳酸菌（Lacticacid Bacteria）、革兰氏阴性需氧假单胞属（Pseudomonas）、兼性厌氧肠杆菌科（Enterobacteriaceae）、莫拉氏菌属（Moraxella）、热杀索丝菌（Brochothrix Thermosphacta）、不动杆菌属（Acinelobacler）。

生猪的包装材料可以在一定程度上减少储藏、运输、销售过程中冷链控制系统失灵造成的温度变化，降低微生物的生长繁殖机会。常使用的包装材料包括 PVC 托盘包装盒、尼龙/EVOH/PE 复合真空包装袋、EVOH/PE 气调包装袋等。而不同的包装方式在不同程度上影响生猪的色泽、pH 值、TVBN 值、细菌总数等。

6.3 生猪供应链质量安全评估的关键节点

6.3.1 生猪屠宰管理条例

为控制生猪供应链中的质量安全风险，各个节点都应对生猪质量安全进行检测。然而，由于生猪供应链节点的供应商受到规模、成本、从业人员教育背景等因素的影响，检验检疫存在不被重视、不能充分贯彻实施的现象。为保障生猪的质量安全、保证生猪市场健康繁荣发展、保障国民身体健康，国务院及农业部对生猪供应链的检验检疫高度重视，制定了相应的法律法规。2008 年国务院公布了修订的《生猪屠宰管理条例》，并于当年 8 月 1 日起实施。

所有进入市场的生猪都需按照《生猪屠宰检疫规程》进行检测。它作为消除质量安全隐患的重要手段，包括生猪屠宰前检疫和屠宰后检疫。

生猪屠宰前检疫主要包括两部分。

（1）根据出具的免疫证明，查看养殖场（户）是否按照国家和地区的规章制度对生猪进行了预防性的疫苗接种，并查看该接种疫苗是否在免疫有效期之内。其中，对屠宰厂所处地区的生猪的养殖户，只需出示《动物产地检疫合格证明》；对屠宰厂所处地区以外的生猪的养殖户，不仅要出示《动物产地检疫合格证明》，还要出示《出县境动物检疫合格证明》和《动物及动物产品运载工具消毒证明》。

（2）对进厂的生猪进行临床健康检查。先对生猪群体的安静状态、活动状态、食用时的状态进行健康检查，再选出群体检查中表现异常的生猪个体或者在生猪群体中抽取5%～20%的生猪个体样本，对这些选出的生猪个体进行望、闻、听、切，对身体温度、脉搏和呼吸进行测试，对生猪的分泌物、产出物的病理等与标准进行对照分析。

生猪屠宰后检疫对头、蹄、胴体、内脏进行统一编号，并对之进行检查，具体检查部位和症状如表6－8所示。经过屠宰加工的生猪应由生猪定点屠宰厂（场）按照规定记录生猪的原产地和其市场流向。该记录应当完好保存至少2年。生猪来源和生猪产品流向记录保存期限不得少于2年。对照检验检疫合格的动物产品，合格的生猪要加盖验讫印章或加封检疫标志，出具动物产品检疫合格证明；在生猪定点屠宰厂（场）进行检测的生猪，生猪质量检测不合格的与尚未进行质量检测的生猪不得运出屠宰厂。应严格查处流入市场的私屠滥宰肉、注水肉、病害肉等，杜绝未经检疫、检验的肉品进入市场。

表6－8　生猪屠宰后检疫对象及症状

宰后检疫	部　位	症　状
头、蹄部检查	鼻盘、唇、舌、齿龈、蹄冠、蹄叉、蹄底	水疱以及因水疱破溃产生的烂斑；对口蹄疫和猪水泡病进行重点检查
	颌下淋巴结	剖检颌下淋巴结；重点检查咽型炭疽
	咬肌	剖检咬肌；主要检查猪囊虫
	甲状腺	摘除甲状腺

续 表

宰后检疫	部 位	症 状
胴体检查	皮肤、脂肪、肌肉、胸膜和腹膜	病变状况和出血情况
	腹股沟的浅淋巴结	观察有无病变
	髂内淋巴结和腹股沟深淋巴结	观察有无病变
	肾脏	肾脏检查
	腰肌	主要检查猪囊虫等肌肉寄生虫
	膈肌	检查有无旋毛虫
内脏检查	肺脏	病变和肺丝虫存在状况
	心脏	心肌和心包表面病变和寄生虫存在状况
	肝脏	检查色泽、大小，触检其弹性
	脾脏	检查色泽、大小、弹性有无病变
	胃肠、膀胱	有无病变

6.3.2 质量安全风险评估关键节点

生猪供应链中对质量安全的检测结果可以在一定程度上反映供应链中质量安全风险状况。供应链中的猪肉全部按照次序依次通过生猪供应链上游环节、屠宰环节、生猪供应链下游环节三个环节到达消费者手中。生猪供应链的屠宰环节一般都按照国家规定在定点屠宰厂进行，并按照《生猪屠宰管理条例》的规定对生猪进行检验检疫。作为生猪供应链质量安全检测至关重要的环节，定点屠宰厂对宰前和宰后两大类指标都进行了检测，即合法进入市场的猪肉都在定点屠宰厂经过了检测。

我国生猪质量安全的检验检疫主要分为两大类指标：第一类指标为生猪屠宰前的临床健康状况检查，其中主要的检测为定点屠宰企业的宰前检验；第二类指标为生猪屠宰后的肉质的检验检疫，其中主要为定点屠宰企业的宰后检验。

第一类指标的检测发生在生猪由养殖户经过物流运输企业配送至定点

屠宰厂之后，定点屠宰企业检查生猪在养殖环节接种疫苗和疫病防治的具体信息，并在生猪进入屠宰场后，对生猪进行临床健康检查。检验检疫技术人员按照规定标准对生猪群体进行圈养查看其动态、静态、食态，然后抽取一定比例的生猪对其进行单独的临床健康检查，对最后的检验检疫结果进行记录。

第二类指标的检测发生在定点屠宰企业完成生猪屠宰之后，在运出定点屠宰厂之前，对生猪头、蹄、胴体、内脏部分在实验室中进行检测，检验肉质的重金属是否超标，检验抗生素、盐酸特伦克罗等添加剂的含量，查看屠宰后的生猪质量安全状况。在检测过程中采用抽样检验，对不合格的生猪按照规定进行销毁处理，防止问题猪肉流入市场。当生猪出厂、进入批发市场后，一些大型批发市场的专业检验检疫部门对猪肉再次进行以上检验检疫，通过检测的猪肉被直接送至超市、农贸市场等销售终端，工商管理部门会定期对货架上的猪肉进行抽样检验，监测市场上的猪肉质量安全状况。

综上所述，定点屠宰厂的宰前检验与宰后检验可以在一定程度上监控生猪供应链的质量安全风险状况，是生猪供应链质量安全风险控制的关键节点。宰前检验与宰后检验的数据主要包括抽检率与不合格率。

通过调研得知，生猪在屠宰前对第一类指标进行抽样检测，在屠宰后出厂前对第二类指标进行检测，宰前检测与宰后检测的结果都会被记录至少2年以上。两次检验的指标不相同，抽样检测的抽检率也不同。同时，在第一次检测中，被抽检到且检测结果不合格的生猪按照相关规定被处理，不得进入供应链的下一个环节；而检测合格的生猪与其他没被抽检到的生猪进入供应链的下一个环节。在第二次检测中，被抽检到且检测结果不合格的生猪按照相关规定被处理掉，而检测合格的生猪与其他没被抽检到的生猪进入市场。因而流入市场的猪肉中有存在质量安全风险的不合格产品，这些不合格产品在两次检测中均没有被抽检到。

6.4 生猪供应链质量安全状态转移分析

6.4.1 生猪供应链质量安全状态

生猪在其供应链中会经过两个关键节点——宰前检测和宰后检测。在宰前检测之前，部分生猪在供应链中进行传递的途中被风险源污染，由起始的安全状态变为质量不安全的状态进入下一个环节。经宰前检测环节，部分第一类指标不合格的生猪被抽样检测出质量安全问题，按照规定进行处理，而没有被抽检到的将进入供应链的屠宰环节。经宰后检测环节，部分第二类指标不合格的生猪被抽样检测出质量问题，按照规定进行处理，而没有被抽检到的将进入供应链的下一个环节，如图 6－2 所示。

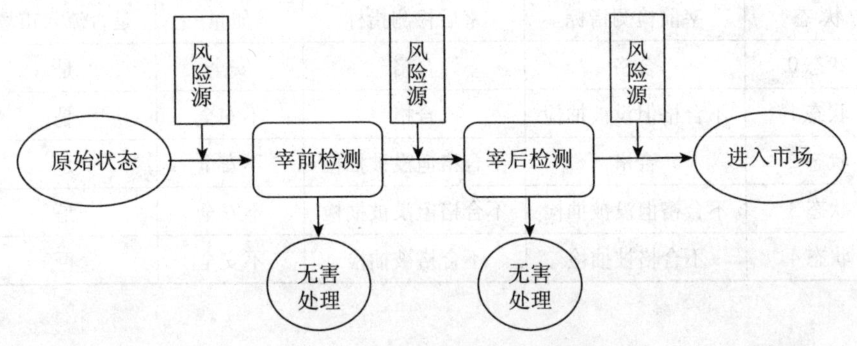

图 6－2 生猪供应链风险传递过程

不考虑宰前检测与宰后检测的结果，生猪猪肉供应链中猪肉的质量安全状态分为以下四种：

（1）宰前检测指标与宰后检测指标都合格；

（2）宰前检测指标合格，宰后检测指标不合格；

（3）宰前检测指标不合格，宰后检测指标合格；

（4）宰前检测指标与宰后检测指标都不合格。

由于质量安全检测的存在，上面的状态（2）、状态（3）、状态（4）中被抽检到的部分被检测到质量不合格，按照规定会进行无害化处理，不会进入市场，降低了生猪供应链的质量安全风险概率。因此，整个生猪供应链中的猪肉一直处于以下五种状态（见表6-9）之中：

（1）状态0：宰前检测指标与宰后检测指标都合格的生猪产品；

（2）状态1：宰前检测指标不合格但宰前检测中没有被抽检，宰后检测指标合格；

（3）状态2：宰前检测指标合格，宰后检测指标不合格但宰前检测中没有被抽检；

（4）状态3：宰前检测指标与宰后检测指标都不合格，但是没有被抽检；

（5）状态4：宰前检测指标与宰后检测指标都不合格，而且被抽检到，生猪按照规定要求进行无害化处理。

表6-9　生猪质量安全状态

状态	宰前检测指标	宰后检测指标	质量	是否流入市场
状态0	合格	合格	安全	是
状态1	不合格但没被抽检	合格	不安全	是
状态2	合格	不合格但没被抽检	不安全	是
状态3	不合格但没被抽检	不合格但没被抽检	不安全	是
状态4	不合格被抽检	不合格被抽检	不安全	否

6.4.2　生猪供应链质量安全状态转移路径

生猪在供应链中传递时，受到风险源的污染以及抽检制度的影响，质量状态之间进行转移。其中，生猪供应链质量安全状态有以下几条路径，如图6-3所示。

（1）状态0转移为状态0。质量安全的猪肉在供应链中传递时，没有受到风险源的影响，最终仍然是质量安全的状态。

（2）状态0转移为状态1。质量安全的猪肉在供应链中传递时，受到风险源的影响，导致宰前检测指标不合格，但是在宰前检测时没有被抽检到，流

入市场。

（3）状态0转移为状态2。质量安全的猪肉在供应链中传递时，受到风险源的影响，导致宰后检测指标不合格，但是在宰后检测时没有被抽检到，流入市场。

（4）状态0转移为状态4。质量安全的猪肉在供应链中传递时，受到风险源的影响，导致宰前检测指标不合格，并且在宰前检测时被抽检到，进行无害化处理，未流入市场。

（5）状态1转移为状态1。宰前检测指标不合格、宰后检测指标合格的猪肉，在宰前检测环节没有被抽检到，流入市场。

（6）状态1转移为状态3。宰前检测指标不合格的猪肉在供应链中传递时，受到风险源的影响，导致宰后检测指标不合格，但是在宰后检测时没有被抽检到，流入市场。

（7）状态1转移为状态4。宰前检测指标不合格的猪肉在供应链中传递时，受到风险源的影响，导致宰后检测指标不合格。并且在宰后检测时被抽检到，进行无害化处理，未流入市场。

（8）状态2转移为状态2。宰前检测指标合格、宰后检测指标不合格的猪肉，在宰后检测环节没有被抽检到，流入市场。

（9）状态2转移为状态4。质量安全的猪肉在供应链中传递时，受到风险源的影响，导致宰后检测指标不合格。并且在宰前检测时被抽检到，进行无害化处理，未流入市场。

（10）状态3转移为状态3。宰前检测指标不合格、宰后检测指标不合格的猪肉，在宰前检测和宰后检测环节均没有被抽检到，流入市场。

（11）状态3转移为状态4。宰前检测指标和宰后检测指标均不合格的猪肉，并且在宰后检测时被抽检到，进行无害化处理，未流入市场。

质量安全指标检测不合格的生猪会增加供应链中质量安全风险，抽检的结果——不合格率从侧面反映了风险的程度以及质量安全状况。企业为了降低风险，往往制定不合格率标准。当不合格率高于该标准时，将对上游供应商采取一定的惩罚措施。上游供应商接到惩罚通知后，为了避免惩罚，会采

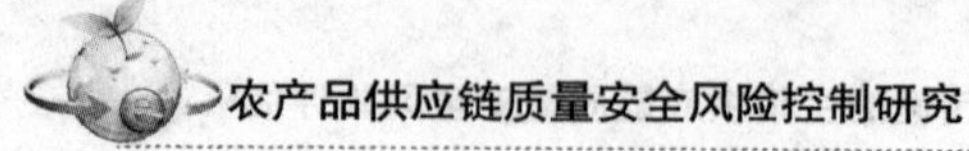

取一定的措施，加强生猪质量安全管理。这时供应链中的生猪质量安全状态会发生与猪肉供应链风险传递方向相反的转移路径。

（12）状态1转移为状态0。下游企业对上游供应商采取一定的惩罚措施，一段时间后，宰前检测指标不合格、宰后检测指标合格的猪肉的比例下降，质量安全的猪肉的比例上升。

（13）状态2转移为状态0。下游企业对上游供应商采取一定的惩罚措施，一段时间后，宰前检测指标合格、宰后检测指标不合格的猪肉的比例下降，质量安全的猪肉的比例上升。

（14）状态3转移为状态0。下游企业对上游供应商采取一定的惩罚措施，一段时间后，宰前检测指标、宰后检测指标都不合格的猪肉的比例下降，质量安全的猪肉的比例上升。

（15）状态4转移为状态0。下游企业对上游供应商采取一定的惩罚措施，一段时间后，被抽检到的质量不合格的猪肉的比例下降，质量安全的猪肉的比例上升（见图6-3）。

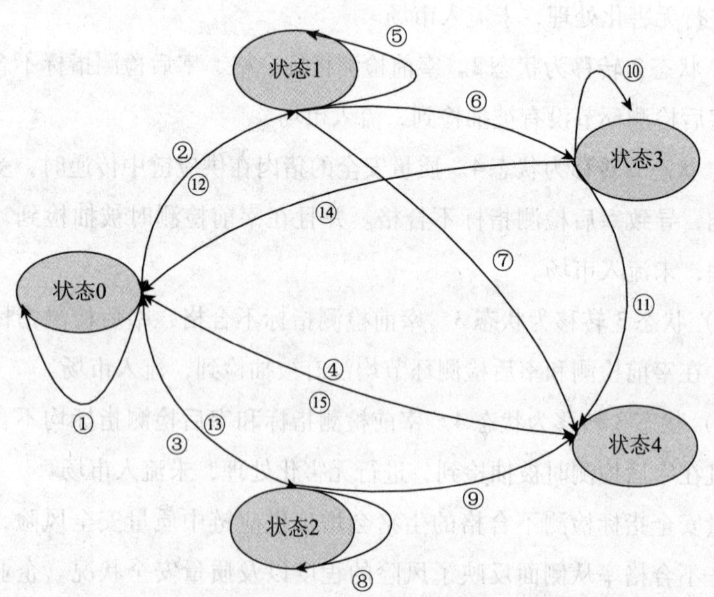

图6-3　生猪供应链质量安全状态转移

6.5 生猪供应链质量安全风险评估的马尔科夫模型

6.5.1 模型假设

在提出基于风险传递的生猪供应链质量安全评估的马尔科夫模型之前，我们作出如下假设。

（1）生猪供应链的屠宰环节都按照国家规定在定点屠宰厂进行屠宰，即供应链中的猪肉全部按照次序依次通过生猪供应链上游环节、屠宰环节、生猪供应链下游环节三个环节到达消费者手中。

（2）生猪都按照《生猪屠宰管理条例》《生猪产地检疫规程》的规定进行检验检疫。其中，屠宰厂作为生猪供应链质量检测至关重要的环节，在进厂前对供应链上游环节的生猪进行一次检测，在屠宰后出厂前对生猪进行第二次检测，而两次检验的指标不相同。因此，为简化模型，供应链中可通过屠宰厂和生猪供应链下游环节的质量检测数据得知生猪供应链质量安全风险现状。

（3）对生猪按照一定比例进行一次质量检测，根据质量检测结果对猪肉进行如下处理：当抽检不合格率小于规定的不合格率时，检测的同一批生猪流入市场，其中抽检到的不合格产品被废弃，而没有被抽检到的不合格产品就会流入下一环节；针对提供不合格产品的上级供应链，企业采取一定的惩罚措施以约束供应商的违约违规行为。

由上，列出模型所涉及的相关系数——抽检率、不合格率、惩罚系数，如表6-10所示。即屠宰厂和生猪供应链下游企业的质量安全检测率分别为 α_1 和 α_2；不合格率分别为 β_1 和 β_2；在出现不合格品时，屠宰厂和生猪供应链下游企业分别对各自上游供应链企业进行惩罚，惩罚系数均为 γ。

表 6-10　　模型中的系数

	检测 1	检测 2
抽检率	α_1	α_2
不合格率	β_1	β_2
惩罚系数	γ	γ

6.5.2 状态转移矩阵

根据状态转移路径及相关系数——抽检率、不合格率、惩罚系数，我们可以得到由状态 i 到状态 j 的转移概率系数。生猪供应链质量安全评估的马尔科夫模型的状态转移矩阵为：

$$P_{5\times5}=\begin{bmatrix} p_{00} & p_{01} & p_{02} & p_{03} & p_{04} \\ p_{10} & p_{11} & p_{12} & p_{13} & p_{14} \\ p_{20} & p_{21} & p_{22} & p_{23} & p_{24} \\ p_{30} & p_{31} & p_{32} & p_{33} & p_{34} \\ p_{40} & p_{41} & p_{42} & p_{43} & p_{44} \end{bmatrix}$$

$$=\begin{bmatrix} \Delta_0 & \beta_1(1-\alpha_1) & \beta_2(1-\beta_1)(1-\alpha_2) & 0 & (\alpha_1\beta_1+\alpha_2\beta_2(1-\beta_1)) \\ \gamma\beta_1 & \Delta_1 & 0 & \beta_2(1-\alpha_2) & \alpha_2\beta_2 \\ \gamma\beta_2 & 0 & \Delta_2 & 0 & \alpha_2 \\ \gamma\beta_1\beta_2 & 0 & 0 & \Delta_3 & \alpha_2 \\ \gamma(\alpha_1\beta_1+\alpha_2\beta_2) & 0 & 0 & 0 & \Delta_4 \end{bmatrix} \tag{6-1}$$

其中：

$$\Delta_0=1-\beta_1(1-\alpha_1)-\beta_2(1-\beta_1)(1-\alpha_2)-\left[\alpha_1\beta_1+\alpha_2\beta_2(1-\beta_1)\right] \tag{6-2}$$

$$\Delta_1=1-\gamma\beta_1-\beta_2(1-\alpha_2)-\alpha_2\beta_2 \tag{6-3}$$

$$\Delta_2=1-\gamma\beta_2-\gamma\beta_2 \tag{6-4}$$

$$\Delta_3 = 1 - \gamma\beta_1\beta_2 - \alpha_2 \tag{6-5}$$

$$\Delta_4 = 1 - \gamma(\alpha_1\beta_1 + \alpha_2\beta_2) \tag{6-6}$$

其中：P_{ij}表示由状态 i 到状态 j 的转移系数，满足：

$$\sum_{i=0}^{j=4} P_{ij} = 1 \tag{6-7}$$

6.5.3 模型求解

令 S_i^L 表示生猪供应链中状态 i 的概率，由于整个生猪供应链只有 5 种状态，可以建立如下的行矩阵乘积表达式：

$$\begin{bmatrix} S_0^L & S_1^L & S_2^L & S_3^L & S_4^L \end{bmatrix} \times P_{5\times5} = \begin{bmatrix} S_0^L & S_1^L & S_2^L & S_3^L & S_4^L \end{bmatrix} \tag{6-8}$$

且满足表达式：

$$S_0^L + S_1^L + S_2^L + S_3^L + S_4^L = 1 \tag{6-9}$$

由以上矩阵乘积表达式，计算极限状态概率 $S^L = [S_0^L \quad S_1^L \quad S_2^L \quad S_3^L \quad S_4^L]$的值。状态 0 的概率 S_0^L 与状态 4 的概率 S_4^L 之和指市场中不存在质量安全风险的概率，称为生猪供应链质量安全概率 θ。而状态 1、状态 2、状态 3 的概率之和为生猪供应链质量安全风险概率 φ。即：

$$\theta = S_0^L + S_4^L \tag{6-10}$$

$$\varphi = S_1^L + S_2^L + S_3^L \tag{6-11}$$

7 农产品供应链质量安全风险控制的博弈分析

农产品供应链质量安全风险控制是一项比较复杂的工程。为有效地控制农产品供应链的质量安全风险，需要对农产品供应链各个环节主体间的质量安全行为进行控制与协调。然而，由于存在信息不对称、外部性等因素，许多问题仅仅依靠供应链自身并不能得到完全解决，也就是会产生我们通常所说的“市场失灵”现象。这时，就需要政府机构采取宏观和微观相结合的调控措施对市场进行干预。

本书将从博弈论的角度出发，分别构建农产品供应链各个环节企业之间、企业与消费者之间、企业与政府监管机构之间的博弈模型，并对它们之间相互作用的决策行为进行博弈分析。每个参与者为了实现自身的利益最大化，在信息不对称的环境下进行博弈，并根据博弈的结果选择各自的行为。通过对企业与企业、企业与消费者、企业与政府监管机构三个层面进行相关博弈分析，进一步探讨造成农产品质量安全问题频繁发生的内在影响因素。

7.1 供应链各环节企业间的博弈分析

农产品供应链各主体都追求自身利益，因而这些企业在发生交易关系时，各企业作为局中人进行相互博弈。农产品供应链各个主体间的关系可以用委托—代理的关系进行描述。在委托—代理关系中，拥有信息优势的一方称为

代理方，而不具备信息优势的一方称为委托方。拥有信息优势的代理方可以影响处于信息劣势的委托方的利益，因此委托方需要为代理方的行为承担风险（张鹏，2009）。在农产品供应链中，各主体间的委托—代理关系为：生产企业（代理方）—批发企业（委托方）、批发企业（代理方）—配送企业（委托方）、配送企业（代理方）—超市（委托方）、批发企业（代理方）—超市（委托方）等。在农产品供应链中，委托方和代理方的博弈关系较为复杂，综合考虑成本、利益和质量安全等因素，下面就委托—代理双方的博弈关系进行博弈分析。

7.1.1 模型假设

（1）假设委托方和代理方都是理性经济人，都追求自身利益最大化。委托方有两种策略可供选择："监督"和"不监督"，同样，代理方也有两种策略可供选择："预防"和"不预防"。委托方选择监督的概率 $x \in [0,1]$，其中，$x = 0$ 表示委托方选择不监督，$x = 1$ 表示委托方选择监督；代理方选择预防的概率 $y \in [0,1]$，其中，$y = 0$ 表示代理方选择不采取质量安全预防措施，最终提供的产品存在质量安全风险，$y = 1$ 表示代理方选择采取质量安全预防措施，提供的产品没有质量安全风险。

（2）委托方的正常收益为 P，对代理方的监督成本为 M；代理方的正常收益为 I，质量安全预防成本为 C。

（3）代理方违约被发现后所受到的惩罚为 D，信用损失为 F；代理方违约未被发现给委托方带来的潜在损失为 L。

根据上述假设，委托方和代理方的具体收益可分为四种情况。

（1）委托方选择监督，代理方选择对所提供的农产品进行质量安全预防，则委托方的收益为 $P - M$，代理方的收益为 $I - C$。

（2）委托方选择监督，而代理方选择对所提供的农产品不进行质量安全预防，则委托方的收益为 $P - M + D$，代理方的收益为 $I - D - F$。

（3）委托方选择不监督，代理方选择预防，则委托方的收益为 P，代理方的收益为 $I - C$。

（4）委托方选择不监督，代理方选择不预防，则委托方的收益为 $P-L$，代理方的收益为 I。

双方具体的博弈收益矩阵如表 7－1 所示。

表 7－1　　博弈双方收益矩阵

委托方 A	代理方 B	
	预防（y）	不预防（$1-y$）
监督（x）	$P-M, I-C$	$P-M+D, I-D-F$
不监督（$1-x$）	$P, I-C$	$P-L, I$

7.1.2　模型求解

通过表 7－1 可知，这个博弈的纯策略纳什均衡不存在。为了求出此博弈的混合策略纳什均衡，令 U_A、U_B 分别表示委托方和代理方的期望收益函数，具体求解过程如下：

$$U_A = x[y(P-M)+(1-y)(P-M+D)]+(1-x)[yP+(1-y)(P-L)]$$

$$= -xy(D+L)+x(D+L-M)+yL+P-L$$

$$U_B = y[x(I-C)+(1-x)(I-C)]+(1-y)[x(I-D-F)+(1-x)I]$$

$$= xy(D+F)-x(D+F)-yC+I$$

根据最优化一阶条件，令：

$$\frac{\partial U_A}{\partial x}=0$$

$$\frac{\partial U_B}{\partial y}=0$$

即：

$$-y(D+L)+(D+L-M)=0$$

$$x(D+F)-C=0$$

求解后，得到：

$$y^* = \frac{D+L-M}{D+L} = 1-\frac{M}{D+L}$$

$$x^* = \frac{C}{D+F}$$

于是，得到该博弈委托方和代理方的混合策略纳什均衡，均衡解为：

$$\left(\frac{C}{D+F},\ 1-\frac{C}{D+F}\right),\left(1-\frac{M}{D+L},\ \frac{M}{D+L}\right)$$

该混合策略纳什均衡说明：

（1）若委托方选择监督的概率 $x > \frac{C}{D+F}$，则代理方的最优策略是预防，若 $x < \frac{C}{D+F}$，代理方选择不预防。

（2）若代理方选择预防的概率 $y > 1-\frac{M}{D+L}$，则委托方的最优策略是不监督，若 $y < 1-\frac{M}{D+L}$，委托方选择监督。

7.1.3 结果分析

由以上均衡结果可知：

（1）委托方对代理方的产品进行监督的概率与代理方的质量安全预防成本 C 、代理方违约被发现后的惩罚 D 和代理方违约被发现后的信用损失 F 有关。其中，委托方监督概率与代理方的质量安全预防成本 C 成正相关关系，即代理方对产品进行质量安全预防的成本越高，则代理方更容易倾向于不采取质量安全预防措施，此时，委托方的监督概率越大。同时，委托方监督概率与代理方违约被发现后所受到的惩罚 D 和信用损失 F 成负相关关系，即代理方违约被发现后的惩罚及信用损失越大，则代理方会更自觉地采取质量安全预防措施，此时，委托方对代理方进行监督的概率越低。

（2）代理方对产品采取质量安全预防措施的概率与委托方的监督成本 M 、代理方违约被发现后的惩罚 D 和代理方违约给委托方带来的潜在损失 L 有关。其中，代理方质量安全预防概率与代理方违约被发现后所受到的惩罚 D 和委托方的潜在损失 L 成正相关关系，即代理方的违约惩罚 D 和由此给委托方带来的潜在损失 L 越高，则代理方将面临高违约成本的压力，进而其选择对产品采取质量安全预防措施的概率越大。同时，代理方选择采取安全预防措施的概率与委托方的监督成本 M 成负相关关系，即委托方的监督成本越高，则委托方对代理方进行监督的激励变小，代理方违约被发现的概率变小，此时，代理方倾向于不预防，预防概率降低。

通过以上博弈分析，我们可以得到以下启示。

在农产品供应链中，委托方对代理方的监督成本以及代理方的质量安全预防成本越高，一方面，使得代理方倾向于不采取安全预防措施，从而提供质量安全风险较高的农产品；另一方面，也使得委托方进行监督的难度变大。当前，我国农产品供应链各个主体间由于存在信息不对称等问题，使得委托方的监督成本大大增加，再加上过于激烈的市场竞争以及消费者对食品质量认知的不足等原因，使得企业向市场提供质量安全风险高的农产品成为一种必然选择，最终造成我国农产品质量安全问题频繁发生。

因此，为了更好地保障农产品质量安全，需要政府采取必要的监管措施。一方面，政府必须对提供质量安全风险高的农产品的企业加大惩罚力度，增加其违法成本，全方位增强对农产品质量安全问题的监控；另一方面，政府要对提供合格农产品的企业给予适当的优惠政策，降低其成本劣势，使其有生产合格农产品的激励。

7.2 企业与消费者间的博弈分析

消费者作为农产品供应链上的最后一个环节，一般情况下，直接与其发生利益交易关系的是供应链中的零售企业，因此，企业与消费者间的博弈，通常情况下，大都是零售企业与消费者间的博弈。下面就双方的博弈关系进行静态博弈分析。

7.2.1 模型假设

(1) 假设零售企业和消费者两者都是理性经济人，他们的目的都是实现自身的利益最大化。零售企业有两种纯策略可选择：“提供合格农产品”和

“提供不合格农产品”，同样，消费者也有两种纯策略可供选择：“购买”和“不购买”。零售企业选择提供合格农产品的概率 $x \in [0,1]$ ，其中，$x = 0$ 表示零售企业选择提供不合格农产品，$x = 1$ 表示零售企业选择提供合格农产品；消费者选择购买的概率 $y \in [0,1]$ ，其中，$y = 0$ 表示消费者选择不购买农产品，$y = 1$ 表示消费者选择购买农产品。

（2）由于市场上普遍存在着“信息不对称”的现象，因此合格农产品与不合格农产品的价格均为 P 。零售企业选择提供合格农产品的成本为 C_1 ，提供不合格农产品的成本为 C_2 ，且 $C_1 > C_2$ 。另外，如果零售企业选择提供不合格农产品，它可能还要支付额外成本 C ，用于贿赂监管机构或者蒙蔽消费者等，因此有 $C \geqslant 0$ 。C 的大小取决于政府和社会对农产品质量安全的监管力度，若监管力度增大，则 C 随之变大，同样的，若监管力度减小，则 C 随之变小。

（3）对于市场中流通的农产品，如果消费者的选择是不购买，那么它的效用收益是0。倘若消费者选择进行购买，此时，若他所购买的农产品是合格产品，那么他的效用收益是 R_1 ；而如果他所购买的农产品是不合格产品，则他的效用收益是 R_2 。其中，$R_1 > P > R_2$ 。由于在市场上信息常常是不对称的，因此消费者是否选择购买将取决于他对市场中的农产品是否合格的信念。

依据以上所做出的假设可知，零售企业和消费者的具体收益分为以下四种情况。

（1）如果零售企业的策略选择是提供合格农产品，而同时消费者的策略选择是购买的话，在这种情况下，零售企业的收益是 $P - C_1$，消费者的收益是 $R_1 - P$ 。

（2）如果零售企业的策略选择是提供合格农产品，而此时消费者的策略选择是不购买的话，在这种情况下，零售企业的收益是 $-C_1$，而消费者的收益是0。

（3）如果零售企业的策略选择是提供不合格农产品，而此时消费者的策略选择是购买的话，在这种情况下，零售企业的收益是 $P - C_2 - C$ ，消费者的收益是 $R_2 - P$ 。

（4）如果零售企业的策略选择是提供不合格农产品，而同时消费者的策略选择是不购买的话，在这种情况下，零售企业的收益是 $-C_2-C$ ，而消费者的收益是0。

双方具体的博弈收益矩阵如表7－2所示。

表7－2 零售企业和消费者间的博弈收益矩阵

零售企业 A	消费者 B	
	购买（y）	不购买（$1-y$）
合格（x）	$P-C_1$，R_1-P	$-C_1$，0
不合格（$1-x$）	$P-C_2-C$，R_2-P	$-C_2-C$，0

7.2.2 模型求解

由表7－2可知，若零售企业提供合格农产品，则其期望收益为：

$$\begin{aligned} E_1 &= y(P-C_1)+(1-y)(-C_1) \\ &= yP-C_1 \end{aligned}$$

若零售企业提供不合格农产品，则其期望收益为：

$$\begin{aligned} E_2 &= y(P-C_2-C)+(1-y)(-C_2-C) \\ &= yP-C_2-C \end{aligned}$$

如果 $C_1>C_2+C$ ，即零售企业提供不合格农产品时所需支付的额外成本 C 小于提供不合格农产品的成本节约。此时，恒有 $E_1<E_2$，那么零售企业的最优策略是提供不合格农产品。因为 $-C_1<-C_2-C$ ，所以，即使消费者选择不购买农产品，提供不合格农产品仍然是零售企业的占优策略。

如果 $C_1<C_2+C$ ，即零售企业提供不合格农产品时，所支付的额外成本 C 要大于提供不合格农产品的成本节约。此时，恒有 $E_1>E_2$ ，那么无论消费者是否选择购买，零售企业的最优策略都是提供合格农产品。而如果零售企业选择的策略是提供合格农产品，那么消费者只要选择购买策略就能够实现其效用最大化，即 R_1-P ，此时，“合格”和“购买”便成为该博弈的纳什

均衡。

根据上面的分析，可以得出，零售企业与消费者之间的博弈具有下面三种均衡结果。

(1) 如果消费者坚定地认为零售企业所提供的农产品全部都是不合格的，那么他会做出不购买的决策，此时，零售企业的最优策略是选择不提供合格农产品。

(2) 如果消费者对于零售企业所提供的农产品质量合格与否没有准确的判断力，从而随机选择购买和不购买的话，且 $C_1 > C_2 + C$，那么零售企业将会选择提供不合格农产品，而此时，消费者选择购买农产品的概率为 y，选择不购买农产品的概率则为 $1 - y$。

(3) 如果 $C_1 < C_2 + C$，在这种情况下，零售企业选择提供合格农产品与消费者选择购买将构成该博弈的一个纳什均衡。

7.2.3 结果分析

从以上的博弈分析结果中，可得到以下启示。

(1) 如果消费者根本不相信零售企业所销售的农产品是合格的，那么他将不会对零售企业的农产品产生购买行为，结果使得零售企业的市场份额变小，市场竞争力降低。对于中国来说，就意味着国内零售企业将竞争不过国外零售企业，从而导致本土零售企业的生存空间变小，进而影响我国的经济发展。因此，必须要确保消费者对国内零售企业所售卖的农产品充满信心，而要实现这一点，需要政府和零售企业共同努力去营造一个良好的流通市场氛围，让合格农产品成为市场农产品的常态。

(2) 就一般情况而言，政府与社会组织对于零售企业的监管力度直接决定着零售企业是否选择提供合格农产品。倘若政府与社会组织对零售企业的监管不到位，那么零售企业将会受到经济利益最大化的驱使，从而选择向消费者提供不合格农产品。相反，如果政府和社会组织加大对零售企业的监管力度，增加其提供不合格农产品的外生产成本，那么此时，市场将实现纳什均衡，即零售企业将选择提供合格农产品而消费者选择购买，两者均实现各自的效用最大化。

7.3 企业与政府监管机构间的博弈分析

为了更好地促进我国农产品市场秩序走向规范化，并更好地对农产品质量安全实施控制和保障，需要相关政府机构加强对农产品供应链的监管。由第6章对农产品供应链质量安全现状的分析结果可知，当前造成我国农产品质量安全问题频繁发生的原因主要是农药残留超标严重，也就是说，农产品质量安全问题主要出现在农产品供应链的源头——生产环节。因此，想要更好地控制农产品质量安全，关键是要加强对农产品生产企业的严格监管。

7.3.1 模型假设

为了简化分析，本文仅对政府监管机构与农产品生产企业之间的博弈关系进行分析。在建立二者的博弈模型之前，首先做出如下假设。

（1）政府监管机构和农产品生产企业都属于理性经济人，他们的目的都是实现自身的利益最大化。政府监管机构有两种纯策略可选择：“检查”和“不检查”，同样，农产品生产企业也有两种纯策略可供选择：“生产质量合格农产品”和“生产质量不合格农产品”。政府监管机构选择监管的概率 $x \in [0,1]$，其中，$x = 0$ 表示政府选择对生产企业实施不监管，$x = 1$ 表示政府选择对生产企业实施监管；农产品生产企业选择合格的概率 $y \in [0,1]$，其中，$y = 0$ 表示农产品生产企业选择生产不合格农产品，$y = 1$ 表示农产品生产企业选择生产合格农产品。

（2）政府监管机构对农产品生产企业的检查成本为 M，政府监管机构对生产企业进行检查发现其农产品不合格时，对企业的罚款为 D，如果政府监管机构不对农产品生产企业所生产的农产品进行检查，一旦发生农产品质量安全问题，它将承受的损失为 L，包括不合格农产品给社会带来的福利损失，以及上级政府机构对其进行的惩罚，例如降低绩效、行政处分等。其中，$M > L$。

（3）农产品生产企业的预期收益为 P，且其生产合格农产品的成本为 C_1，生产不合格农产品的成本为 C_2，其中，$C_1 > C_2$。在农产品生产企业生产不合格农产品的情况下，如果政府监管机构对其进行有效检查，则该企业将受到罚款 D；如果政府监管机构没有对其进行有效检查，那么一旦引发农产品安全问题，农产品生产企业将要对受害者给予赔偿，赔偿金额为 F。其中，$D > C_1 - C_2$，$F < C_1 - C_2$。

依据以上所做出的假设可知，政府和农产品生产企业的具体收益共有以下四种情况。

（1）如果政府选择对生产企业进行监督检查，并且生产企业选择生产质量合格的农产品，在这种情况下，政府的收益是 $-M$，生产企业的收益是 $P - C_1$。

（2）如果政府选择对生产企业进行监督检查，而生产企业选择生产质量不合格的农产品，在这种情况下，政府的收益是 $D - M$，生产企业的收益是 $P - C_2 - D$。

（3）如果政府选择对生产企业不进行监督检查，而生产企业选择生产质量合格的农产品，在这种情况下，政府的收益是0，生产企业的收益是 $P - C_1$。

（4）如果政府选择对生产企业不进行监督检查，同时生产企业选择生产质量不合格的农产品，在这种情况下，政府的收益是 $-L$，生产企业的收益是 $P - C_2 - F$。

双方具体的博弈收益矩阵如表7－3所示。

表7－3　政府与生产企业间的博弈收益矩阵

政府 A	生产企业 B	
	合格（y）	不合格（$1-y$）
检查（x）	$-M$，$P - C_1$	$D - M$，$P - C_2 - D$
不检查（$1-x$）	0，$P - C_1$	$-L$，$P - C_2 - F$

7.3.2 模型求解

通过表 7-3 可知，这个博弈的纯策略纳什均衡不存在。为了求出此博弈的混合策略纳什均衡，令 U_A、U_B 分别表示政府和生产企业的期望收益函数，具体求解过程如下所示：

$$\begin{aligned} U_A &= x[y(-M) + (1-y)(D-M)] + (1-x)[y \times 0 + (1-y)(-L)] \\ &= -xy(D+L) + x(D+L-M) + yL - L \end{aligned} \tag{7-1}$$

$$\begin{aligned} U_B &= y[x(P-C_1) + (1-x)(P-C_1)] + (1-y)[x(P-C_2-D) + \\ &\quad (1-x)(P-C_2-F)] \\ &= xy(D-F) + x(F-D) + y(F+C_2-C_1) + P - C_2 - F \end{aligned} \tag{7-2}$$

分别对式（7-1）、式（7-2）求微分，得到最优化的一阶条件：

令：$\dfrac{\partial U_A}{\partial x} = 0$，$\dfrac{\partial U_B}{\partial y} = 0$

得到：$-y(D+L) + (D+L-M) = 0$，$x(D-F) + (F+C_2-C_1) = 0$

$$y^* = \frac{D+L-M}{D+L} = 1 - \frac{M}{D+L},\ x^* = \frac{C_1-C_2-F}{D-F}$$

于是，可知在该博弈中，政府和生产企业的混合策略纳什均衡为：

$$\left(\frac{C_1-C_2-F}{D-F}, 1-\frac{C_1-C_2-F}{D-F}\right), \left(1-\frac{M}{D+L}, \frac{M}{D+L}\right)$$

该混合策略纳什均衡说明：

（1）若政府选择检查的概率 $x > \dfrac{C_1-C_2-F}{D-F}$，则生产企业的最优策略是生产合格，若 $x < \dfrac{C_1-C_2-F}{D-F}$，生产企业选择生产不合格。

（2）若生产企业选择生产合格农产品的概率 $y > 1-\dfrac{M}{D+L}$，则政府的最优策略是不检查，若 $y < 1-\dfrac{M}{D+L}$，则政府的最优策略是选择检查。

7.3.3 结果分析

以下是对上述均衡结果的详细分析。

（1）政府监管机构对农产品生产企业所生产的农产品进行监督检查的概率与农产品生产企业生产合格农产品所付出的成本 C_1 、生产不合格农产品所付出的成本 C_2 、生产不合格农产品被发现后所受到的罚款 D 和出现质量安全问题后企业所需要支付的赔偿费用 F 有关。其中，政府进行监督检查的概率与农产品生产企业生产不合格农产品所带来的成本节约 $C_1 - C_2$ 成正相关关系，即生产企业生产不合格农产品时所带来的成本节约越大，则生产企业更容易倾向于生产不合格农产品，此时，政府的检查概率越大。同时，政府的检查概率与企业生产不合格农产品被发现后所受到的罚款 D 和出现质量安全问题后支付的赔偿费用 F 成负相关关系，即对生产不合格农产品企业的惩罚力度越大，企业生产合格农产品的概率就越大，从而政府监管机构对生产企业进行监督检查的概率就越小。

（2）农产品生产企业选择生产合格农产品的概率与政府对生产企业的检查成本 M 、企业生产不合格农产品被发现后所受到的罚款 D 和出现质量安全问题后给政府带来的损失 L 有关。其中，企业生产合格农产品的概率与企业违规生产被发现后所受到的惩罚 D 和出现质量安全问题给政府带来的损失 L 成正相关关系，即如果政府通过对生产企业进行检查可能得到的收益以及出现农产品安全问题后给其带来的损失越大，那么政府监管机构将有更大的激励对企业生产的农产品进行检查，此时，生产企业生产合格农产品的概率就越大。同时，企业生产合格农产品的概率与政府的检查成本 M 成负相关关系，即政府监管机构对生产企业进行检查的成本越高，那么政府对企业生产的农产品进行检查的激励就越小，企业进行违规生产被政府机构发现的概率也越小，从而企业生产不合格农产品的概率就越高。

通过以上对均衡结果的分析，可以得到下面两条重要结论。

（1）如果政府监管机构对生产企业进行监督检查的成本太高，会降低其对生产企业进行监督检查的激励，从而使生产企业选择生产不合格农产品的可能性增大。

（2）一般情况下，政府监管机构倾向于加大对提供不合格农产品的企业的惩罚力度，这样可以有效减少生产企业进行违规生产的动力，进而也可以使政府减少很多常规性的检查，降低工作量。

然而，从目前来看，我国政府机构对农产品生产企业进行监督检查的成本一直居高不下。这是由于农产品行业本身的特点、农产品市场上信息不对称问题普遍存在，以及国家信息披露制度不健全、不规范等原因共同造成的。另外，由于我国当前关于农产品质量安全方面的法律法规和监管体制仍然存在许多不完善的地方，很多时候，生产企业进行违规生产也可以轻易地逃脱或者是减小其理应受到的惩罚，在这样的情况下，生产企业往往受到经济利益最大化的驱使，出现违法违规生产的行为，加大了农产品质量安全风险。这也是导致我国农产品质量安全问题频繁发生的重要原因。

8 基于演化博弈的农产品质量安全监管分析

在农产品质量安全监管中，发挥政府作用的必要性源于农产品市场中存在的市场失灵。由于市场的力量不足以解决农产品质量安全问题，作为公共性和非营利性的政府，具有克服市场失灵的优势。在政府、农产品相关企业、消费者维权组织以及普通消费者四方利益主体中，政府对农产品质量安全的监管是最直接、最有力的，可以极大地影响农产品质量安全状况。

本章运用演化博弈论的方法，构建政府监管部门与农产品生产企业之间的演化博弈模型，分析政府监管部门群体和农产品生产企业群体之间策略选择的演变趋势，并对农产品质量安全监管提出相应的对策建议。

8.1 相关理论概述

8.1.1 演化博弈论

演化博弈论是把博弈理论分析和动态演化过程分析结合起来的一种理论，它源于生物进化论，曾相当成功地解释了生物进化过程中的某些现象。20 世纪 70 年代，经济学家们开始运用演化博弈论分析社会习惯、规范、制度或体制形成的影响因素以及解释其形成过程，取得了令人瞩目的成绩。

在传统博弈理论中，常常假定参与人是完全理性的，且参与人是在完全信息条件下进行的，但对现实的经济生活中的参与人来讲，参与人的完全理性与完全信息的条件是很难实现的。在企业的合作竞争中，参与人之间是有差别的，经济环境与博弈问题本身的复杂性所导致的信息不完全和参与人的有限理性问题是显而易见的。而演化博弈论采取的是有限理性假设，即行为个体不是“全知全能”的，无法在社会经济生活中瞬间获得最优结果，其行为规则和策略是在演化过程中不断修正和改进的。有限理性这一概念最早是由西蒙在研究决策问题时提出的，它是指人的行为只能是“意欲合理，但只能有限达到”。

在方法论上，演化博弈论不同于传统博弈论将重点放在静态均衡和比较静态均衡上，它强调的是一种动态的均衡。演化博弈论的研究对象是随着时间变化的某一群体，理论探索的目的是理解群体演化的动态过程，并解释说明为何群体将达到目前的这一状态以及如何达到。影响群体变化的因素既具有一定的随机性和扰动现象（突变），又有通过演化过程中的选择机制而呈现出来的规律性。大部分演化博弈理论的预测或解释能力在于群体的选择过程，通常群体的选择过程具有一定的惯性，同时这个过程也潜伏着突变的动力，从而不断地产生新变种或新特征。

8.1.2 政府监管理论

1. 政府监管的概念

“政府监管”一词最初集中于西方发达国家的经济学领域，在此领域也涌现出了一批优秀的学者，虽然对于政府监管的定义各异，但其表述在本质特征上的认识和把握却是一致的。日本学者金泽良雄教授（1985）认为，政府管制是在以市场机制为基础的经济体制下，以矫正、改善市场机制内在的问题（广义的失灵）为目的，政府干预和干涉经济主体（特别是对企业）活动的行为。我国学者王俊豪（2001）认为，政府管制是具有法律地位的、相对独立的政府管制者（机构）依照一定的法规对被管制者（主要是企业）所采取的一系列行政管理与监督行为。

政府监管具有以下几层含义。

第一，政府监管的主体，是指基于某种特定目的设立的政府行政机构。这些行政机构通过法律法规等规定或者授权成为行政权力的执行者依法行使监管权，如国家食品药品监督管理局、质量监督检验检疫总局。

第二，政府监管的客体，通常是指监管主体所指向的对象，具体包括企业生产者、销售者等经济主体。

第三，政府监管的内容，对行政相对人的行为进行直接或间接的限制。

第四，政府监管的方式，大都采用行政检查、行政许可、行政处罚等执法手段，通过这些方式来实现监管目的。

2. 农产品质量安全监管的作用

农产品质量安全关系到人们的饮食安全和身体健康，是人们能够安居乐业的一个根本前提，也是促进国家经济发展和社会稳定的一项重要内容。但近年来发生了多起农产品质量安全事件，政府作为公共权力的行使者，作为维护公共利益的代表，有必要发挥政府监管的重要作用。农产品质量安全监管的作用主要有三方面。

（1）弥补市场失灵的不足。众所周知，在市场竞争如此激烈的今天，本应井然有序的市场状态往往因存在自然垄断、信息不地称、外部性等问题而发生市场失灵现象，使市场无法充分发挥自身作用，从而在资源配置中处于无效、低效或显失公正的缺陷。

信息不对称是指市场中相互对应的经济主体之间对于某些事件所掌握的知识的不对称性，通常被称作“信息偏在”。在农产品市场中，由于品种种类繁多，不同农产品在质量及安全特性上也都存在各自的特点。如果仅凭消费者的力量达到企业与消费者之间获取完全信息，消费者不仅在人力、物力、财力方面要付出巨大的代价，而且也要耗费大量的时间。即便如此，也不一定会与企业达到信息的完全对等。由于生产者的不诚信行为，加大了消费者的风险，同样也加剧了市场失灵。面对着市场失灵所带来的问题，政府作为国家权力机构在法律的基础上应依据权威性、强制性积极介入，从而弥补市场失灵的不足。

（2）履行责任政府的职责。政府依据宪法及法律的规定享有管理政治、经济及社会公共事务的权力，是最重要的国家权力，与公民的利益密切相关。因此，在赋予政府权力的同时应加强责任的履行，权力与责任是相互联系、相互对立的，不应存在无责任的权力和无权力的责任，应建立“权责相统一”的行政理念。如今，责任政府已成为人民希望打造的政府模式，建设责任政府也成为各级政府改革的重要目标。

面对层出不穷的农产品质量安全事件，政府对农产品质量进行监管是实现责任政府的必然要求。建立责任政府的目的就是能够更好地满足人民的公共需求，更好地实现公共利益。农产品质量安全是公共安全的一个重要问题，也是关系到公共利益的社会问题，对公共利益的保护是政府的重要职能之一。从一定意义上来说，如果没有责任政府依法履行其职责，那么食品质量安全事件会愈演愈烈，生产者或销售者的违法行为也会越来越多。

(3) 正确引导生产企业。正确处理政府与企业关系，是决定企业发展的重要因素，也是合理界定政府职能的关键。政府与企业分别提供个人消费的公共物品与私人物品；企业主要关心经济利益如利润率，而政府主要考虑社会效益。良好的政府与企业间联系应体现在两个方面，一是政府作用于企业，政府对企业提供一定的制度规范、实施直接与间接管理、为企业创造发展的环境条件，企业必须接受政府的制度安排与管理调控；二是企业作用于政府，企业必须承担法律规定的向政府缴纳税收的义务，代表企业职工的特殊利益来参与政府管理与决策，为实现政府的宏观发展目标提供微观物质基础，整个企业的生产力水平制约政府职能的发挥与机构的设置。在农产品质量安全管理方面，由于信息不对称等原因，企业在追求经济利益的驱使下，一般不会主动提高农产品质量安全水平。政府作为公共物品的主要提供者，通过制定相应的法律法规和各种质量标准、推动产品认证和 HACCP（危害分析和关键控制点）等生产过程认证、加强市场监管等措施，能够在很大程度上约束和激励企业行为。同时，政府要采取各种措施调动企业的积极性，促使企业承担农产品质量安全管理的责任，提高企业生产过程和最终产品的质量安全水平。

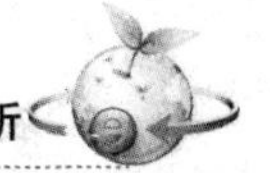

8.2 我国农产品质量安全监管的现状及问题

8.2.1 农产品质量安全监管机构

我国农产品质量安全的政府监管，一直实行从中央到地方政府的垂直管理模式。主要由中央一级负责，省、市、县三级辅助。中央一级的农产品质量安全监管，以农业部为主，由卫生部、国家食品药品监督管理局、国家工商总局、商务部、国家质量监督检验检疫总局、海关总署及其他部门共同负责。以上机构在省、市、县三级都设有相应的延伸机构，每个机构在农产品质量安全方面都有自己的管理范围。

农业部是主管农产品质量安全的国务院组成部门，组织实施农业各产业产品及绿色食品的质量监督、认证和农业植物新品种的保护工作，组织协调种子、农药、兽药等农业投入品质量的监测、鉴定和执法监督管理，组织国内生产及进口种子、农药、兽药、有关肥料等产品的登记和农机安全监理工作，起草动植物防疫和检疫的法律法规草案，组织兽医医政、兽药药政药检工作，组织、监督对国内动植物的防疫、检疫工作，发布疫情并组织扑灭。

卫生部负责拟定卫生法律法规、卫生标准、食品质量管理规范、卫生执法监督工作规范、程序和有关规章制度等，依法开展对食品卫生的监督管理，组织协调和督办违反卫生法律法规的大案、要案的查处工作，依法组织协调有关突发公共卫生事件应急处理工作，承办食物中毒重大安全事件中涉及公共卫生问题的组织协调工作。

国家食品药品监督管理局负责食品、保健品安全管理的综合监督、组织协调和依法组织开展对重大事故查处。

国家工商总局依法组织监督包括食品行业在内的各类市场竞争行为，依法组织监督市场交易行为，组织监督流通领域商品质量，组织查处假冒伪劣等违法行为。

商务部研究负责组织协调包括农产品、食品在内的各类反倾销、反补贴的有关事宜和组织产业损害调查等。

国家质量监督检验检疫总局主管全国出入境卫生检疫、出入境动植物检疫、进出口食品安全和认证认可、标准化等工作，并行使行政执法职能。

海关总署对进出口的包括食品、农产品在内的货品进行监管，防止外来的有毒有害食品、食源性疾病的侵入。

此外，还有公安机关负责有关食品安全刑事案件的侦破，检察机关负责食品安全刑事案件的公诉，各地方（主要是省级）相关机构负责本辖区的食品安全监管。

8.2.2　我国农产品质量安全监管存在的问题分析

经过多年努力，我国已基本建立了农产品质量安全监管体系，但管理体制、管理制度、管理人员等方面仍存在缺陷，与发达国家日益成熟的农产品质量安全监管相比，还存在一定的差距。

1. 管理机构缺乏协调机制

目前我国农产品质量安全仍然采用分段管理模式，即在现行体制下，农产品质量安全管理的权限分属农业、质检、工商、卫生、食品药品监督管理、商务、环保、公安等多个部门，每一个部门都是相应环节的监管主体。由于各部门之间缺乏有效的协调机制，常会出现相互推诿、指责和争夺职能现象，加上部门间信息交流、沟通不畅，这种“多头”管理模式在实际运作中必然导致部门间职能错位、缺位、越位和交叉分散等状况，造成了监管主体的缺失。监管主体多，协调成本高，造成联合监管成本大，致使其运作效率低，严重影响了监督执法的权威性，同时监管机构人手少、经费不足、执法能力弱的情况普遍存在。各地工作开展也不平衡，一些地方监管工作不到位，有关责任不落实，存在上热下冷、上紧下松的现象。加上监管体制方面的一些客观情况，容易造成监管空白或交叉。

2. 生产环节监管困难

农产品标准化生产是保障农产品质量安全的重要措施之一。标准化生产要求生产的各个环节均采用统一的标准来组织实施，而我国目前的农产品生

产是以千家万户的分散经营为主，由于经营分散、生产规模小、组织化程度低、专业合作组织的管理以及企业和种植大户的示范带动作用较弱，我国的农产品生产难以统一标准、统一组织及统一管理。分散生产经营方式不但难以满足标准化、规模化、产业化生产要求，同时也给农产品质量安全监管工作带来了极大困难。此外，有些地方从事农业生产的主要是外来人员，而外来人员大多生产技术水平低、质量安全意识差、人员流动性大，为追求眼前利益，他们常使用国家明令禁用的高毒、高残留农药，在安全生产间隔期内采收农产品上市，这也是导致我国农产品质量安全生产环节监管困难的重要原因之一。

8.3 政府监管部门与农产品生产企业之间的演化博弈模型

在农产品质量安全监管中，政府监管部门与农产品生产企业是一对策略互动主体，他们在相互研究对方的策略后做出自己的最佳反应决策，这种策略反应实际上是一种不断调整的动态过程，表现出了行为生态学的特征。演化博弈论是把博弈理论分析和动态演化过程分析结合起来的一种新理论。因此，本节旨在借鉴前人研究的基础上，运用演化博弈论的方法，详细分析农产品安全问题中政府监管部门和农产品生产企业的博弈关系及其策略演化趋势，以期深入揭示农产品安全问题产生的根源，并从理论上提出一些相关的解决措施及建议。

8.3.1 基本假设

根据模型构建思想，对政府监管部门与农产品生产企业之间的演化博弈模型作如下假设。

（1）首先假定二者都是有限理性博弈方。农产品生产企业可能选择提供“合格”和“不合格”农产品两种策略。对此，政府监管部门也有两种策略可供选择：“监管”和“不监管”。

（2）x 、$1-x$ 分别为政府采取“监管”和“不监管”措施的概率，y 、1 -

y 分别为农产品生产企业提供“合格”与“不合格”农产品的概率，其中 $0 \leqslant x, y \leqslant 1$。

（3）R_1 为农产品生产企业选择提供“合格”农产品时得到的报酬收入；R_2 为农产品生产企业选择提供“不合格”农产品时得到的报酬收入，其中 $R_2 > R_1$。

（4）C_1 为农产品生产企业提供“合格”农产品付出的成本；C_2 为提供“不合格”农产品付出的成本，其中 $C_2 < C_1$。C_g 为政府实施“监管”的成本。

（5）D_1 为政府采取“监管”措施后，对发现的“不合格”农产品收取的惩罚金；M_1 为政府采取“监管”措施后，给予“合格”农产品的奖金额。

（6）V 为当生产企业提供“合格”农产品时，给政府带来的“收益”，包括公众满意度提高、政府公信力提高等；L 为当生产企业提供“不合格”农产品时，给政府造成的“损失”，包括公众满意度下降、政府公信力下降等。

（7）F 为当政府监管部门未尽到应有“监管”职责，且生产企业选择提供“不合格”农产品时，所受到的上级政府部门的“惩罚”，包括给予相关政府监管部门较差的业绩评价、行政处分等。

根据以上假设，得到该博弈的收益矩阵，如下表所示。

农产品生产企业和政府监管部门的博弈收益矩阵

		政府	
		监管（x）	不监管（$1-x$）
生产企业	不合格（$1-y$）	$R_2 - C_2 - D_1$，$D_1 - C_g - L$	$R_2 - C_2$，$-L-F$
	合格（y）	$R_1 - C_1 + M_1$，$-C_g - M_1 + V$	$R_1 - C_1$，V

8.3.2 政府监管群体演化稳定策略分析

依据上述博弈关系，设 U_{1g}、U_{2g}、$\bar{U}_g$ 分别表示政府群体“监管”时的期望收益、“不监管”时的期望收益、政府的平均期望收益。

$$U_{1g}=y(-C_g-M_1+V)+(1-y)(D_1-C_g-L) \tag{8-1}$$

$$U_{2g}=yV+(1-y)(-L-F) \tag{8-2}$$

$$\bar{U}_g=xU_{1g}+(1-x)U_{2g} \tag{8-3}$$

构造政府群体“监管”比例的复制动态方程为：

$$F(x)=\frac{dx}{dt}=x(U_{1g}-\bar{U}_g) \tag{8-4}$$

复制动态方程实质上是描述某一特定策略在一个种群中被采用的频数或频度的动态微分方程。在式（8-4）中：x 为政府博弈方采用策略“监管”的比例；U_{1g} 为政府群体采用策略“监管”的期望收益；$\bar{U}_g$ 为政府群体采用其策略空间中所有策略的平均收益；$\frac{dx}{dt}$ 为政府群体采用策略的比例随时间的变化率。

将式（8-3）代入式（8-4）得：

$$F(x)=\frac{dx}{dt}=x(1-x)(U_{1g}-U_{2g}) \tag{8-5}$$

再将式（8-1）、式（8-2）代入式（8-5）得：

$$F(x)=\frac{dx}{dt}=x(x-1)[(D_1+M_1+F)y+C_g-D_1-F] \tag{8-6}$$

复制动态方程的大小反映了博弈学习与调整的速度，当 $F(x)=\frac{dx}{dt}=0$ 时，说明此时博弈学习的速度为0，该博弈达到了相对稳定的均衡状态，政府群体的策略比例 x 相对不变。根据式（8-6），令 $F(x)=0$，则可得到三个可能的稳定解：$x_1^*=0$，$x_2^*=1$，$y^*=\frac{D_1+F-C_g}{D_1+M_1+F}$。

但这三个解不一定都是演化稳定策略。根据微分方程稳定性定理，演化稳定策略可以表述为：在稳定状态下，满足 $F(x^*)=0$，且 $F'(x)<0$。对式（8-6）求一阶导得：

$$F'(x)=(2x-1)[(D_1+M_1+F)y+C_g-D_1-F] \tag{8-7}$$

利用式（8-6）、式（8-7）对政府群体博弈的演化稳定策略做如下分析：

若 $y = y^{*} = \dfrac{D_1 + F - C_g}{D_1 + M_1 + F}$，则 $F(x) = 0$，这意味着所有的平衡点都是稳定状态。

若 $y \neq y^{*} = \dfrac{D_1 + F - C_g}{D_1 + M_1 + F}$，则 $x_1^{*} = 0$，$x_2^{*} = 1$ 是 x 的两个稳定状态点。对 $D_1 + F - C_g$ 的不同情况进行分析：

（1）若 $D_1 + F - C_g < 0$，则 $\dfrac{D_1 + F - C_g}{D_1 + M_1 + F} < 0$，恒有 $y > \dfrac{D_1 + F - C_g}{D_1 + M_1 + F}$。此时，只有当 $x_1^{*} = 0$ 时，$F'(x_1^{*}) < 0$，所以 $x_1^{*} = 0$ 是唯一的演化稳定策略。

（2）若 $0 < D_1 + F - C_g < D_1 + M_1 + F$，则 $0 < \dfrac{D_1 + F - C_g}{D_1 + M_1 + F} < 1$。此时，分两种情况讨论，当 $y > \dfrac{D_1 + F - C_g}{D_1 + M_1 + F}$ 时，$F'(x_1^{*}) < 0$，$F'(x_2^{*}) > 0$，所以 $x_1^{*} = 0$ 是稳定平衡点；当 $y < \dfrac{D_1 + F - C_g}{D_1 + M_1 + F}$ 时，$F'(x_1^{*}) > 0$，$F'(x_2^{*}) < 0$，所以 $x_2^{*} = 1$ 是稳定平衡点。

（3）若 $D_1 + F - C_g > D_1 + M_1 + F$，这个假设条件不成立，此时不存在平衡点。

政府群体在以上三种情况下的动态趋势及稳定性如图 8－1 所示。

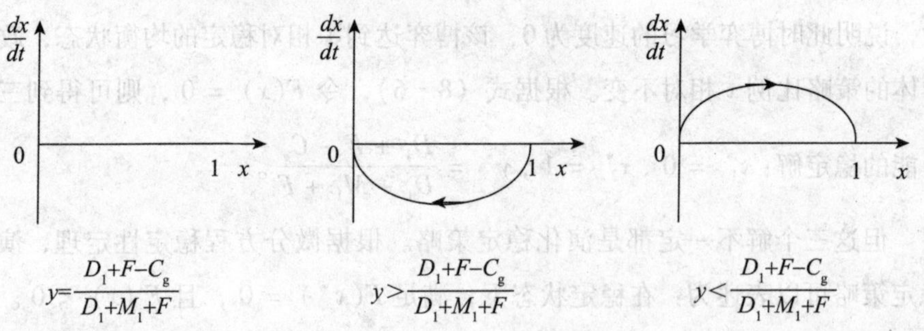

图 8－1 政府群体复制动态相位

8.3.3 生产企业群体演化稳定策略分析

设 U_{1e}、U_{2e}、$\bar{U}_e$ 分别表示生产企业群体生产“合格”农产品时的期望收益、“不合格”时的期望收益、生产企业的平均期望收益。

$$U_{1e} = x(R_1 - C_1 + M_1) + (1 - x)(R_1 - C_1) \tag{8-8}$$

$$U_{2e} = x(R_2 - C_2 - D_1) + (1 - x)(R_2 - C_2) \tag{8-9}$$

$$\bar{U}_e = yU_{1e} + (1 - y)U_{2e} \tag{8-10}$$

同理，可得生产企业群体生产“合格”农产品比例的复制动态方程为：

$$F(y) = \frac{dy}{dt} = y(U_{1e} - \bar{U}_e) = y(y-1)[-(D_1 + M_1)x + C_1 + R_2 - C_2 - R_1] \tag{8-11}$$

对式（8-11）求一阶导得：

$$F'(y) = (2y-1)[-(D_1 + M_1)x + C_1 + R_2 - C_2 - R_1] \tag{8-12}$$

利用式（8-11）、式（8-12）对生产企业群体博弈的演化稳定策略做如下分析：

若 $x = x^* = \frac{C_1 + R_2 - C_2 - R_1}{D_1 + M_1}$，则 $F(y) = 0$，这意味着所有的平衡点都是稳定状态。

若 $x \neq x^* = \frac{C_1 + R_2 - C_2 - R_1}{D_1 + M_1}$，则令 $F(y) = 0$，得 $y_1^* = 0$，$y_2^* = 1$ 是 y 的两个稳定状态点。对 $C_1 + R_2 - C_2 - R_1$ 的不同情况进行分析：

（1）若 $C_1 + R_2 - C_2 - R_1 < 0$，因为 $C_1 > C_2$、$R_2 > R_1$，所以这个假设条件不成立，此时不存在平衡点。

（2）若 $C_1 + R_2 - C_2 - R_1 < D_1 + M_1$，则 $0 < \frac{C_1 + R_2 - C_2 - R_1}{D_1 + M_1} < 1$。此时，分两种情况讨论，当 $x > \frac{C_1 + R_2 - C_2 - R_1}{D_1 + M_1}$ 时，$F'(y_1^*) > 0$，$F'(y_2^*) < 0$，所以 $y_2^* = 1$ 是稳定平衡点；当 $x < \frac{C_1 + R_2 - C_2 - R_1}{D_1 + M_1}$ 时，$F'(y_1^*) < 0$，

$F'(y_2^*) > 0$，所以 $y_1^* = 0$ 是稳定平衡点。

（3）若 $C_1 + R_2 - C_2 - R_1 > D_1 + M_1$，则 $\frac{C_1 + R_2 - C_2 - R_1}{D_1 + M_1} > 1$，恒有 $x < \frac{C_1 + R_2 - C_2 - R_1}{D_1 + M_1}$。此时，只有当 $y_1^* = 0$ 时，$F'(y_1^*) < 0$，所以 $y_1^* = 0$ 是唯一的演化稳定策略。生产企业群体在以上三种情况下的动态趋势及稳定性如图 8－2 所示。

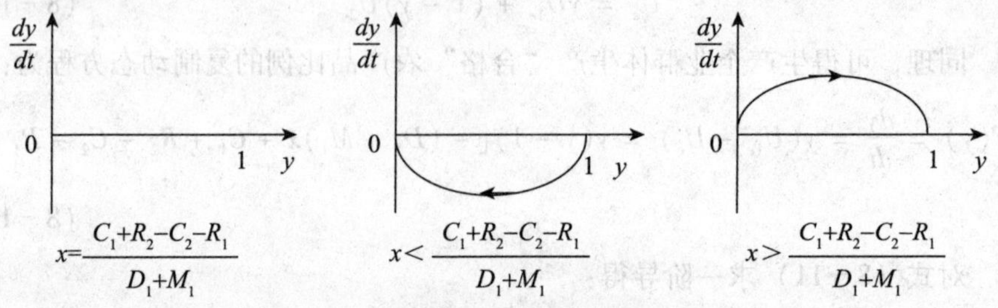

图 8－2 生产企业群体复制动态相位

8.3.4 策略的动态演化趋势分析

将政府监管部门群体与农产品生产企业群体的复制动态趋势合并在同一个坐标平面上表示，如图 8－3 所示。

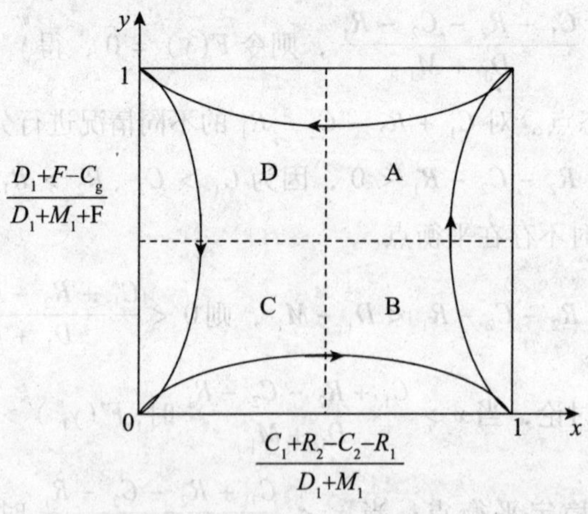

图 8－3 政府群体与生产企业群体的演化博弈轨迹

在该非对称复制动态演化博弈中，根据博弈初始状态的不同，可以得到不同的稳定状态。

1. 当初始状态落在 A 区域

在该区域内，$x > \frac{C_1 + R_2 - C_2 - R_1}{D_1 + M_1}$，$y > \frac{D_1 + F - C_g}{D_1 + M_1 + F}$，根据上一部分分析结果可知，该博弈收敛于 $x_1^* = 0$，$y_2^* = 1$，即“不监管”和“合格”是政府和生产企业两个博弈群体中的所有参与者的策略选择。

2. 当初始状态落在 B 区域

在该区域内，$x > \frac{C_1 + R_2 - C_2 - R_1}{D_1 + M_1}$，$y < \frac{D_1 + F - C_g}{D_1 + M_1 + F}$，同理可知，该博弈收敛于 $x_2^* = 1$，$y_2^* = 1$，即“监管”和“合格”是政府和生产企业两个博弈群体中的所有参与者的策略选择。

3. 当初始状态落在 C 区域

在该区域内，$x < \frac{C_1 + R_2 - C_2 - R_1}{D_1 + M_1}$，$y < \frac{D_1 + F - C_g}{D_1 + M_1 + F}$，同理可知，该博弈收敛于 $x_2^* = 1$，$y_1^* = 0$，即“监管”和“不合格”是政府和生产企业两个博弈群体中的所有参与者的策略选择。

4. 当初始状态落在 D 区域

在该区域内，$x < \frac{C_1 + R_2 - C_2 - R_1}{D_1 + M_1}$，$y > \frac{D_1 + F - C_g}{D_1 + M_1 + F}$，同理可知，该博弈收敛于 $x_1^* = 0$，$y_1^* = 0$，即“不监管”和“不合格”是政府和生产企业两个博弈群体中的所有参与者的策略选择。

8.3.5 演化博弈分析结论及建议

基于上述分析，可以得到以下结论及建议。

情况 1：当 $D_1 + F - C_g < 0$ 时，即 $C_g > D_1 + F$，则 $x_1^* = 0$ 是唯一的演化稳定策略。这说明，如果政府“监管”生产企业的成本太高，高于向“不合格”农产品收取的罚金与因未尽到责任而受到上级政府部门的惩罚之和，那么政府会选择“不监管”。这不仅不利于杜绝企业的“不合格”行为，使得生产企业的机会主义倾向增强，而且会影响政府的办事效率，引起公众的不满。

为了避免这种情况的发生，第一，应尽可能地降低政府的监管成本。自2006年，我国第一部关于农产品的专门法律——《农产品质量安全法》颁布并实施以来，我国农产品质量安全得到了一定保障，但是不断频发的农产品质量问题仍然暴露了农产品安全法律的脆弱性。法律的不健全与不完善是政府监管成本高的原因之一。因此，一方面，国家应尽快健全和完善农产品质量安全保护的相关法律，使更多的检查标准更量化，减少企业钻法律空子的机会，从而使政府能够实施更为有效的“监管”，以降低“监管”成本；另一方面，上级政府应加强对地方政府的重视，使政府监管队伍更加知识化和专业化，提高检测水平，进而降低“监管”成本。第二，提高对企业生产“不合格”农产品的惩罚金额。通过利用高额惩罚金，可以加大生产企业的违规风险和违规成本，抑制生产企业的“不合格”倾向。第三，上级政府部门应重视考核地方政府对生产企业“监管”的执行情况，对未尽到“监管”义务的地方政府部门，上级部门应加大对其“处罚”的力度。例如，通过落实企业“监管”问责制、将对企业的“监管”成效纳入地方政府绩效指标等方式来促使地方政府“监管”企业。

情况2：当 $C_1 + R_2 - C_2 - R_1 > D_1 + M_1$ 时，$y_1^* = 0$ 是唯一的演化稳定策略。这说明，如果企业生产“合格”与“不合格”农产品的成本差与企业生产“不合格”农产品的额外收益太高，二者之和大于企业生产“合格”农产品所获得的奖金额与企业生产“不合格”农产品被发现时交纳的惩罚金之和，那么企业会选择生产“不合格”农产品。

为引导企业理性选择生产“合格”农产品，首先，应该降低企业生产“合格”农产品的成本。这一点可以通过提高对生产“合格”农产品的企业的奖励力度来实现。一方面，政府通过奖金制度来激励企业的“合格”行为。例如，可以规定对在一段固定时间内均表现出“合格”行为的企业给予现金奖励，并且随着企业“合格”行为持续的时间增长而增加相应比例的奖金额度。另一方面，在现金奖励的同时，重视对生产“合格”农产品企业的精神

褒奖，对其进行大力宣传，提升企业的社会声望和行业地位。其次，提高对生产“不合格”农产品企业的惩罚力度。一方面，提高企业的违规金额，使其不能低于 $C_1 + R_2 - C_2 - R_1$；另一方面，一旦发现企业的“不合格”行为，政府部门可通过全方位的媒体披露、记入不诚信档案等方式来增加企业“不合格”行为的无形损失。最后，增大企业生产“不合格”农产品被发现的概率。要实现这一目的，关键在于减轻政府部门的信息劣势，通过加强政府“监管”力度、创新“监管”方式等措施来增强政府的“监管”能力，必要时还可以学习国外政府“监管”企业的相关经验。充分利用社会一切力量，推动农产品质量安全“社会共治”模式的建立与完善。

情况3：当 $0 < D_1 + F - C_g < D_1 + M_1 + F$ 或 $C_1 + R_2 - C_2 - R_1 < D_1 + M_1$ 时，没有演化稳定策略。在这种情况下，政府既有可能选择“监管”，也有可能选择“不监管”，而其最终选择何种策略取决于生产企业群体中选择生产“合格”农产品的比例。当生产企业群体中选择“合格”的比例大于 $\frac{D_1 + F - C_g}{D_1 + M_1 + F}$ 时，政府将选择“不监管”；当生产企业群体中选择“合格”的比例小于 $\frac{D_1 + F - C_g}{D_1 + M_1 + F}$ 时，政府将选择“监管”。同理，生产企业既有可能选择生产“合格”农产品，也有可能选择生产“不合格”农产品，而其最终策略选择取决于政府群体选择“监管”的比例。当政府群体选择“监管”的比例大于 $\frac{C_1 + R_2 - C_2 - R_1}{D_1 + M_1}$ 时，企业将选择生产“合格”农产品；当政府群体选择“监管”的比例小于 $\frac{C_1 + R_2 - C_2 - R_1}{D_1 + M_1}$ 时，企业将选择生产“不合格”农产品。

这说明，在这种情况下，生产企业和政府之间是一个相互制约、相互影响的关系，博弈双方最终会选择哪一种策略取决于初始时对方对自身策略的选择比例，而这种比例与其选择这种策略带给自身的收益大小有关系。从长远来看，只有基于长期利益的决策行为才会获得更高的收益。也就是说，生产企业和政府两个群体，都应以长远利益为目标进行决策，这样双方才能获得更高的收益。

当前，我国有关农产品安全的配套法律法规和管理制度仍不尽完善，企业生产“不合格”农产品的行为仍然存在很大的获利空间。当然，对于企业来说，这一行为虽然可能获得短期超额利益，但是从长远来看，会极大地损害企业的声誉及其在行业中的地位。随着政府监管能力在实践中不断成熟，政府的“监管”成本将不断降低，企业生产“不合格”农产品所能取得的超额收益也会被不断缩小。因此，从理性角度看，企业从一开始就应该树立起诚信意识，积极采取生产“合格”农产品的行为，这才是其最优博弈策略。而对于政府部门而言，如何把握好“监管”尺度对于政府部门来说可能会是一个不小的挑战。

9 国外农产品供应链质量安全管理体系

农产品质量安全不仅关系到广大消费者的切身利益和身体健康，也涉及动植物健康和环境安全，因此，世界各国对此都高度重视。一些主要发达国家和地区如美国、加拿大、欧盟、澳大利亚、日本等已建立和形成了一整套结构完善、机制合理、运行有序、成效显著的农产品供应链质量安全管理体系，建立了法律法规体系、质量标准体系、检测检验体系、质量认证体系、技术支撑体系、信息化管理体系，各体系之间互相协调、有机衔接（钱永忠，2003）。

9.1 法律法规体系

法律法规是进行农产品质量安全控制和实施农产品质量安全管理的重要基础，发达国家和地区在农产品质量安全方面都建立了比较严密的法律法规体系，不仅为制定农产品质量安全标准、检验检测和质量认证提供了统一的规范要求，也为农产品质量安全控制与管理提供了充分的法律依据和执法手段。美国、日本、韩国在农产品质量安全方面的法律如表 9－1 所示。

表 9-1　　美国、日本、韩国农产品质量安全法律汇总

国　家	法　律
美　国	《联邦食品、药品和化妆品法》《联邦肉类检验法》 《禽类产品检验法》《蛋类产品检验法》 《植物保护法》《联邦进口牛奶法》《管制物质进出口法》 《公众健康安全与生物恐怖主义预防应对法》
日　本	《食品卫生法（安全性检查）》《植物保护法（植物检疫）》 《家畜传染病预防法（动物检疫）》
韩　国	《食品卫生法》《食品公典》《水产物品质管理法》 《植物防疫法》《植物防疫法施行规则》 《输入植物检疫规则》《家畜传染病预防法》

9.1.1　美国农产品质量安全法律法规体系

美国的农产品质量安全法律法规体系由综合性和指导性的基础法律法规和依据该基础法律法规制定的众多操作性强的专门法律法规构成，总数量超过35部。

其中综合性的法律法规如《联邦食品、药品和化妆品法》《公共卫生服务法》《农产品质量保护法》等，其中载明了美国农食品和药品所必须达到或满足的生产和销售条件，并以指导性的口吻列明了农产品质量安全标准体系、监测检验体系、安全认证体系等的构建要求。

目前美国针对农产品质量安全专门的具有操作指导性的法律法规众多，如《联邦肉类检验法》《禽类产品检验法》《蛋类产品检验法》《联邦杀虫剂、杀真菌剂和灭鼠剂法》等，可以说美国农产品的各个生产和流通环节都有法可依。

对于美国的法律来说，《联邦食品、药品和化妆品法》是关于食品、药品、化妆品的安全和卫生以及正确标识。《联邦肉类检验法》是关于猪、牛、羊、马等牲畜肉类的安全和卫生以及正确标识。《禽类产品检验法》是关于家禽（包括鸡、鸭、鹅、火鸡、珍珠鸡）产品的安全、卫生和正确标识。《蛋类

产品检验法》是关于蛋类加工产品的安全、卫生和正确标识。《植物保护法》是关于植物检疫的相关规定，包括植物、植物产品、某些生物控制有机植物、有害杂草以及植物病虫害的进出口要求等。

9.1.2 日本农产品质量安全法律法规体系

日本以《农林物质标准化及质量标识管理法》为基础，建立起了包括农产品卫生、农产品质量（品质）、投入品（农药、兽药、饲料添加剂等）、动物防疫、植物保护5个方面的较为完善的农产品质量法律法规体系。

日本自1948年厚生劳动省颁布实施《食品卫生法》和农林水产省颁布实施《输出品取缔法》即《出口农产品管理法》，1957年改为《出口检查法》，1997年废止之后，农林水产省又相继出台了《农林产品品质规格和正确标识法》（简称《JSA法》，1970年颁布实施）、《植物防疫法》《家畜传染病预防法》《农药取缔法》《农药管理法》等与农产品质量安全有关的法律法规。

对于日本的法律来说，《食品卫生法》是对进口食品的安全性进行检查，其对象包括所有的进口食品。《植物保护法》对植物的检验检疫，其对象包括蔬菜、水果、谷物、豆类、种子等。《家畜传染病预防法》对动物的检验检疫，其对象包括各种活动物和畜产品。

9.1.3 韩国农产品质量安全法律法规体系

对于韩国的法律来说，《食品卫生法》是食品方面的综合性法规，涉及食品、食品添加剂、包装材料、标签、食品检验、食品生产经营活动及食品卫生组织行政处罚等方面的规定。《食品公典》对农药、抗生素、合成抗菌素、激素制剂、重金属及放射性物质的残留许可限量进行了严格规定。

《水产物品质管理法》是对水产品的质量进行管理、水产品及水产加工品的检查、移植用水产品的检疫、水产品的安全性调查等。《家畜传染病预防法》是关于动物检疫的相关规定，检疫对象为牛、马、绵羊、山羊、猪、狗、鸡、火鸡、鹅、鸭、蜜蜂等动物及其产品和包装容器。

《植物防疫法》《植物防疫法施行规则》《输入植物检疫规则》是关于植

物检疫的相关规定，检疫对象为谷类、饲料、苗木、水果、蔬菜、植物性产品1000余种。

9.2 质量安全标准体系

质量安全标准是确保农产品安全水平和提高农产品质量水平的重要保障。发达国家的农产品质量标准体系较为完善，包含了农产品种类标准、农产品生产经营环节标准等。比如，农作物生产标准、畜牧饲养标准、水产养殖标准、农产品生产环境标准、绿色食品标准、农产品和食品加工储运标准、农作物生产和畜牧饲养的基本要求等。

从国际通行做法来看，质量安全标准分为强制性和非强制性两种，前者被政府部门的法律法规直接或间接采用，具有强制性，必须严格遵守，后者多由政府委托标准制定机构或行业协会制定和管理，由社会自愿采用。目前，系统性强、配套性好、指标更新及时的质量安全标准体系已经成为各国农产品质量安全控制的重要手段。

美国、日本、韩国的农产品质量安全标准制定机构如表9-2所示。

表9-2　　美国、日本、韩国农产品质量安全标准制定机构

国　家	制定标准的机构
美　国	食品药品管理局（FDA） 农业部（USDA） 环境保护局（EPA） 其他机构
日　本	厚生劳动省 农林水产省 其他机构
韩　国	卫生部的食品药品安全厅 农林部的农产物品质研究院 其他机构

9.2.1 美国质量安全标准体系

美国的农产品标准有3个层次：一是国家标准，由联邦政府农业部、卫生部和环境保护署等政府机构以及经联邦政府授权制定。二是行业标准，由民间团体制定。民间组织的标准具有很强的权威性，不仅在国内享有良好的声誉，而且在国际上被广为采用。三是农场主和贸易商制定的企业操作规范，相当于中国的企业标准。目前，美国大约有近10万个标准，约有700家机构在制定各自的标准。

对于美国制定农产品质量安全标准的机构来说，食品药品管理局（FDA）主要制定除畜、禽、蛋制品（鲜蛋仍在卫生部FDA制定）等产品以外所有的农产品质量安全标准，包括水产品标准、兽药残留限量标准、包装材料标准等，发布在《美国联邦法规》第21卷《食品与药品》。农业部（USDA）主要制定畜、禽、蛋制品的标准，发布在《美国联邦法规》第7卷《农业》和第9卷《动物和动物制品》。环境保护局（EPA）主要制定农药残留限量标准，发布在《美国联邦法规》第40卷《环境保护》。美国共制定了10493项安全标准，其中农药残留限量指标10021项、兽药残留限量指标296项、微生物限量指标138项、重金属限量指标38项。同时美国共制定了360个质量标准，其中新鲜果蔬分级标准158个，涉及新鲜果蔬、加工用果蔬和其他产品等85种农产品；加工的果蔬及其产品分级标准154个，分为罐装果蔬、冷冻果蔬、干制和脱水产品、糖类产品和其他产品五大类；乳制品分级标准17个；蛋类产品分级标准3个；畜产品分级标准10个；粮食和豆类分级标准18个。

9.2.2 日本质量安全标准体系

日本的农业标准体系也分为国家标准、行业标准和企业标准3个层次，主要分为两类：一类是安全卫生标准，包括动植物疫病、有毒有害物质残留等；另一类是质量标准，日本的农业标准数量很多，并形成了比较完善的标准体系。不仅在生鲜农产品、加工农产品、有机农产品、转基因农产品等方面制定了详细的标准和标识制度，而且在标准制定、修订、废除、产品认证、监督管理等方面也建立了完善的组织体系和制度体系，并以法律形式固定下来。

对于日本制定农产品质量安全标准的机构来说，厚生劳动省主要是组织制定农产品中农药、兽药最高残留限量标准和加工食品卫生安全标准。农林水产省主要是制定农产品品质规格标准；参与制定农药、兽药最高残留限量标准。日本针对具体农业化学品在具体食品中的残留制定的“暂定标准”有50000多项；涉及农药500余种，兽药和饲料添加剂200余种。这些标准涉及初级可食用农产品210余种（类）、限量标准50000多项；涉及加工食品50余种（类）、限量标准近200项；微生物限量指标46项。截至2005年，日本已对393种农、林、水产及食品制定了相应的等级标准，产品范围包括除酒类、药品以外的所有农林产品，包括农业、林业产品，畜产品、水产品以及以其为原料或材料制造的产品和加工品等。

9.2.3 韩国质量安全标准体系

韩国共制定了7000多项安全标准，农药残留限量指标6899项、兽药残留限量指标290多项、重金属限量指标26项。同时，韩国还制定了750多个质量规格标准。对于韩国制定农产品质量安全标准的机构来说，食品药品安全厅主要组织制定安全卫生标准，包括动植物检疫、有毒有害物质残留标准等。农产物品质研究院主要组织制定农产品质量标准和包装规格标准。

在农产品质量安全标准中，ISO 22000质量安全管理体系是国际标准化组织整合HACCP（危害分析和关键控制点）、GMP（生产质量管理规范）、SSOP（卫生标准操作程序）体系的要求组织发布的，ISO 22000质量管理体系面向食品链中所有的组织，它关注食品安全存在的风险和持续改进以及食品安全后续控制和预防，通过对可能存在危害的环节和关键点进行控制，将食品危害的可能性降低，保证消费者的安全。它是建立在HACCP计划和操作性前提方案的基础上，保证产品能够满足食品相关的法律法规和其他组织要求。它帮助食品生产公司建立一个系统框架，保证整个过程都在严格的监督和控制下运作、改进，优化资源，着重控制，确保安全。Carmen Escanciano

(2014)等通过采用问卷的形式对西班牙189个公司进行调查分析，调查显示ISO 22000标准已经在食品供应链的各级得到了应用，从田地到餐桌，其中不仅包括生产、加工、制造和最后的产品销售环节，还包括相关的分销商也使用了这一标准。通过调查显示，实施了ISO 22000标准对提高工作效率、改进内部流程和程序、提高生产效率起到非常重要的作用，通过ISO 22000标准的认证，企业增强了客户信心，并且提高了企业的竞争优势力。

9.3 质量安全认证体系

认证工作在国外一直得到高度重视，认证体制可以为市场提供 种可以信任的证明，证明带有认证标志的产品符合相关标准，提高消费者对产品的信任度。农产品认证主要有八种，如下图所示。

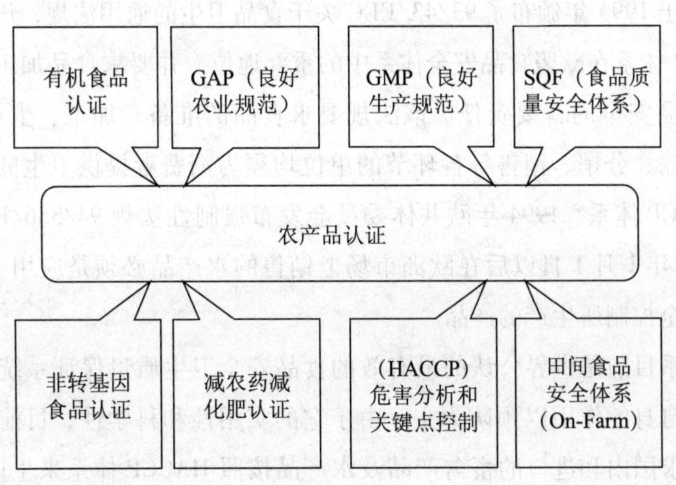

农产品认证

9.3.1 HACCP认证体系

HACCP（Hazard Analysis Critical Control Point），原意是危害分析和关键控制点。HACCP经国际食品法典委员会（CAC）确认，已从一个词组的缩写演变成为一个单词术语进而成为一个体系。

HACCP 的概念起源于 20 世纪 60 年代的美国，主要是为了开发太空食品。传统的成品批批检验方法不仅成本大，而且不能保证食品的安全。基于这种认识，逐步推出了 HACCP 原理。

1973 年美国 FDA 将 HACCP 原理应用于低酸性罐头食品生产中（21 CFR part 113 - 114），这是 HACCP 体系作为法规最早成功地应用在食品生产中，1985 年美国国家科学院（NAS）认为传统的成品微生物检验是被动反应，在预防食品微生物危害上存在严重缺陷，并正式向政府推荐 HACCP 体系，因此于 1987 年成立了国家食品微生物标准咨询委员会（NACMCF）。NACMCF 于 1992 年把 HACCP 原理从 3 条增加到 7 条，从纯粹技术范围扩大到包括管理范畴。1997 年联合国食品法典委员会（CAC）发布了"HACCP 体系及其应用指南"。CAC 指南的发布，使 HACCP 真正成为国际性的食品安全管理体系标准。

欧盟于 1993 年颁布了 93/43/EEC 关于食品卫生的通用法规，该指令确定了 HACCP 体系在欧盟食品安全体系中的重要地位，并要求食品加工企业承担起保障食品安全的首要责任。该法规要求食品的准备、加工、生产、包装、储存、运输、分销、销售等各环节的单位均须为消费者提供卫生的食品，并建立 HACCP 体系。1994 年欧共体委员会发布强制性法规 94/356/EEC 指令，要求 1995 年 1 月 1 日以后在欧洲市场上销售的水产品必须是应用 HACCP 体系实施安全控制所生产的产品。

该体系目前是世界公认的最有效的食品安全卫生质量保证系统。HACCP 强调企业自身的作用以预防为主。由于它的实用性和科学性，目前许多发达国家都要求国内和进口的畜禽产品及水产品按照 HACCP 体系来生产、加工，企业必须要进行 HACCP 体系认证。

9.3.2 有机食品（Organic Food）认证

有机产品认证是指有机农业生产、有机食品加工过程中不采用基因工程获得的生物及其产物，不使用化学合成的肥料、农药、生长调节剂和饲料添加剂等物质，使其产品具有无污染、安全、优质的特点。通俗地讲，有机农

产品就是通过有机农业生产体系生产出来，并严格控制种植、养殖、采收、清洗、包装、储藏和运输过程，是一套针对初级农产品生产的操作规范，它坚持禁用农用化学品和药品，保障初级农产品安全，同时实现环境保护、可持续发展等目标。该标准可同时涉及农作物种植、畜禽养殖、水产养殖、畜禽公路运输等各个领域。

1. 美国有机食品认证

美国有机食品认证始于20世纪70年代，但由于各地标准不一致，曾引起过一些市场问题。1990年美国国会通过《联邦有机食品生产法案》，要求美国农业部制定全国通用的有机农产品生产标准和规范，所有标示为“有机食品”的产品必须来自通过认证的农场或加工厂。据此条例，启动了由美国农业部来执行的“国家有机食品计划”，并成立了由美国农业部市场服务局归口管理的国家有机农业标准委员会。经过十多年的起草、征求意见和试行，美国有机食品生产标准于2002年10月正式颁布实施。标准规定了实行3年有机生产的转化期，申请者向认证机构递交有机食品生产计划，认证机构定期检查农场的生产过程和生产档案以及对生产环境的定期检测等诸多内容。

美国有机食品认证主要集中于生产中使用的方法和材料。其认证中的要求包括：生产中运用的材料和方法必须符合有机农业标准；生产中运用的材料和方法必须有清楚、连续的记录；每个产品必须有相应产地的文字记录。认证操作程序包括6个步骤：①申请认证并提交；②初审；③现场检查；④综合评审；⑤颁证；⑥年度检查。

2. 日本有机食品认证

日本有机农产品认证的方法科学并且规范，认证中对生产过程的各个细节极其关注，从而切实地保障了有机农产品的质量。日本对有机农产品的认证始于2000年，监测内容包括对生产方法和加工方法的监测。官方的认证机构是日本有机和自然食品协会。日本农林水产省（农产省）负责制定并公告相关法规、认证程序、技术标准、管理体系等。该机构对中国的中药材种植生产及运输全过程进行监管并在产品上贴上标识。

日本有机农产品认证方法区分为法规、技术标准、认证检查方法和企业操作指南等部分，简洁规范、科学严谨、技术要求明确，系统性、规范性、可操作性强，方便企业参照执行和进行认证准备工作。技术标准不仅日本有机农产品制定，我国相关法规中亦作为重要文件配套，它是法规的诠释和技术要求，对保证企业正确理解和实施 GAP 不可或缺。此外，日本有机农产品将实施有机农产品管理所需要编制的各种基本管理规程及实施记录一一陈述，甚至一一列举记录中必要的组成元素，既方便组织建立规范化的有机农产品管理体系，也方便了内、外审计人员的检查和审计。

3. **德国有机食品认证**

德国的有机农业检测一般通过私营机构进行，政府的主要作用是对各类检测机构进行审批和管理，检测机构通过独立质检和检测，把检测结果以检测报告的方式提交。监测机构按照欧盟有机农业的标准对有机农业企业进行检查，监测机构与有机农场主或有关企业实行双向选择，然后签订检查合同，每年至少检查一次。监测机构的检查主要是过程检查，对产品也可进行抽样检查，主要检查企业的生产规模、仓储条件、原料进货渠道、畜禽饲养条件、企业的生产档案记录等。有机农产品销售必须在包装上标明监测机构的代码，对不符合有机生产标准的产品，不允许作为有机产品销售。

从 2003 年 4 月 1 日开始，德国政府的“进口和市场许可管理办公室(BLE)”实施管理从国外进口的有机食品，如果国外的有机食品要进入德国，须由德国的进口商向德国的 BLE 申请进口许可证。目前德国以外的认证机构认证的有机食品进入德国，可通过两个途径：一是国外认证机构与德国的认证机构签订互认协议；二是通过国家认可，认可的前提是该国家不但要有有机食品法规，且该法规必须与欧盟有机法规等同。

9.3.3 GAP 认证体系

GAP 是良好农业规范（Good Agriculture Practice）的简称，下面分别对 EUREPGAP 和 USAGAP 的相关内容进行介绍。

1. **EUREPGAP 认证**

EUREPGAP（一个以欧售商为主的认证计划）的标准由其技术委员会

（Technical and Standards Committees，TSC）制定，该委员会过去由零售商主导，现在则由零售商代表和种植者代表组成，还有一些来自农产品的投入与服务行业的准会员（主要是农用化学品的供应商、认证组织及咨询公司）。

EUREPGAP 标准分为综合农场保证（IFA）、综合水产养殖保证（IAA）、花卉、咖啡四类技术规范，其中综合农场保证包括农场基础模块、作物基础模块、大田作物、果蔬、畜禽基础、牛羊、奶牛、生猪、家禽、畜禽运输 10 个模块（2005 年第 2 版）。每类技术规范包括相应的通则（General Regulations）、控制点与符合性规范（CPCC）和检查表（Checklist）3 个部分。其中，通则规定了执行标准的总原则，检查表规定了认证机构对企业进行外部检查的依据，也是农户对企业每年进行内审的依据。EUREPGAP 标准采用危害分析方法，确定良好农业规范的控制点和符合性规范，针对食品安全、环境保护、工人福利以及动物福利 4 个方面提出综合性要求。

2. USAGAP（美国良好农业认证体系）认证

USAGAP 认证是按照《关于降低新鲜水果与蔬菜微生物危害的企业指南》来执行的，具有八项原则和八项内容。

USAGAP 八项原则：①对鲜农产品的微生物污染，其预防措施优于污染发生后采取的纠偏措施（即防范优于纠偏）；②种植、包装或运输者应在他们各自控制范围内采用良好农业规范；③新鲜农产品在沿着农场到餐桌食品链中的任何一点，都有可能受到生物污染，主要控制人类活动或动物粪便的生物污染；④应减少来自水的微生物污染；⑤农家肥应认真处理以降低对新鲜农产品的潜在污染；⑥在生产、采收、包装和运输中，应控制工人的个人卫生和操作卫生，以降低微生物潜在污染；⑦良好农业规范应建立在遵守所有法律法规和标准基础上；⑧应明确农产品生产、储运、销售各环节的责任，并配备有资格的人员，实施有效的监控，以确保食品安全计划所有要素的正常运转。

USAGAP 八项主要内容：对水（包括农业用水和加工用水）、肥料、工人健康和卫生、田间卫生、卫生设施、包装设备、运输和追溯性的要求。除对可追溯性要求外，其他每个要求都分为微生物危害分析和控制潜在危害两个方面。

USAGAP 认证审核是依据检查表，采取打分的方法，每部分获得的分值达到该部分总分的70%以上可以获得通过。通用问题（14 个控制点）共 175 分。第一部分：农场检查（18 个控制点）共 150 分；第二部分：收获和田间包装（12 个控制点）共 90 分；第三部分：室内包装设施检查（27 个控制点）共 210 分；第四部分：储存和运输（15 个控制点）共 115 分；第五部分：追溯（9 个控制点）共 100 分；第六部分：批发中心和零售商店（44 个控制点）共 355 分；第六部分 A：追溯（5 个控制点）共 60 分；第七部分：食品安全程序（19 个控制点）共 180 分。其中不论申请范围如何，通用问题都必须检查，其他的可以仅检查相关的模块。

同样，相关学者也对质量认证进行了相关的研究，Maki Hatanaka（2007）认为随着食品安全和农产品质量的发展，治理农产品系统由主要依赖传统的政府治理变成了更多地采用第三方认证（TPC）的方式，Maki Hatanaka 重点研究了 3 个关键的利益相关群体的作用和影响：连锁超市、生产商以及非政府组织。通过研究得出了超市对调节规制全球农产品系统的力量在不断地变大，TPC 在确保产品的质量和安全中起到了重要的作用。H. M. Lupin、M. A. Parin、A. Zugarramurdi（2010）通过以鱼类加工工厂为研究对象，对位于拉丁美洲的 3 个鱼类加工厂进行了研究，并对使用 HACCP 前后的质量成本分析，调查结果显示，通过实施 HACCP 减少了故障成本，提高了产品的质量，同时也使工厂更有效地进行生产计划和控制。Joanna Trafialek、Wojciech Kolanowski（2014）认为将潜在失效模式与后果分析（FMEA）应用到 HACCP 体系，FMEA 与 HACCP 体系结合可以更好地保障食品的安全。

9.4 技术支撑体系

如今世界上很多发达国家如美国、加拿大、日本、澳大利亚等都非常重视科学技术在农产品生产安全中的作用，下面分别对产地环境的调控技术、生产投入的无公害技术、先进的耕作技术、不断进步的检测技术进行介绍。

1. 产地环境的调控技术

农产品生产的形成是自然再生产与经济再生产相交织的过程，这就决定了农产品外部生产环境中的大气、水、土壤等因素对农产品质量有很大影响，产地环境建设是保证农产品质量安全首先要考虑的问题。一直以来，发达国家依赖经济和技术实力的比较优势，对农产品生产制定了严格的技术标准，而且近年来其对农产品环境方面的要求越来越高，甚至于苛刻。以欧盟进口的肉类产品为例，不但要求检验农药的残留量，还要求检验出口国生产厂家的卫生条件，此举让一般的发展中国家望尘莫及。

针对传统集约型农业生产中的农业生态环境恶化等状况，发达国家下大力气发展精准化管理的无公害农业，将 GIS、GPS 和计算机自动控制系统有机结合，对农产品生产过程产地环境中的耕地质量和耕作方式、农灌水、畜禽、渔业养殖水域、农区空气等受污染状况，以及城市垃圾、工业废弃物污染等环节进行精准管理，特别是对灌溉用水开展水环境综合治理行动，将其质量控制在标准范围内。在现代化温室中，更是根据作物对光、温、水、气、养分等环境因子的要求，建立计算机模拟模型，用计算机自动控制系统进行监测和全程自动控制，提高了农产品生产的科技含量。

2. 生产投入的无公害技术

目前，世界各国已经认识到过度依赖种子、肥料、化肥、农药等常规投入物对资源、环境、人体健康等会造成潜伏性、累计性、扩散性的影响，而且已经开始重视安全农产品技术（优良新品种和高效、低毒、低残留投入品等）的研究。如美国为了防止农产品的污染和各种病毒，对种子的培育、纯度检测、播种技术的使用等都制定了严格的技术标准：除了能够提供给养外，富含大量有益微生物的有机—无机复混肥料和缓释肥料也正受到国内外的普遍重视；以现代微生物发酵工程技术为基础的生物农药生产技术以其对环境更加安全而受到重视，其中，苏云芽孢杆菌（Bt）杀虫剂的年产值已经超过 10 亿美元；研究开发的饲料生产、添加剂质量和畜禽养殖等的全程控制技术，实现了饲料生产环保化、添加剂产品生物化、畜产品健康化。与此同时，为了解决大量使用化学农药来防治农作物病虫害和杂草所造成的污染，世界各国积极推广病虫害综合防治技术和生物防治技术。美国从20世纪70年代起，就开展了农作物病虫害综合防治的研究工作，现在其大部分农作物，包括小麦、玉米、水稻、大豆、蔬菜等，都先后使用了综合防治措施，实现生态、经济和社会效益的最大化，农产品的质量也显著提高。

3. 先进的耕作技术

免耕农业是国际上普遍使用的保护性耕作制度，其主要目的是为了防止土壤侵蚀，因此相应的免耕技术也应运而生。由于免耕技术可以用作物残留物来减少土壤侵蚀，降低水对土壤生产力的影响，有助于提高农产品质量并缩小生产成本，因此，各国采用免耕技术的面积不断上升。以美国为例，1963年该国使用免耕技术的面积只占1%，1993年增加到35%，2000年又上升到42%，该项技术措施主要在玉米、大豆以及小品种作物上得到了推广应用。另外，无土栽培技术也是当今美国技术应用的一个显著特点。采用无土栽培的蔬菜极少发生病虫害，即使发生，也相对容易防治。而且经过无土栽培的蔬菜，具有污染少、品质好、安全性强等特点，更受消费者欢迎。无土栽培蔬菜的面积在美国不断扩大，据统计，2000年栽培面积约为30000亩，目前该项技术主要使用在番茄、黄瓜等蔬菜品种上。

4. 不断进步的检测技术

先进生产技术的使用并不意味着只要使用了新技术就一定会得到好的效果。所以为了彻底提高农产品的质量，国际上对其产前、产中和产后进行全程检测：产前主要是对生态环境——产地环境中的水、土、空气及工业污染等的安全进行检测；产中则主要对肥料、各种生长激素和调节剂、种子、饲料、农药等农业投入品的质量安全进行检测；产后主要对各种农产品是否能够进入市场进行检测，其检测对象为植物、畜禽、水产品及其制品、转基因产品等。比如，在创建无公害农产品监测检验体系时，韩国把生产过程质量监测检验体系建设作为重点，抓好生产环节中的标准化生产，规范使用农药、兽药、鱼药、肥料、饲料和添加剂，积极推行良好农业规范，切实在源头上把住产品的质量安全关。由于高新技术在农业上的应用，对于农产品质量的检测能力不断提高，其灵敏度也越来越高，残留物的超痕量分析水平已达到

0.0000001g，环境检测周期大大缩短；高效分离手段、各种化学和生物选择性传感器的使用，使在复杂混合体中直接进行污染物选择性测定成为可能，这些高技术化、智能化和高速化的检测技术的使用，对于提高农产品的质量安全起到了举足轻重的作用。

9.5 检测检验体系

9.5.1 美国检测检验体系

美国的检测机构体系大体可以分为两大类，即政府实验室和私人检验公司。联邦政府实验室的数量少、从业人员少，但人员素质高、装备精良。实验室的布点均在经济发达地区的中心城市，人员享受公务员待遇。政府实验室只从事实验室管理和检验，检验样品由分布在全国各地办事处的检验人员抽取，实验室只承担本系统管辖产品的检验，不承担本系统外产品的检验。

美国各行政部门管辖的检测机构分工也很明确，形成了一个比较完善的分品种专业性农产品检验检测体系。食品安全检验局的检测机构管理国内和进口的肉、禽和相关产品的质量安全；联邦谷物检验服务局的检测机构对流通中的小麦、黑麦等进行检测和分级；农业部农业市场局的新鲜产品部的检测机构对新鲜水果、蔬菜及其他特殊商品进行官方检验、分级和认证服务；美国商务部国家海洋和大气局下属的国家海洋渔业局（处）负责对内销及出口鱼类、鱼产品进行质量安全检测、分级和认证；FDA 直属食品安全与应用营养中心下辖的海洋食品办公室负责国外海产品的进口和国内州际间的水产品贸易的检测。美国的农产品检测体系具有按法制化管理；以农业部门为主，并按品种管理；检测机构分布合理，层次分明；充分利用社会资源，开展有效的实验室认可；农产品检测注重开展风险分析；检测机构实验室实施网络一体化管理的特点。

9.5.2 欧盟检测检验体系

欧盟的农产品质量安全监测检验体系由欧盟各国各自的体系构成，欧盟各国根据欧盟的法律法规及本国的相关法律法规制定相关的标准构建各自的农产品质量安全监测检验体系，对农产品实行严格的市场准入和监管。欧盟各国都有官方指定的对农产品质量安全监测检验机构，这些机构的权威性要大于私人志愿机构，起到了根本性作用。这些官方或官方认可的机构由于受到国家的支持而拥有先进的技术和监测检验手段，围绕 HACCP 系统监测农产品质量可能发生危害的任何环节。

欧盟质检机构包括欧盟参照实验室、成员国参照实验室、官方认可实验室。欧盟参照实验室负责为各成员国参照实验室提供详细的分析或诊断方法，包括参照方法的调整和协调使用（如组织比对试验等），为成员国参照实验室人员提供培训，使其紧跟专业领域的研究进展，根据分析或诊断新方法调整具体实验安排。成员国参照实验室负责建立欧盟范围内日常检测程序和可信的检查方法，来检测饲料与食品以及动物健康方面的安全。官方认可实验室主要由中央主管部门授权，来负责法律执行中抽检样品的分析，如饲料或食品中化学分析或微生物检测，官方认可实验室也涉及一些动物健康方面的诊断分析。

9.5.3 日本检测检验体系

在日本，农林水产省是负责农产品质量安全监测的最高职能部门，按照中央政府的相关政策和要求组织构建农产品质量安全监测检验机构，对农产品质量安全进行监测、鉴定和评估。所有关于农产品质量安全监测检验的请求首先汇总到各级政府，然后各级政府委托农林水产省相关农产品质量安全监测检验机构进行监测检验。农林水产省农产品质量安全监测的部门主要包括独立行政法人农林水产消费技术服务中心和各级地方农业机构。

日本农林水产省消费技术服务中心设有 7 个分中心，负责全国 47 个都道府县的农产品质量安全调查分析，受理消费者投诉和办理 JAS 认证及认证产品的监督管理。地方农业服务机构与该机构保持紧密联系，收集有关情报并接受监督指导。厚生劳动省在全国 13 个口岸设有检验所，负责对进口农产品进行检验；农产品进入市场后，由厚生劳动省所属的市场卫生检查所进行执

法抽查并予以公布。此外，还有农林水产省的JAS认证产品符合性检查和生产者（农协）、销售者（批发市场）的自我检查，形成了从农田到餐桌多层面的农产品质量安全检测监督体系。

9.6 信息化管理体系

美、日、欧等国家和地区的食品安全信息化管理体系、食品安全信息化管理体系应包含以下内容：①对农产品建立信息可追溯系统；②以信息透明原则为指导，建立以食品安全信息公开体系和食品标签管理体系为基础的食品安全信用体系；③整合决策支持的信息资源，建立食品安全专家咨询机构和完善的数据库系统。

9.6.1 信息可追溯系统

在农产品质量安全中实行可追溯，旨在作为农产品质量安全管理的措施，帮助识别农产品的身份、流通环节和来源，按照从原料生产至成品最终消费过程中各个环节所必须记载的信息，确认和跟踪食品生产链中相关产品的来源和去向，在发生食品安全问题时，迅速锁定问题所在的环节，切断源头，回收未消费的食品，有效消除危害和减少损失。其主要作用主要体现在以下三点：①一旦发现危害健康问题时，可迅速追溯到问题发生的源头；②查到问题发生的环节时，可以迅速、全面地回收未消费的食品；③对危害环境和人类与动物健康的无意识的、长期的影响进行识别和监测。

由于近年来疯牛病和禽流感等所带来的严重的食品安全危机，美欧等国家和地区对牛肉、其他肉禽类产品和转基因生物等分别建立了可追溯系统，在追溯系统的标准化上，由国际物品编码协会（EAN）和美国统一代码委员会（UCC）推出的EAN·UCC系统，是目前使用最多的食品跟踪和追溯系统，被广泛应用于食品与饮料、肉制品和鱼制品等的追溯系统。EAN·UCC系统主要包括3个部分的内容：编码系统、数据载体（如条码）和数据交换（如电子数据交换EDI）。通过EAN·UCC系统就可以对食品供应链的每一个环节进行有效的标识，建立起对各环节信息的管理、传递和交换，实现对食品有效的跟踪和追溯。

以联合国欧洲经济委员会（UN/ECE）正式推荐使用的牛肉制品可追溯系统（Traceability of Beef）为例，可追溯系统信息的采集和记录主要分为三个阶段：①活畜阶段：在动物出生一定时期内，在它的耳朵上会被标上一个阿拉伯数字作为它的永久记号（注册号），这个记号还会伴随一个附信（身份证），内容包括出生日期、出生地、性别及饲养者等，这些信息还会被记录到养殖场的登记簿上。养殖场还要记录有关牛转入、转出和死亡的信息。②屠宰阶段：屠宰场是牛肉供应链中首先开始使用EAN·UCC系统的场所。标签在原有记录的基础上增加了有关屠宰的信息，如屠宰国家（地区）、屠宰场标准号码、牛肉重量等。这些内容也会被记录并输入电脑，还要记录流向情况。③屠宰后阶段：在动物被切割成块肉后，块肉上会系有一个标签，记录包括加工国家（地区）、加工厂标准编号和牛肉重量等，还要记录流向情况。在销售时，块肉上就被贴上标有包括来源地在内的上述所有信息的标签出售。

9.6.2 农产品安全信用体系

在保证农产品信息化管理过程中，农产品安全信用体系建设也是一个非常重要的方面。

食品安全信用体系主要包括两个方面的内容：首先，建立有效的食品安全信息公开系统，通过定时发布食品市场检测等信息，及时通报不合格食品的召回信息，通过互联网或其他媒体发布管理机构的议案，建立和发布食品企业的信用记录等，既可以指导公众的健康消费，避免由于信息的散乱和误导甚至欺诈引起社会的消费恐慌，使食品安全信息的公开和通报成为公众食品安全消费指南，同时又可以达到鼓励信誉良好企业的发展，鞭策不良企业行为，促进企业自律的作用，使食品企业加强生产活动的科学管理，提高食品安全监管的自觉性。其次，建立起一套完善的食品包装标识体系。食品包装标识体系既是食品可追溯体系的一部分，同时又是食品安全信用体系的一部分。通过食品包装标识体系，使消费者能够通过食品包装，便捷地了解有

关食品的信息，来选择安全健康的食品。从而通过信息的公开达到引导公众消费行为的目的，最终建立食品安全信用体系。

欧盟为了增强食品安全工作的透明度，将食品安全管理局实施的环境风险评估、人类与动物健康安全风险评估结果以及其他的一些科学建议向公众公布，管理委员会举行的会议也允许公众参加，并邀请消费者代表或其他感兴趣的组织来观察管理局的一些活动，使公众可以广泛获取该局掌握的文件和信息。

在食品标签管理方面，食品包装标识必须使消费者了解到该食品的本性、特点、成分、来源、制造方法和工艺、保质期等，不能有误导的内容或无中生有、似是而非等欺骗消费者的内容。在食品成分标识上面，要求用于制成食品的所有成分都必须加以标识，并要求列出过敏成分以供消费者参考。再比如针对转基因食品，要求所有含有转基因生物或源于转基因生物的食品及饲料均要求进行标识，而不管最终产品中是否含有转基因 DNA 或蛋白质。

而牛肉标识的引入则是由于席卷欧洲的疯牛病危机。要求欧盟各国从 2002 年 1 月 1 日开始实施新的牛肉标识方法，新增加了出生地、培育地、屠宰地和分割地等精确信息的标识。

9.6.3 专家咨询决策体系

国外许多国家尝试开发各种专家系统来辅助和替代管理决策和生产指导等工作。如在农药安全使用方面开发的 IERBASYS 系统，能指导除草剂的最佳使用量和评估其对环境的影响等。

美、日、欧等国家和地区的食品安全管理部门对于在食品安全管理工作中引入专家参与机制方面有着丰富的经验和良好的记录。如日本的食品安全委员会作为内阁的一个办公室直接向首相报告，独立履行风险评估职能。政府部门在制定管理条例和实施监管职能过程中，充分利用专家力量，让专家参与食品安全监管工作，政府部门通过定期或不定期向各方面的如食品科学、公众健康等领域的专家进行咨询，来保证决策和管理工作的科学性。如美国的食品检验机构包含了大量食品工艺、微生物、营养、卫生等方面的专家，日本的食品安全管理咨询机构食品安全委员会也是由包括医科大学教授在内的各方面专家组成的。

近年来，随着农产品供求的基本平衡、人民生活水平的日益提高和农产品国际贸易的快速发展，农产品质量安全问题日益突出，且已成为农业发展新阶段亟待解决的主要矛盾之一。本章分析了发达国家建立的农产品供应链质量安全管理体系，与发达国家相比，我国在农产品质量安全方面还存在着一定的差距，截至2007年年底，我国已建成国家级（部级）农产品质量安全检测中心323个，省级、地级和县级农产品检测机构1780个。但是，由于起步晚、底子薄，大多数农产品质量检测机构普遍存在机构设置不合理、工作经费不足、检测能力低和能力验证不规范等方面的问题。美国、加拿大、英国和韩国等国家在农产品质量安全检测体系建设方面具有许多先进的经验，可对进一步建设和完善我国的农产品质量安全检验检测体系起到有益的启示和借鉴作用，发达国家在质量认证体系、技术支撑体系、信息化管理体系取得的成就同样可以为我国所用。

10 农产品供应链质量安全风险控制对策

我国农业人口众多，农产品生产分散，规模化程度低，流通环节多，这些特点给我国农产品质量安全带来了诸多问题。为了更好地对我国农产品供应链质量安全进行控制，既需要供应链中各个环节主体间的相互合作，也需要政府监管的介入。因此，本章将从供应链主体和政府两个层面来提出我国农产品供应链质量安全风险控制的对策。

10.1 加强农产品供应链各主体质量安全风险控制

农产品质量安全的控制涉及农产品供应链链条上的各个环节，因此，农产品质量安全体系的构建需要各主体共同配合。

10.1.1 农产品种植过程质量安全风险控制

建立与完善农产品供应链质量安全风险控制模式。农产品供应链质量安全风险控制模式是指通过一定的技术手段、方式、方法及管理制度，对农产品供应链从源头到消费的各环节实施系列方案的集合，其目的在于消除农产品链各环节的潜在危害，防范农产品安全风险或降低风险程度。影响农产品安全风险的因素主要体现在源头供应、农产品加工、农产品物流及分销、餐饮四个环节，每个环节都存在多个导致农产品风险发生的危害源。

农产品种植环节风险控制策略包括以下内容。

1. 优化农产品供应组织模式

一些成功的农产品供应链管理实践经验表明，通过管理农产品供应商来取代对农户的直接管理，可有效地控制源头供应风险，也就是说，供应源头采取“农产品供应商+农户基地”的组织模式。这里的“农产品供应商”可以是农产品加工企业或农民协会联盟组织，或者是农产品经销商、代理商，其职责包括：负责种子、农药化肥等生产要素的品质保证及采购渠道，负责或委托专业机构按照良好农业规范（GAP）要求，实行统一的农业生产技术和过程管理，建立农作物生产档案制度，统一检测监控、统一收购加工。

2. 通过技术投入提升源头风险控制能力

通过对例如土壤改良剂的研发、产地环境监测技术及手段、科学的种植技术、现代化的设施及设备等科技创新项目的投入，可有效提高农产品种植环节风险控制能力。

3. 严格实施规范的过程管理

对农产品种植过程实施科学的、规范的管理的最佳途径是推行GAP。根据联合国粮农组织（FAO）的定义，GAP是指应用现有知识来处理农场生产及生产过程中的环境、经济和社会可持续问题，从而获得安全、健康的食物和非食用农产品，对农产品的种植、采收、清洗、摆放、包装和运输等过程进行综合管理和微生物危害控制，因此，可从根本上解决农产品源头的污染问题。

4. 加强农业生产者的教育培训

对农户开展农业生产技术培训，提高农业生产者和管理者的技术水平，养成良好的农业生产习惯；另外，还要加强对农业生产者的农产品安全意识教育和社会责任道德教育，减少人为因素产生的农产品安全危害。

10.1.2 农产品养殖过程质量安全风险控制

1. 源头质量安全风险防范

仔畜禽或种苗品种选择要适合当地实际，生产性能好、经济效益高的，

不要选择已淘汰或经济效益不明显的品种。

饲料是发展养殖业的物质基础，是极其宝贵的资源。养殖业需要大量的粮食特别是玉米作为饲料。若遇粮食特别是玉米减产，养殖业则发展艰难。近年来，我国耗粮性动物养殖发展很快，节粮性草食动物养殖发展缓慢，养殖业发展与资源不相适应的情形越来越明显。在养殖业发达地区，耗粮性动物养殖饲料玉米紧缺，价格攀升；节粮性草食动物养殖饲草货源太远，运费高昂。在养殖业欠发达地区，年复一年，有大量优质野生牧草和宜牧农作物秸秆资源被荒废和浪费。

（1）调整饲料用粮比例和数量。养殖业应加大小麦等粮食在配合饲料中的比例，减少玉米用量，缓解玉米饲料紧缺的压力。

（2）开发利用优质野生牧草。大力发展草食节粮性动物，实行舍饲养殖，刈割牧草养殖，晒制青干草养殖，实行草畜配套。

（3）搞好秸秆的加工调制利用。大力推广和利用宜牧农作物秸秆粉碎、切短、揉制、碱化、氨化、青贮等加工调制实用技术，加大秸秆用量，提高秸秆消化利用率，消除因秸秆焚烧所造成的环境污染。

（4）发展人工种植优质牧草。发展紫花苜蓿、聚合草、黑麦草等人工种植优质牧草，实行豆科牧草与禾本科牧草混播，提高单位面积牧草产量，兴草种草，开发草产业，增加收入。

（5）采用低成本法发展养殖业。根据饲养标准，在耗粮性动物饲料中添加一定比例和数量的人工牧草以及树叶、野菜类青饲料等，降低养殖生产成本，增强动物体质，减少发病率，提高养殖业经济效益。

（6）发展饲料用甜玉米种植。在水肥条件优越、气候适宜的地区，积极推广饲料用甜玉米种植，以解决饲料玉米紧缺的问题，确保养殖业增产增收。

2. 疫情风险防范

强制实行畜禽粪便及水产去污化处理，对于不符合一定养殖规模和环保要求的农户，通过实行“离牧补助”等形式解决畜产品生产的环境问题。养殖场的规模扩大可以降低单位产品的生产成本以获得规模经济，但规模过大容易造成家畜粪便污染，并且在技术水平一定的情况下可能造成边际成本的增加，从而减少盈利。因此，要改变盲目追求数量增长做法，推进适度规模经营。

动物防疫工作关系到现代养殖业的健康发展和公共卫生安全，是工作的高压线。

一是认真贯彻执行畜牧业法律法规。养殖业必须认真贯彻执行《中华人民共和国动物防疫法》《中华人民共和国畜牧法》等畜牧业法律法规，按照中央提出的“预防为主，关口前移”的要求，要从源头上着手抓起，积极推行健康养殖方式，加强饲料、兽药等农资管理，把好养殖产品质量安全关，从产前、产中、产后各个环节严密防控重大动物疫情。

二是全面推广和使用科学养殖新技术。如选养动物良种，实行自繁自养，扩大良种覆盖面，建立无特定病原畜群。采用动物同期发情配种；对哺乳期幼龄动物实行早期断奶；对育肥动物实行快速育肥和适时出栏等。

三是坚持以养为主，养重于防，防重于治，养防治相结合。创造适宜的动物生长环境，加强科学饲养管理，搞好定期消毒和驱虫，严格实行程序免疫，扎实做好以高致病性禽流感、牲畜口蹄疫、猪瘟、高致病性猪蓝耳病为主的重大动物疫病强制免疫工作，切实做到应免尽免、不留空当，确保不发生大的动物疫情，降低养殖费用（饲料费、种苗费、消毒费、防疫费、治疗费等）。

四是加强动物尸体管理。对不明原因死亡的动物尸体，必须进行全面消毒，实行无害化处理。严禁宰杀、运输、销售、食用不明原因死亡的动物。

五是严把动物防疫检疫关口。养殖业单位和个人，必须具备养殖条件，遵纪守法，遵守防疫检疫制度，服从畜牧兽医行政主管部门的管理，实行养殖安全生产。畜牧兽医卫生监管部门必须履行职责，依法查处防疫检疫违法案件，维护国家畜牧业法律法规的尊严。

六是采取综合防控措施。对动物粪便进行生物发酵处理；加强动物疫病监测和应急处置。强化县、乡、村三级监测网络，进一步建好全县村级防疫队伍，加强人员管理和在岗培训。加强流行病学调查数据分析和预警预报，准确掌握和判断疫情形势，严格疫情报告制度。强化应急防控工作，加强应

急队伍建设和应急物资储备，提高应急反应能力，果断处置突发疫情，努力把动物疫病可能造成的损失降到最低点；运用法律、行政、技术和经济手段，采取养、防、检、监、查、封、隔、杀、消等综合防控措施，确保重大动物疫病防控扎实可靠。

3. 养殖技术风险防范

一方面是政府和业务主管部门、协会、有关畜牧业生产单位、大专院校等有条件的相关单位，有计划地组织各种不同层面、不同内容、不同形式的养殖实用技术传授，举行定期或不定期的培训。另一方面是养殖户本人要主动学习，要有学习专业知识的信心和决心。学习方式可以多样化，系统学习养殖基础知识；查阅有关书刊、上网查阅有关实用技术知识和信息，了解新的知识、新的科研成果，解决生产实际中的问题；向有经验、有技术的人员学习请教；在生产实践中善于总结经验，发现问题，边做边学。虚心学习，持之以恒，努力提高自身素质，减少从事养殖的盲目性，从而减少养殖风险，提高效益。养殖者在养殖场内部管理方面，要依靠科学技术，科学管理。养殖场建设应符合畜禽生产要求，通风、饮水、消毒、生产、防暑降温等方面要综合考虑。

10.1.3 农产品加工过程质量安全风险控制

农产品加工企业的发展不仅事关我国农民增收、农业发展和农村稳定，而且事关我国工业化、城镇化和现代化的进程，是一个事关国家整体经济发展和社会稳定全局的大事。

1. 加强农产品加工企业的质量管理

农产品是供人们日常生活饮食的产品，产品的安全性和质量与消费者的身心健康紧密相关，所以在农产品的生产过程中，企业各部门要加强其安全性生产和质量检测环节，保证加工后的农产品高品质、高质量，满足现代社会人们健康安全饮食的需要。而学术界需要在这方面开展研究，研究建立农产品加工企业标准化生产、农产品加工质量标准检验检测体系，确保农产品质量和安全。

2. **加强科学管理，提高企业的经营水平**

目前，在我国大多数农产品加工企业中，管理水平低下，已成为农产品加工企业进一步发展的制约因素。只有切实加强企业科学管理，才能把企业机制改革的活力和技术进步的效力充分地发挥出来。努力实现由传统管理向现代管理的跨越，把先进技术和科学管理有机结合起来，提高农产品加工企业的管理水平，是提高农产品加工企业整体素质的重要手段，也是适应市场经济社会化大生产的客观需要。

3. **激发人才潜力进行管理模式创新**

充分发挥人才潜力，就需要做到选好人、用对人。选好人、用对人就需要严格遵循以德为主、德才兼备、任人唯贤的选人用人标准，同时又需要勇于创新，大胆起用新人，从而为企业选配最好的管理者，以此来带领企业在激烈的竞争中取得胜利。同时，也要注意一套科学合理、奖罚分明的考核激励制度是激发员工能动性的重要法宝。因此，建立一套科学合理选人、用人的制度及一套合理的绩效考核机制，是强化农产品加工企业内部管理的必要手段。

目前，我国农产品加工企业的管理模式主要以家族式为主，而家族式、家庭式管理模式的重要特征就是任人唯亲。然而，要实现管理方式专业化、科学化，就需要任人唯贤，大力引进杰出的人才。显然，我国农产品加工企业不能满足这个要求。这就要求管理者更新观念，打破旧的人才管理模式，坚持任人唯贤的原则。首先，要实行新型经营模式，实现企业经营权与所有权分离，充分调动企业员工的工作积极性，增强企业竞争力；其次，要引入人才竞争机制，聘用具有现代企业管理知识的人。因此，只有坚持科学的选人用人标准，广纳贤才，选好人、用好人、留住人，才能打破家族式的管理模式，才能充分调动人才的积极创造性，不断提高工作效率，以促进农产品加工企业的快速持续健康发展。

4. **制定营销策略，实施名牌战略**

随着我国市场经济的深入发展，市场竞争日趋激烈。谁拥有名牌，谁就能占领比较多的市场份额，获得更多的利益。所谓名牌，是指社会公众通过

对产品的品质和价值认知而确定的著名品牌。名牌是著名的，是品牌中优秀性、超前性、领导性的体现。企业要搞好市场营销，促进名牌形成。营销策略是农产品加工企业品牌建设的重要支柱。所以发展名牌，有利于增加企业收益、增强企业竞争能力、推动企业向前发展。

10.1.4 农产品物流过程质量安全风险控制

农产品运输商要发挥自身的作用，促成安全对接。农产品生产出来，需要运输企业把农产品从链条的上一层传递到下一层，连接着生产者和消费者，如果配送环节出现问题，很容易导致农产品质量安全问题的发生，因此，运输商对于保障农产品质量安全起着关键性的作用。

1. 严格监管农产品配送过程中的质量安全

由于农产品的鲜活性、易腐烂、不易保存的特点，要求必须做好储运管理工作，针对不同的农产品要根据其自身的特点来安排运输时间、工具、包装等，采用先进的保鲜保质技术和设备，保持农产品的鲜度和质量，减少储运过程中农产品质量的受损。

2. 建立一套系统高效的物流体系

农产品的质量安全保障，一方面，离不开一套高效的物流系统，建立该体系先要加快对电子商务的推广，然后逐步推进条码、电子数据交换等先进的物流理念。另一方面，在运输企业内，导入计算机辅助设计、企业资源计划、柔性制造系统等先进的物流管理运作模式，以更好地保证农产品的安全。

3. 加大对基础设施、设备的投入

要加强农村公路建设，农村公路是农产品物流的载体，也是农产品流向全国、流向世界的途径。要做到村村通公路，并完善公路网络，提高公路网的通达深度和能力，确保农产品的运输道路畅通无阻，物畅其流。要加强农产品储运工具和设备的开发生产。为了降低储运环节的损耗率，必须扩大冷藏货运车辆的生产和营运，淘汰不符合公路及食品卫生标准的车辆，保障冷藏货物的质量。另外，还要加强粮库、糖库、保鲜库、冷藏库的建设，增加温控设备和防潮设备。

据统计，我国每年有3.7万吨蔬菜、水果在运送路上腐烂，如此多的农产品足以供养2亿人的生活。造成巨大浪费的主要原因，大多是由于从事商品流通环节的企业及人员对冷冻保鲜物流的重要性认识不足，导致技术手段落后。采用配载、零担等方式提高车辆装载率，同时采用供应链管理的理念，缩短运输时间，减少不必要的环节，给车辆装备GPS技术，加强对运输车辆的监控，及时掌握运输车辆的运行情况，从全局出发，以达到运输时间最少、运输成本最低、运输效益最大化。

4. 重视人才的培养、提高运输企业的组织化程度

为了更好地实现运输合理化及现代化，上至国家，下至企业都要重视教育的发展，培养专业的人才，以胜任农产品运输过程中的工作，从而提高工作效率。企业是市场经济的“细胞”，其重要性不言而喻，而与农产品运输息息相关的运输企业的组织化程度，事关农产品运输的效率，作为农产品运输的企业应该从实际出发，通过提高本企业的管理水平和综合竞争力来实现企业组织化程度的提高，以更好地实现运输的合理化及现代化。

10.1.5 农产品零售过程质量安全风险控制

农产品零售商是农产品供应链的销售环节，直接连接着消费者，零售商的策略选择直接决定了流入市场的农产品质量是否达到安全水平，因此，零售商对于保障农产品质量安全起着决定性的作用。

1. 严格做好农产品进入市场的质量安全检测工作

零售商应该建立一套严格的质量检测机制，在农产品进入市场前，零售企业应该对农产品进行严格的质量安全检测，对于检测不合格的农产品，一律不准进入市场进行售卖。

2. 建立并实施农产品质量安全可追溯系统

完善果农产品的产品标签管理，通过推广无线射频识别技术（RFID）和普及条码技术，建立包括产品规格、品质、时效及指导信息在内的完整的农产品数据库。通过向消费者提供产品生产及加工的全程信息，赋予消费者知情权，同时，强化供应链上各个企业的责任意识。质量安全可追溯系统可先

在零售企业内部实施，然后扩展到整个农产品供应链。此外，可追溯系统应该是一套将追溯系统和生产系统、物流系统与管理信息系统等整合而成的系统。

3. 市场风险防范

提高农产品供应链合作伙伴间的市场规划和预测能力，认真地进行外部环境分析及所面临的行业环境分析，充分发挥零售企业的核心作用，准确把握消费需求，及时了解农户及市场行情，同时熟悉各项法律法规，自我约束，互相监督，不越过供应链的法律边界行事。

4. 末端物流风险的防范

构建农产品流通、冷冻、冷藏保鲜链，降低农产品供应链物流过程中的质量安全风险。大力发展农超对接形式，减少物流中间环节，发挥零售企业核心作用，提高储运质量。此外，要打造高效的农产品保鲜链并不是一家企业能独立完成的，政府也要发挥积极的作用，如加大政府的投资和给予相应的政策倾斜，以加快构建。

10.1.6 消费者质量安全风险控制

消费者是供应链链条上的最后一节，其需求导向会极大地影响生产商、批发商、运输商和零售商的行为，是整个农产品供应链过程中进行质量安全控制的原动力。我国应该积极探索消费者参与农产品安全监管的有效路径，充分利用消费者自身优势，发挥消费者在农产品安全监管中的重要作用。

1. 提高消费者参与农产品安全监管的意识与能力

构建有效的消费者农产品安全监管参与机制，离不开消费者对农产品安全的关注度和主动性，更需要提高消费者参与农产品安全监管的能力。所以，必须提高消费者的农产品安全认知能力和强化相关法律法规知识的普及程度。首先，加大农产品安全知识的普及。政府部门应加大宣传力度，利用相关媒体和社会中介组织，通过网络、电视、广播、讲座等多种形式做好消费者农产品安全知识的普及工作，掀起全民参与、全民学习的风气。相关部门还可以设计相应的激励机制和保障机制，调动消费者参与农产品安全监管的主动性和积极性。其次，加大相关法律法规的宣传力度，如普及《农产品安全法》。消费者只有对相关法律法规比较熟悉，才能更好地参与农产品安全监管，维护自身权益。最后，消费者要提高自身的辨别能力，通过监督、拒买、举报等行为维护农产品安全，掀起全民参与农产品安全监管的热潮，共同构建多元主体共同参与监管的机制。

2. **畅通消费者参与农产品质量安全监管的渠道**

畅通农产品质量安全监管的渠道，提高消费者维权的效力，以保障社会监督的实现。首先，在制度设计方面，畅通维权渠道，充分发挥其功能。如赋予消费者权益保护组织一定的强制力、完善仲裁协议制度、简化诉讼程序等。其次，创新消费者参与的形式，拓宽消费者的参与平台。如设立举报箱、工商部门进社区、进商场、开通网络微博、农产品安全监管 QQ 群等，畅通消费者参与的渠道，迅速快捷地受理消费者意见，建立农产品安全预警机制。再次，实行农产品企业信息透明化管理。农产品生产企业和流通部门建立信息透明化管理制度，如主动邀请消费者参与农产品安全监管，通过参观、讲座、信息发布等形式让消费者真正参与到农产品生产、流通过程中。最后，组建农产品安全监督员队伍，拓宽农产品安全监督渠道。农产品监管部门可以面向社会召集农产品安全监督员，对其进行食品安全知识培训，利用群众资源，对农产品安全问题进行调查，从而对农产品生产企业形成有力的制约。

3. **完善消费者参与农产品质量安全监管的法律保障机制**

消费者参与农产品安全监管有赖于法律和制度的保障。首先，健全消费者参与农产品安全监管的法律法规体系。我国实行《农产品安全法》，有力地推动了农产品安全监管，但与发达国家相比仍需不断完善相关法律法规体系。其次，在法律法规体系中明确企业、政府、消费者、新闻媒体、行业组织和社会组织等相关主体在农产品安全监管体系中的义务和责任，为消费者参与农产品安全监管体制提供法律保障和法律规范。具体可以考虑在农产品政策和法律法规的制定、农产品安全风险评价、农产品安全信息公开等环节引入公众参与机制。再次，建立消费者参与农产品安全的保障机制。营造全民参与的环境，保障消费者参与权益，降低参与成本，为消费者提供参与的安全

环境，解除其后顾之忧。最后，建立消费者参与的补偿和激励机制。对于消费者正当维权、举报的费用予以补偿，减少参与的费用和成本，消除参与的经济性障碍（崔长勇，2013）。

10.2 完善我国农产品供应链质量安全监管体系

农产品市场的信息不对称问题，决定了政府干预农产品市场的必要性。但我国人口众多、流通环节多等特点客观上决定了政府解决这一问题有较大的难度。当前我国政府面临着如何发挥各方面作用，协调有关主体，建立合作机制，使政府有限的资源获得最佳结果的政策设计问题。根据对国内现状的分析，笔者认为，应该从以下几个方面入手，加强我国农产品供应链质量安全管理体系的构建。

10.2.1 完善法律法规体系

市场经济是法制经济，因此，健全完善的法律体系不仅是农产品供应链质量安全管理的保障，也是经济发展的重要保障。市场化程度越高，法制越应健全、规范。针对我国农产品安全法律体系目前存在的问题，应做以下改进。

1. 尽快将从农田到餐桌全过程管理纳入法制化轨道

这是当前我国健全农产品安全管理体系的当务之急。整体来讲，我国农产品质量安全管理方面的法律体系还很不完善，在依法行政上还十分欠缺，远没有做到"有法可依，有法必依，执法必严，违法必究"。当前，应依据《农产品质量安全法》，在生产环境管理、农业投入品管理、生产过程管理、经营加工管理、标准制定、监督检查和法律责任等方面进行细化，使执法管理行为具有充分的法律依据，使依法行政在农产品供应链质量安全管理中真正落到实处。

2. 提高农产品安全监管执法的可操作性

即使已有的法律法规也存在不少缺陷，缺乏可操作性，难以对责任人进行法律追究，“依法惩处”往往成为一句空话。我国应该对已有的法律、法规进行一次清理，在必要的地方进行细化，或制定新的法律、法规；在此基础上，要更加关注农产品的质量安全和对环境的影响，加强对农产品投入品的质量安全、产地环境和农产品加工与销售等方面的监督、监测力度。

3. 加大执法监督和处罚力度

健全的法律体系的运行要靠严格的执法监督来保障。为此，各有关部门要相互配合，加大对农产品质量安全的执法监督，加强对农业投入品的监督，特别是加强对有机磷等违禁药物的监督。对查出有毒有害物质含量超标的农产品，要依法予以处理；对违禁销售和使用剧毒有机磷类农药等禁用药物的行为要给予严厉打击，造成严重后果的要依法追究刑事责任。

10.2.2 提升质量标准体系

农业标准化建设是规范生产经营、确保农产品质量安全的重要基础。我国农产品供应链质量标准体系建设应该做到以下几方面。

1. 建立统一权威的农产品质量安全标准体系

对现有标准的清理和修订，构建国家标准、行业标准、地方和企业标准相配套的较为完善的农产品质量标准体系。为此，要准确定位国家标准、行业标准、地方和企业标准的范围。国家标准起着指导和协调行业、地方标准的作用，其制定范围应体现基础性、通用性、原则性等特征，覆盖人类和动植物健康安全、食品安全、环境保护、国家安全等各方面标准，且由农业部统一制定。针对我国现有农产品标准间重复交差、技术指标要求不一的现状，农业部应着手清理标龄过长（超过 5 年没修订）的国家标准、行业标准、地方标准，将相互重复的标准归类合并。行业标准的制定则要根据农产品的生产工艺、包装、运输、储存和加工特点所需要的专业标准来具体制定，制定者为农产品行业协会。地方和企业标准应本着不对贸易造成不必要限制的原则，由地方各级农产品行政部门根据地方和企业农产品生产贸易需要来制定。农产品有毒有害物质限量等地方标准的制定，力争实现国家标准、行业标准、地方标准基本配套，形成较为完善的农产品质量标准体系。农业标准化技术

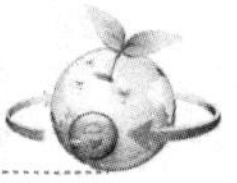

委员会要充分发挥作用，认真做好基础性技术工作。

2. 使我国农产品质量标准体系逐步与国际接轨

标准水平不仅能代表一个国家在食品安全、食品质量方面的保护水平，也体现了一个国家在国际食品贸易中的保护水平。为了实施贸易保护主义，发达国家在农产品贸易中实施了越来越苛刻的技术壁垒。为使我国农产品出口贸易顺利进行，我国应尽量制定与国际接轨的农产品质量标准。具体措施：一是大力开展农产品安全标准的基础研究，定期对农产品产地环境污染程度、污染因子、污染源头及其变化趋势进行检测和调研，掌握基础信息，实施目前发达国家普遍应用的“良好农业规范”（GAP）、“良好操作规范”（GMP）和危害分析与关键控制点分析（HACCP）等先进的安全控制技术。二是积极参与国际标准的制定，注意积极组织和参与区域性标准化活动，以获得更多同盟。

3. 加强农业标准示范与实施

特别是生产技术规程的宣传、贯彻和实施，抓好农产品安全标准示范区、示范带、示范县建设和培训体系建设，强化标准的立项制定与实施及监督一体化和反馈制管理，规范农户和农产品生产加工企业经营行为，促进农产品生产者积极参与标准化活动。

10.2.3 健全质量检测体系

健全完善的农产品质量检测体系，有利于加强农产品质量标准的贯彻实施，有利于及时发现和处理突发问题，是确保农产品安全的重要手段之一。当前我国的农产品质量检测体系存在仪器设备陈旧老化、检测能力弱、检测速度慢等缺陷。为提高我国农产品检测能力，应做到以下几方面。

1. 要建立宏观管理与分级负责相结合的农产品质量安全检测体系

部级检测中心由农业部按专业类别或产品种类规划建设；省属检测中心由农业部和地方共建，负责对全省农产品质量检验检测工作的指导；市、州中心由所在省根据规划需要建立，作为部省联建综合性质检中心的分支机构，重点负责开展市场农产品准入质量监测工作；县级检测站应是以速测为主的综合检测机构，重点负责搞好产地环境质量安全和销出农产品的农药残留、硝酸盐等有毒有害物质速测监督；各类农产品批发市场、超市、大中型农贸市场要严格规范检测制度，把好经销农产品入市速检、质量监控准入关；各农业投入品和农产品生产企业都要按照有关要求，尽快建立和完善质量监控设施。

2. 整合资源、提升档次

部级专业性质检中心的建设，应当充分利用现有部署科学研究、技术推广等单位的技术优势条件和仪器设备资源，重点突出高精检测能力和技术标准研制能力的建设；部省联建综合质检中心，应当充分利用农口厅局现有的专业检测站和有关农业科研院所的检测资源进行组建，突出综合检测能力的建设；县级检测站，应当依托现有的农业技术推广部门的检测条件进行组建，重点加强对产地环境和速测能力的建设。同时应注意在体系建设中避免重复建设。

3. 提高质检人员业务水平，强化质检队伍素质建设

在途径选择上，一是鼓励岗位练功。检测机构应当根据其发展目标和自身质检队伍的素质基础状况，制定相应的素质培养目标和在岗培养方式。在具体措施上可采用本职岗位锻炼、定期轮岗交流锻炼（包括部门负责人和关键技术骨干）、外派锻炼（包括到地方基层政府部门、农业龙头企业、同行质检机构或国外同类机构学习挂职锻炼）。二是适度引进人才。适度对外引进人才来增强整体质检队伍的素质是强化质检队伍建设的一项重要举措。要根据自身检测队伍的结构现状，在必要时有重点地引进自身缺项和弱项的人才或高层次、高素质的关键技术人才。在方法选择上，应注意结合使用培训交流、目标责任、考核评议等多种方法，来提升质检人员的业务水平。

10.2.4 抓好质量信息体系

快速、灵敏的信息传递系统，不仅能够有效地预防食品质量安全事故的发生，而且有助于解决食品质量的市场失灵现象。由于我国农产品产业存在生产农户分散、规模化程度低等特点，致使信息标签管理、企业信誉机制等

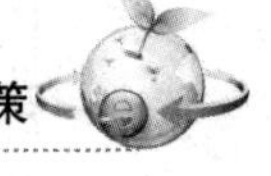

难以发挥作用。为加强农产品生产者、消费者的自主安全管理，我国政府的信息服务应该做到以下几个方面。

1. 加大宣传、教育力度，在全社会范围内构建农产品质量安全新理念

充分利用报纸、杂志、广播、电视、互联网等传媒，采取多种培训形式，广泛深入地进行农产品质量安全知识、无公害农产品生产技术、农业投入品科学使用和限制使用规定、国内外食品质量标准和食品质量安全法律法规等方面的宣传和培训工作。

2. 加强农产品质量安全电子监管能力

加强农产品安全信息监管能力建设，开展认证农产品、产品标签审定、标签编码管理、标签信息查询等方面的数字化建设和管理，形成横向为主、纵向相连、产销区一体化的农产品信息化管理雏形。

3. 建立覆盖全国的实时监控监测网络体系

农产品安全质量控制的监测监控评估网络体系从总体上来说应覆盖植物疫病、有害生物、食源性人类传染病、农残、农产品生长剂、生物毒素、有害元素（含辐射元素）、包装材料污染、环境及工业污染物、有害微生物及各种食源性病原体，其他生物技术产品等，加上风险分析、风险评估、风险管理、风险警报及农产品安全质量总体评估和相应对策研究等。定期完成相应的农产品安全质量评估报告工作，从而为执法和决策打下良好的技术基础。

参考文献

[1] CHRISTIEN J M ONDERSTEIJN, JO H M WIJNANDS, RUUD B M HUIRNE, 等. 农产食品供应链定量分析［M］. 洪岚，赵娴，译. 北京：中国农业大学出版社，2010.

［2］崔长勇. 消费者参与食品安全监管的现状调查与路径探析［J］. 郑州轻工业学院学报：社会科学版，2013（2）：66－69.

［3］范毅，薛兴利. 试论信息不对称条件下我国农产品的质量控制［J］. 农业质量标准，2004（1）：26－28.

［4］S. 托马斯·福斯特. 质量管理：集成的方法［M］. 何祯，译. 北京：中国人民大学出版社，2006.

［5］阿斯亚·买买提依明，郭梅. 积极推进农产品质量安全追溯系统建设　实现特色农业从生产型向市场运营型转变［C］. 第十一届中国标准化论坛文集. 成都：中国标准化协会：2014：807－813.

［6］安建，张穹，牛盾. 中华人民共和国农产品质量安全法释义［M］. 北京：法律出版社，2006.

［7］包华琛，赵贞满，汤银香. 浅析养殖风险对提高农民收入的影响及对策［J］. 安徽农学通报，2011，17（4）：19－20.

［8］曹模珍. 农产品运输合理化及现代化的研究［J］. 商业研究，2012（10）：15.

[9] 曹艳媚. 我国农产品供应链管理研究 [D]. 无锡: 江南大学, 2009.

[10] 陈楚俊. 从ISO看现代质量概念 [J]. 新质量, 2002 (1): 19-21.

[11] 陈冬冬. 农业供应链管理若干问题研究 [D]. 成都: 西南交通大学, 2008.

[12] 陈劲松. 中美食品安全合作达成框架性协议 [N]. 人民日报 (海外版), 2007-08-06.

[13] 陈蕾蕾, 祝清俊, 王未名, 等. 我国农产品安全问题的现状与对策 [J]. 农产品加工: 创新版, 2010 (3): 58-60.

[14] 陈丽虹, 胡宗武. 供应商风险管理中的排序问题 [J]. 工业工程与管理, 2004 (S1): 211-217.

[15] 陈鹏. 农产品流通效率的评价及其影响因素研究——以中部六省为例 [D]. 沈阳: 沈阳师范大学, 2014.

[16] 陈锡文, 邓楠. 中国食品安全战略研究 [M]. 北京: 化学工业出版社, 2004.

[17] 陈小霖. 供应链环境下的农产品质量安全保障体系 [D]. 南京: 南京理工大学, 2007.

[18] 陈小霖, 冯俊文. 基于演化博弈论的农产品质量安全研究 [J]. 技术经济, 2007, 26 (11): 79-84.

[19] 陈小霖, 冯俊文. 农产品供应链风险管理 [J]. 生产力研究, 2007 (5): 28-29, 106.

[20] 陈小霖, 冯俊文. 基于供应链理论的农产品 (食品) 质量安全监管思考 [J]. 集团经济研究, 2007 (6): 46-49.

[21] 陈倬, 赵萌. 果蔬供应链的风险分析及其控制措施 [J]. 价格月刊, 2011 (12): 42-46.

[22] 杨为民, 陈烧, 吴春霞. 基于熵的农产品供应链风险研究 [J]. 中国集体经济, 2009 (12): 103-105.

[23] 崔卫东, 王忠贤. 完善农产品质量安全法制体系的探讨 [J]. 农

业经济问题，2005（1）：59－60.

［24］崔长勇．消费者参与食品安全监管的现状调查与路径探析［J］．郑州轻工业学院学报：社会科学版，2013（2）：66－69.

［25］戴行信．预警的数学理论研究［J］．武汉理工大学学报：交通科学与工程版，2002（2）：195－198.

［26］邓俊淼．农产品供应链中农户风险及防范机制研究［J］．沈阳农业大学学报：社会科学版，2008（3）：267－270.

［27］丁丽芳．农产品供应链［M］．北京：中国林业出版社，2013：27－29.

［28］丁伟东，刘凯，贺国先．供应链风险研究［J］．中国安全科学学，2003（4）：64－66.

［29］董菲菲，吕保和，毛罕平．农业机械风险评价研究［J］．农机化研究，2014（3）：7－10.

［30］董燕婕．农产品生产环节存在的安全风险隐患探析——以山东省为例［J］．农产品质量与安全，2014（2）：63－66.

［31］窦艳芬．基于农业生产环节的农产品质量安全问题的思考［J］．天津农学院学报，2009，16（1）：52－55.

［32］杜赵伟，刘顺．农产品（食品）供应链协调问题分析与对策研究［J］．现代商业，2007（12）：13－14.

［33］樊红平．中国农产品质量安全认证体系与运行机制研究［D］．北京：中国农业科学院，2007.

［34］方海．国外食品安全信息化管理体系研究及对我国的借鉴意义［M］．上海：华东师范大学出版社，2009.

［35］方敏．论绿色食品供应链的选择与优化［J］．中国农村经济，2003（4）：49－51，56.

［36］方先明．预警管理系统剖析［J］．经济管理，2003，（13）：30－34.

［37］费威．乳品质量安全的多阶段动态博弈研究［J］．商业研究，2012，7（423）：88－92.

［38］冯长利，周剑，兰鹰．供应链成员间知识共享行为演化博弈模型

[J]. 情报杂志, 2012, 31 (3): 138 - 144.

[39] 冯忠泽, 李庆江. 农户农产品质量安全认知及影响因素分析[J]. 农业经济问题, 2007 (4): 22 - 26.

[40] 付兴军, 李翠霞. 生猪规模化养殖风险规避对策研究 [J]. 探讨与研究, 2010 (10): 28 - 29.

[41] 付玉, 张存禄, 黄培清, 等. 基于案例推理的供应链风险估计方法 [J]. 预测, 2005 (1): 56 - 58.

[42] 高齐圣, 张嗣瀛. 复杂科学与质量管理研究 [J]. 管理工程学报, 2005, 19 (4): 130 - 131.

[43] 高艺. 辽宁地区农产品供应链风险评价与控制研究 [D]. 长春: 吉林大学, 2012.

[44] 辜松, 王忠伟. 日本设施栽培土壤热水消毒技术的发展现状[J]. 农业机械学报, 2006 (11): 168 - 170.

[45] 韩福荣. 质量生态学 [M]. 北京: 科学出版社, 2005.

[46] 韩景丰, 章建新. 供应链风险的系统性识别与控制研究 [J]. 商业研究, 2006 (20): 44 - 48.

[47] 韩耀, 杨俊涛. 论批发商主导型农产品供应链联盟 [J]. 北京工商大学学报, 2010 (5): 27 - 31.

[48] 何春辉, 周发明. 我国农产品加工企业发展所面临的困境与对策的研究 [J]. 企业家天地, 2007 (10): 34 - 35.

[49] 和丽芬, 赵建欣. 政府规制对安全农产品生产影响的实证分析——以蔬菜种植户为例 [J]. 农业技术经济, 2010 (7): 91 - 97.

[50] 胡定寰. 试论“超市 + 农产品加工企业 + 农户”新模式 [J]. 农业经济问题, 2006 (1): 36 - 39.

[51] 胡定寰, 陈志钢, 孙庆珍, 等. 合同生产模式对农户收入和食品安全的影响——以山东省苹果产业为例 [J]. 中国农村经济, 2006 (11): 17 - 24, 41.

[52] 胡定金, 王伟. 我国农产品质量安全存在的问题与对策 [J]. 湖

北农业科学，2006（5）：16－20.

［53］胡浩，张晖，黄世新．规模养殖户健康养殖行为研究——以上海市为例［J］．农业经济问题，2009（9）：25－31.

［54］花永剑．农超对接的合作模式探讨［J］．北方经济，2011（9）．

［55］霍红，张静．以零售企业为核心的农产品供应链风险研究［J］．现代商业，2011（9）：17－18.

［56］胡海青，张琅，张道宏．供应链金融视角下的中小企业信用风险评估研究——基于SVM与BP神经网络的比较研究［J］．运作管理，2012（11）：70－80.

［57］姜青舫，陈方正．风险度量原理［M］．上海：上海同济大学出版社，2000.

［58］蒋明，孙赵勇．基于博弈理论的农民专业合作经济组织问题分析［J］．北京理工大学学报，2010（12）：40－44.

［59］蒋志敏，王喜富，李孟刚．物流产业安全评价方法研究［J］．技术与方法，2008（27）：96－99.

［60］焦杏子．论农产品种植之行政指导的实体法与程序法监督［D］．武汉：中南民族大学，2012.

［61］金发忠．关于建立农产品质量安全管理长效机制的思考［J］．农业质量标准，2007（增刊）：56－57.

［62］金发忠．我国农产品质量安全风险评估的体系构建及运行管理［J］．农产品质量与安全，2014（3）：3－11.

［63］金泽良雄．经济法概论［M］．兰州：甘肃省人民出版社，1985.

［64］靖继鹏，张向先．信息经济学［M］．北京：科学出版社，2007.

［65］康积萍，杜斌，李松柏．农民专业合作组织对农产品安全生产的影响分析——以陕西眉县猕猴桃安全生产为例［J］．安徽农业科学，2012，40（10）：6250－6252.

［66］雷百战，郑玉燕，肖广江．我国农产品质量安全监管存在的问题及对策［J］．现代农业科技，2008（12）：361－362.

[67] 李恩普，陈松．农产品质量安全监管的突出问题及对策研究[J]．农产品质量与安全，2011（4）：23－25.

[68] 李刚．供应链风险传递机理研究［J］．中国流通经济，2011（1）：41－44.

[69] 李国昊，陈敬贤，施国洪．供应链风险管理与企业绩效的结构关系检验［J］．工业工程与管理，2013，18（4）：95－108.

[70] 李光．浅谈我国农产品质量安全问题［J］．河南农业科技，2005（8）：109－111.

[71] 李慧娟，赵婷婷，张茂．基于农超对接模式下农产品供应链存在的问题及对策［J］．现代农业科技，2011，（18）：394－397.

[72] 李季芳．我国生鲜农产品供应链管理思考［J］．中国流通经济，2007（1）：17－19.

[73] 李见花．农业机械化与农民增收关系研究［J］．农业开发与装备，2014（2）：27－30.

[74] 李淑文，赵晓英．借鉴国外先进模式完善我国农产品质量安全政府监管体系［J］．湖南农业科学，2010（15）：86－89.

[75] 李小花，劳本信．资产组合理论在供应链风险控制中的应用[J]．商业时代，2010（7）：18－20.

[76] 李哲敏．中国农产品质量安全发展概况及对策分析［J］．中国农学通报，2008（12）：572－575.

[77] 李中东．基于农产品质量安全的技术扩散博弈分析［J］．技术经济，2009，28（8）：60－65.

[78] 栗辉．质量是企业管理的永恒主题［J］．市场研究，2004（1）：26－27.

[79] 廖秋林．保险与企业风险管理［J］．海南金融，2001（5）：52－54.

[80] 廖猕武，李垣，雷宏振．确定多属性群决策协调权的模型和方法［J］．管理科学学报，2006，9（4）：33－39.

[81] 林朝朋．生鲜猪肉供应链安全风险及控制研究［D］．长沙：中南

大学，2009.

［82］林镝，曲英，邹珊刚．刍议食品产业链中食品安全管理［J］．生态经济，2004（4）：33－35.

［83］凌宁波，朱凤荣．构建由超市主导的生鲜农产品供应链［J］．农村经济，2006（7）：116－118.

［84］刘磊，王吉恒．散户养殖的风险分析与对策研究［J］．产业透视，2011，47（14）：21－25.

［85］刘冬林，王春香．供应链多风险组合的综合评估及风险管理［J］．武汉理工大学学报：信息与管理工程版，2006（8）：110－113.

［86］刘录民．我国食品安全监管体系研究［D］．陕西：西北农林科技大学，2009.

［87］刘秀玲，戴蓬军．农业产业化经营中供应链物流管理研究［J］．商业研究，2006（5）：183－187.

［88］刘雪妮．食品零售商的质量安全信息传递问题研究［D］．济南：山东师范大学，2013.

［89］刘延光．我国本土中小农产品加工企业管理问题及对策研究［D］．武汉：武汉工业学院，2011.

［90］刘奕．食品安全的政府监管研究［M］．天津：天津师范大学，2013.

［91］刘永胜．供应链风险研究［M］．北京：知识产权出版社，2011.

［92］刘毓侠，于传宗．农产品质量安全存在的问题与对策探讨［J］．内蒙古农业科学，2004（6）：1－2.

［93］刘志英．美国食品安全管理体系及其对我国的启示［J］．内蒙古科技与经济，2005（15）：499－505.

［94］柳键，叶影霞．供应链风险管理的研究与对策［J］．工业技术经济，2007（12）：95－98.

［95］鲁成松．供应链风险防范与管理［D］．合肥：安徽大学，2007.

［96］陆昌华，胡肄农．用动物卫生风险分析思路浅析畜禽养殖业的环境

污染风险［C］//生态环境与畜牧业可持续发展学术研讨会暨中国畜牧兽医学会2012年学术年会和第七届全国畜牧兽医青年科技工作者学术研讨会会议论文集——T01 畜舍环境与调控技术专题，2012.

［97］陆美斌，王步军. 中国农产品质量安全现状分析与对策建议［J］. 农业展望，2014（3）：34－41.

［98］罗杰·B. 迈尔森. 博弈论矛盾冲突分析［M］. 北京：中国经济出版社，2001.

［99］罗敏，李旭. 农产品质量安全的博弈分析［J］. 安徽农业科学，2010，38（24）：3474－3477.

［100］吕斌. 蔬菜供应链整合研究——以福州为例［D］. 福州：福建农林大学，2010.

［101］吕巧枝. 我国农产品质量安全现状与发展对策［J］. 中国食物与营养，2007（4）：10－13.

［102］孟超. 基于供应链管理的鲜活农产品质量安全研究［D］. 新乡：河南师范大学，2013.

［103］牟少飞. 我国农产品质量安全管理理论与实践［M］. 北京：中国农业出版社，2012.

［104］牛小娟. 以超市为中心的农产品供应链模式分析［J］. 江苏商论，2010（6）：9－11.

［105］欧长劲，郭伟，蒋建东，等. 设施农业介质消毒技术与设备的现状和发展［J］. 农机化研究，2009（3）：210－212.

［106］欧阳琦，石岿然. 农业合作组织对农产品质量安全作用的博弈分析［J］. 农村经济，2012（11）：126－129.

［107］庞君龙. 黑龙江农产品物流发展问题与对策研究［D］. 长春：吉林大学，2012.

［108］彭建仿. 农产品质量安全机制溯源：供应链关系优化导向——龙头企业与农户共生视角［J］. 中央财经大学学报，2014（3）：91－97.

［109］齐源. 基于第三方及GAHP的供应链信息共享风险预警［J］. 软

科学，2010（5）：64－68.

［110］祁胜媚．农产品质量安全管理体系建设的研究［D］．扬州：扬州大学，2011.

［111］钱永忠．国外农产品质量安全管理体系现状［J］．农产品质量标准，2003（1）：42－46.

［112］钱永忠，王芳．我国农产品质量安全存在问题及成因分析［J］．农业经济，2008（2）：78－79.

［113］钱原铬，赵春江．农产品安全生产和监控关键技术研究进展［J］．中国农学通报，2011，27（11）：146－150.

［114］乔娟．基于食品质量安全的批发商认知和行为分析——以北京市大型农产品批发市场为例［J］．中国流通经济，2011（1）：16－80.

［115］邱流文．江西省农产品质量安全检验检测体系现状及发展对策研究［D］．南昌：南昌大学，2011.

［116］任爱胜，胡志全，王军，等．我国农产品质量安全发展的成就、经验和问题［J］．农业经济问题，2005（增刊）：88－95.

［117］佘丛国，席酉民．我国企业预警研究理论综述［J］．预测，2003（2）：23－29.

［118］盛方正，季建华，虞行之．基于极值理论和自组织临界特性的供应链突发事件协调［J］．系统过程理论与实践，2009（4）：67－74.

［119］石朝光．基于产业链视角的蔬菜质量安全管理研究［M］．南京：南京农业大学，2010.

［120］石金亮，彭远荣．养殖业风险的应对策略［J］．中国牧业通讯，2007（6）：35－36.

［121］神龙汽车有限公司．企业供应链风险管理［J］．企业管理，2015（6）：55－59.

［122］宋汉利，于勇．农产品（食品）冷链物流中的安全监控应用研究［J］．物流技术，2007，25（2）：34.

［123］宋英杰，李中东．政府管制对农产品质量安全技术扩散影响的实

证研究［J］．科研管理，2013（7）：61－70.

［124］孙东川，林福永．系统工程引论［M］．北京：清华大学出版社，2004.

［125］孙曦，杨为民．低碳经济环境下农产品运输与配送问题研究［J］．江苏农业科学，2014，42（4）：392－395.

［126］孙小燕．农产品质量安全问题的成因与治理——基于信息不对称视角的研究［D］．成都：西南财经大学，2010.

［127］孙一．我国农产品质量安全存在问题及对策探讨［J］．吉林蔬菜，2012（6）：57.

［128］唐衡．基于结构的供应链波及效应研究［D］．成都：电子科技大学，2005.

［129］唐晓纯．食品安全预警体系评价指标设计［J］．食品工业科学，2005（11）：152－155.

［130］汤恒．基于ISM的农产品供应链风险影响因素结构分析及防范策略［J］．物流技术，2014，33（12）：377－379，439.

［131］涂洪波．我国农产品流通现代化的实证研究［D］．武汉：华中农业大学，2013.

［132］王大宁．食品安全风险分析指南［M］．北京：中国标准出版社，2004.

［133］王道平，鲍新中．供应链管理教程——理论与方法［M］．北京：经济管理出版社，2009.

［134］王芳．国外农产品质量安全政府管理及对中国的启示［J］．世界农业，2008（1）：37－39.

［135］王俊豪．中英自然垄断性产业政府管制体制比较［J］．世界经济，2001（4）：58－61.

［136］王侃．基于模糊层次分析法的农产品加工企业风险评价研究［J］．中国农机化，2006（5）：76－79.

［137］王丽杰，刘宇清．浅议绿色供应链风险管理社会科学战线［J］．

2014（7）：255－256.

［138］王盼盼．食品供应链与食品安全的关系［J］．肉类研究，2010（1）：59－64.

［139］王庆．以GN批发市场为核心的农产品供应链研究［D］．重庆：重庆大学，2008.

［140］王世表，王芬露，王菁华．食品安全的经济学理论分析［J］．中国农学通报，2011，27（11）：82－87.

［141］王仕美，龙子午，闵娟．我国农产品加工企业管理研究的回顾与展望［J］．武汉工业学院学报，2010（12）：107－110.

［142］王为民．农产品质量安全追溯管理研究［M］．北京：中国农业科学院，2013.

［143］王文婕．基于OWA算子的供应链风险评估方法［J］．供应链管理，2011，30（4）：110－113.

［144］王小杰．我国农产品质量安全管理体系研究［D］．济南：山东师范大学，2014.

［145］王秀清，孙云峰．我国食品市场上的质量信号问题［J］．中国农村经济，2002（5）：27－32.

［146］王宇波，马士华．我国农业产业化进程中农产品供应链管理的几点思考［J］．物流技术，2004（11）：47－50.

［147］王振．基于供应链的农产品风险预警设计［D］．曲阜：曲阜师范大学，2011.

［148］王中亮．我国食品安全管理的问题与对策［J］．经济纵横，2007（21）：14－17.

［149］王忠锐，刘德第，蔡建设．以专业合作社为龙头促进绿色农业发展——上盘西兰花产业合作社的实践与启示［J］．商业研究，2004（4）：137－139.

［150］卫龙宝，卢光明．农业专业合作组织实施农产品质量控制的运作机制探析——以浙江省部分农业专业合作组织为例［J］．中国农村经济，

2004（7）：36－41，45.

［151］魏国辰，肖为群．基于供应链管理的农产品流通模式研究［M］．北京：中国物资出版社，2009.

［152］魏国辰，赵洁．基于封闭供应链管理的北京市农产品物流模式研究［J］．商业时代，2010（26）：43－45.

［153］魏权龄，刘起运，胡显佑．数量经济学［M］．北京：中国人民大学出版社，1998.

［154］文进坤．基于风险传导模型的供应链风险评估方法研究［D］．长沙：中南大学，2009.

［155］文进坤．不完全信息下的供应链风险评估方法研究［J］．财务与金融，2008（6）：50－53.

［156］吴承洲．基于演化博弈论的科技服务业发展技术线路图研究［D］．广州：华南理工大学，2013.

［157］夏喆，邓明然．企业风险传导过程中的规律研究［J］．当代经济管理，2006（5）：32－34.

［158］夏喆．企业风险传导的机理与评价研究［D］．武汉：武汉理工大学，2007.

［159］肖玫，李锐，马传龙．我国食品质量安全问题与食品生产全面质量管理研究［J］．江苏农业科学，2011（1）：342－345.

［160］肖美丹，李从东，张瑜耿．基于未确知数学的BTO供应链策略风险评估［J］．科技管理研，2007（7）：165－167.

［161］肖艳，宋辉，余望梅．供应链风险来源及风险管理探讨［J］．物流工程与管理，2009（4）：58－61.

［162］肖玉明，江贤裕．基于熵理论的供应链稳定性预警分析［J］．管理工程学报，2008（3）：57－63.

［163］谢庆红，周殿昆．产品质量事故频发的原因、危害及治理［J］．财贸经济，2005（7）：53－57.

［164］邢承玉，杜艳萍．当前影响山西农产品质量安全的因素及对策

[J]. 农业环境与发展，2002（5）：41－42.

[165] 徐怀德，李志成，赵锁劳，等. 发展农产品快速检测技术确保饮食安全 [J]. 西北农林科技大学学报：自然科学版，2002（9）：42－46.

[166] 徐良培，李淑华，陶建平. 基于信息熵理论的我国农产品供应链运作模式研究 [J]. 安徽农业科学，2010，38（5）：2626－2629.

[167] 徐升，金连登，朱智伟. 关于强化农产品质检队伍素质提升的理性思考 [J]. 农业质量标准，2006（4）：33－35.

[168] 许成才. 我国农产品质量安全管理问题及对策探讨 [J]. 广西社会科学，2007（9）：72－75.

[169] 许俊丽，吕晓男，邓勋飞. 我国农产品质量安全现状分析 [J]. 贵州农业科学，2009（5）：192－196.

[170] 许志端. 供应链战略联盟中的风险因素分析 [J]. 科研管理，2003（4）：127－131.

[171] 许福才，蒙少东. 浅析食品供应链风险管理 [J]. 黑龙江农业科学，2010（1）：82－85.

[172] 严素芳. 供应链管理的风险分析及评估 [D]. 西安：西安电子科技大学，2009.

[173] 颜波，刘勇敢，李丹宇. 水产品供应链的安全风险评估研究 [J]. 价值工程，2012（14）：14－16.

[174] 颜波，石平，王凤玲. 基于 CVaR 的农产品供应链风险评估与控制 [J]. 软科学，2013，27（10）：111－115.

[175] 严素芳. 供应链管理的风险分析及评估 [D]. 西安：西安电子科技大学，2009.

[176] 杨金海，刘纯阳，向林峰. 农产品供应链失调与政府协调 [J]. 农村经济与科技，2007（1）：77－78.

[177] 姚雨晨. 由连锁超市主导的农产品供应链构建 [J]. 物流技术，2010（10）.

[178] 叶厚元，邓明然. 企业风险传导的六种方式及其特征 [J]. 管理

现代化，2005（6）：38－40.

［179］叶青．我国农产品质量安全监管对策研究［D］．重庆：西南大学，2014.

［180］易海燕．供应链风险的管理与控制研究［D］．成都：西南交通大学，2007.

［181］尹静，王行焘．基于合作博弈的农产品流通新模式［J］．中国储运，2009（9）：109－110.

［182］于瑞峰，任艳敏，王雨，等．基于供应链的企业信贷风险评估研究［J］．中国管理科学，2007（3）：85－92.

［183］于亦文，赵召华．产品供应链风险形成机理研究［J］．物流科技，2011（2）：95－97.

［184］张蓓，黄志平，文晓巍．农产品质量安全危机下的无公害猪肉购买行为研究［J］．商业研究，2013（7）：143－150.

［185］张蓓，文晓巍．农产品质量安全监管复杂性及其化解路径［J］．经济论坛，2012（3）：101－112.

［186］张春勋，刘伟，李录青．食品供应链中企业与农户短期合作交易契约设计［J］．管理学报，2010（2）：30－32.

［187］张道海，杜建国．基于零售商风险态度的供应中断风险管理研究［J］．系统科学与数学，2011（10）：1279－1297.

［188］张俐．农产品供应链中龙头加工企业与农户合作关系研究［D］．长沙：湖南农业大学，2009.

［189］张敏．农产品供应链组织模式与农产品质量安全［J］．农村经济，2010（8）：101－105.

［190］张鹏．基于委托代理关系的供应链风险研究［D］．西安：西北大学，2009.

［191］张锐．食品质量安全监管模式的研究［M］．咸阳：西北农林科技大学，2004.

［192］张仕军．一种基于模糊综合评判的供应链风险评估方法研究

[D]. 杭州：浙江工业大学，2008.

[193] 张晓东，韩伯领. 供应链管理原理与应用 [M]. 北京：中国铁道出版社，2008.

[194] 张晓凤，赵建欣，朱璐华. 农户安全农产品供给的影响因素分析 [J]. 安徽农业科学，2010 (14)：7591－7594.

[195] 张新艳. 基于银企联盟的供应链风险防范研究 [J]. 华北水利水电学院学报：社科版，2009 (4)：45－47.

[196] 张学志，陈功玉. 我国农产品供应链的运作模式选择 [J]. 中国流通经济，2009 (10)：57－60.

[197] 张以彬，陈俊芳. 供应链的风险识别框架及其柔性控制策略[J]. 工业工程与管理，2008 (1)：47－52.

[198] 张会. 产业链组织模式对农户安全农产品生产影响研究 [D]. 咸阳：西北农林科技大学，2012.

[199] 赵春明. 农产品质量安全含义探析 [J]. 农产品加工，2005 (1)：26－27.

[200] 赵康. 我国食品安全的政府监管体系问题及对策研究 [D]. 郑州：河南大学，2013.

[201] 赵琨，刘永胜. 供应链风险评价研究 [J]. 物流技术，2009 (7)：192－193.

[202] 赵晓飞，李崇光. 论“农户—龙头企业”的农产品渠道关系稳定性——基于演化博弈视角的分析 [J]. 经济与管理，2008 (2)：19－23.

[203] 赵一夫. 中国生鲜蔬果物流体系发展模式研究 [M]. 北京：中国农业出版社，2008.

[204] 郑冬梅. 完善农产品质量安全保障体系的分析 [J]. 农业经济问题，2006 (11)：23－26.

[205] 郑凤田. 我国农产品国际竞争力面临的挑战与对策 [N]. 农民日报，2003－01－11.

[206] 中国农业年鉴编辑委员会. 中国农业年鉴 2012 [M]. 北京：中

国农业出版社，2013.

［207］钟真，孔祥智．产业组织模式对农产品质量安全的影响：来自奶业的例证［J］．管理世界，2012（1）：79－92.

［208］周德翼，杨海娟．食物质量安全管理中的信息不对称与政府监管机制［J］．中国农村经济，2002（6）：29－35，52.

［209］周峰．基于食品安全的政府规制与农户生产行为研究——以江苏省无公害蔬菜生产为例［D］．南京：南京农业大学，2008.

［210］周洁红．生鲜蔬菜质量安全管理问题研究——以浙江省为例［D］．杭州：浙江大学，2005.

［211］周洁红，钱峰燕，马成武．食品安全管理问题研究与进展［J］．农业经济问题，2004（4）：26－29，39.

［212］周婷．关于运城市农产品质量安全工作的思考［J］．农业技术与装备，2011（14）：24－25.

［213］周应恒，耿献辉．信息可追踪系统在食品质量安全保障中的应用［J］．农业现代化研究，2002（6）：451－454.

［214］朱庆华，窦一杰．绿色供应链中政府与核心企业进化博弈模型［J］．系统工程理论与实践，2007（12）：85－89.

［215］朱晓禧，肖运来．面向农户的农产品质量安全管理对策研究［J］．农业经济与管理，2012（6）：76－82.

［216］朱艳新，黄红梅．我国农产品供应链构建模式［J］．中国物流与采购，2011（4）：68－69.

［217］朱莹莹．龙头企业在构建我国猪肉行业供应链中的作用与发展［J］．管理探索，2008（1）：35－36.

［218］邹长峰．大型零售企业农产品供应链风险问题研究——基于“农超对接”模式［D］．哈尔滨：黑龙江大学，2013.

［219］左娜．基于“直采”的超市生鲜农产品供应链管理研究［D］．广州：暨南大学，2009.

［220］左义河．山西省农产品质量安全监管管理体系研究［D］．咸阳：

西北农业科技大学，2006.

[221] ACHMAD ROOM FITRIANTO, SURYADI HADI. Supply chain risk management in shrimp industry before and during mud volcano disaster: an initial concept [J]. Procedia - Social and Behavioral Sciences, 2012 (65): 427 - 435.

[222] ANN MARUCHECK, NOEL GREIS, CARLOS MENA, et al. Product safety and security in the global supply chain: issues, challenges and research opportunities [J]. Journal of Operations Management, 2011 (29): 707 - 720.

[223] AUGUSTINE N R. Managing the crisis you tried to prevent [J]. Harvard Business Review, 2003 (2): 144 - 158.

[224] BILL METRILEES. Strong brands and innovation: paradox resolved professorial iecture [J]. Griffith University Thursday, 2003, 11 (6): 67 - 72.

[225] BREWER P, SPEH T. Using the balanced scorecard to measure supply chain performance [J]. Journal of Business Logistics, 2000 (1): 75 - 93.

[226] BUZBY, CRUTEHFIELD. Measuring consumer benefits of food safety risk reductions [J]. Journal of Agriculture and Applied Economics, 1999, 30 (1): 69 - 82.

[227] CARMEN ESCANCIANO, MARÍA LETICIA SANTOS - VIJANDE. Reasons and constraints to implementing an ISO 22000 food safety management system: Evidence from Spain [J]. Food Control, 2014 (40): 50 - 57.

[228] CHEN H J, JUKES D. The national food safety control system of China——A systematic review [J]. Food Control, 2013, 1 (32): 236 - 245.

[229] CHEN HONG, ZHAO RUI. The analysis of supply - chain ' s ripple effect [J]. International Conference on Global Supply Chain Management, Beijing: 2002: 586 - 591.

[230] CHESTER BARNARD. The Functions of the Executive Cambridge [M]. Boston: Harvard University Press, 1938.

[231] CHRISTOPHER S TANG. Perspectives in supply chain risk management [J]. Production Economics, 2006 (103): 451 - 488.

[232] Cranfield management school. Supply chain vulnerability [R]. Cranfield university, 2002.

[233] ATWATER C, GOPALAN R, LANCIONI R, et al. Measuring supply chain risk: predicting motor carriers' ability to withstand disruptive environmental change using conjoint analysis [J]. Transportation Research Part C: Emerging Technologies, 2014 (48): 360-378.

[234] COOMBS T W. Ongoing Crisis Communication: Planning, Managing and Responding [M]. Califounia SAGE Publieations, 2001.

[235] COOPERS, LYBRAND. GAPP, Generally Accepted risk principles [M]. London: Coopers & Lybrand International, 1996.

[236] ORTEGA D L. An economic exposition of chinese food safety issues [D]. Purdue University Graduate school: 2012.

[237] FOLKERTS H, KOEHORST H. Challenges in international supply chains: vertical co - ordination in the European agribusiness and food industries [J]. British Food Journal, 1998, 100 (8): 385-388.

[238] FREDERICK W, TAYLOR. The Principles of Scientific Management [M]. New York: Harper and Row, 1911.

[239] FREWER A R H, FISCHERB M T A, WENTHOLTB H J P, et al. The use of Delphi methodology in agrifood policy development: some lessons learned [J]. Technological Forecasting and Social Change, 2011 (9): 1514-1525.

[240] GAVIN SOUTER. Risks from supply chain also demand attention [J]. Business Insurance, 2000, 34 (20): 26-27.

[241] HAI QUOC LE, SOMJIT ARCH - INT, HUY XUAN NGUYEN, et al. Association rule hiding in risk management for retail supply chain collaboration [J]. Computers in Industry, 2013, 7 (64): 776-784.

[242] HANDFIELD R B, MCCORMACK K. Supply Chain Risk Management: Minimizing Disruptions in Global Sourcing [M]. New York: Auerbach Publica-

tions, 2007.

[243] H J P MARVIN, G A KLETER, L J FREWER, et al. Wentholt. A working procedure for identifying emerging food safety issues at an early stage: implications for European and international risk management [J]. Food Control, 2009, 4 (20): 345-356.

[244] HOLLERAN E, BREDAHL M, ZAIBET L. Private incentives for adopting food safety and quality assurance [J]. Food Policy, 1999 (24): 669-683.

[245] HUDSON D. Using experimental economics to gain perspective on producer contracting behavior: data needs and experimental design [R]. Paper presented at the 78th EAAE Seminar and NJF Seminar 330, Economics of Contracts in Agriculture and the Food Supply Chain, Copenhagen: 2001.

[246] IRIS HECKMANN, TINA COMES, STEFAN NICKEL. A critical review on supply chain risk——Definition, measure and modeling [J]. Review Article Omega, 2015 (52): 119-132.

[247] JASON K, DEANE & CLIFF T, RAGSDALE & TERRY R, et al. Rakes & Loren Paul Rees, Managing supply chain risk and disruption from IT security incidents [J]. Operation Management Research, 2009 (2): 4-12.

[248] JOANNA TRAFIALEK, WOJCIECH KOLANOWSKI. Application of failure mode and effect analysis (FMEA) for audit of HACCP system [J]. Food Control, 2014 (44): 35-44.

[249] JÜTTNER U, PECK H, CHRISTOPHER M. Supply chain risk management: Outlining an agenda for future research [J]. International Journal of Logistics: Research and Applications, 2003, 6 (4): 197-210.

[250] JÜTTNER U. Supply chain risk management understanding the business requirements from a practitioner perspective [J]. The International Journal of Logistics Management, 2005 (6): 120-141.

[251] JYRI P P, VILKO N, JUKKA M HALLIKAS. Risk assessment in multimodal supply chains [J]. Production Economics, 2012, 2 (140): 586-595.

[252] KLEMENTINA KIREZIEVA, LIESBETH JACXSENS, MIEKE UYTTENDAELE, et al. Assessment of food safety management systems in the global fresh produce chain [J]. Food Research International, 2013 (52): 230－242.

[253] KULL T, CLOSS D. The risk of second－tier supplier failures in serial supply chains: implications for order policies and distributor autonomy [J]. European Journal of Operational Research, 2008, 186 (3): 1158－1174.

[254] YOUNG L. An mixed－methods approach to evaluate producer knowledge attitudes and practices towards food safety [D]. Ontaro: The university of Guelph, 2010.

[255] LE CURIEUX－BELFOND O, VANDELAC L, CARON J, et al. Factors to consider before production and commercialization of aquatic genetically modified organisms: the case of transgenic salmon [J]. Environmental Science & Policy, 2009, 12 (2): 170－189.

[256] LENA DZIFA MENSAH, DENYSE JULIEN G. Implementation of food safety management systems in the UK [J]. Food Control, 2011, 8 (22): 1216－1225.

[257] LI X, BARNES. Proactive supply risk management methods for building a robust supply selection process when sourcing from emerging markets [J]. Strategic Outsourcing: An International Journal, 2008, 1 (3): 252－267.

[258] LI, SVETLANA ZIVANOVIC. A user－friendly general－purpose predictive software package for food safety [J]. Journal of Food Engineering, 2011 (104): 173－185.

[259] MAKI HATANAKA, CARMEN BAIN, LAWRENCE BUSCH. Third－party certification in the global agrifood system [J]. Food Policy, 2005 (3): 354－369.

[260] CHARALAMBOUS M, PETER J FRYER, PANAYIDES S, et al. Implementation of food safety management systems in small food businesses in Cyprus [J]. Food Control, 2015 (57): 70－75.

[261] MASON－JONES R，TOWILL D R. Shrinking the supply chain uncertainty cycle [J]. Institute of Operations Management Control Journal，1998，24 (7)：17－23.

[262] MAZE A，POLIN S，RAYNAUD E，et al. Quality signals and governance structures within European agri－food chains：a new institutional economics approach [R]. Paper presented at the 78th EAAE Seminar and NJF Seminar 330，Economics of Contracts in Agriculture and the Food Supply Chain，Copenhagen：2001 (11)：15－16.

[263] JAMES M. Poor risk management threatens supply chain [J]. Purchasing，2004 (3)：13－14.

[264] AUNG M M，CHANG Y S. Traceability in a food supply chain：safety and quality perspectives [J]. Food Control，2014 (39)：172－184.

[265] NAGURNEY A，MATSYPURA D. Global supply chain network dynamics with multicriteria decision－making under risk and uncertainty [J]. Transportation Research (Part E)，2005 (41)：585－612.

[266] NARASIMHAN R，TALLURI S. Perspectives on risk management in supply chains [J]. Journal of Operations Management，2009，27 (2)：114－118.

[267] YU M，NAGURNEY A. Competitive food supply chain networks with application to fresh produce [J]. European Journal of Operational Research，2013，16 (224)：273－282.

[268] KOTISALO N，LUUKKANEN J，FREDRIKSSON－AHOMAA M，et al. Effects of centralizing meat inspection and food safety inspections in finnish small－scale slaughterhouses [J]. Food Policy，2015 (55)：15－21.

[269] NORBERT HIRSCHAUER，OLIVER MUSSHOFF. A game－theoretic approach to behavioral food risks：the case of grain producers [J]. Food Policy，2007 (32)：246－265.

[270] NORBERT L W，WILSON，MICHELLE R，et al. Zero tolerance rules in food safety and quality [J]. Food Policy，2014 (45)：112－115.

[271] OKE A, GOPALAKRISHNAN M. Managing disruptions in supply chains: a case study of a retail supply chain [J]. International Journal of Production Economics, 2009, 118 (1): 168 - 174.

[272] AHUMADA O, VILLALOBOS J R. Application of planning models in the agri - food supply chain: a review [J]. European Journal of Operational Research, 2009, 1 (196): 1 - 20.

[273] ACCORSI R, CHOLETTE S, MANZINI R, et al. The land - network problem: ecosystem carbon balance in planning sustainable agro - food supply chains [J]. Journal of Cleaner Production, In Press, Corrected Proof, 2015 (26).

[274] RITCHIE B, BRINDLEY C. Supply chain risk management and performance [J]. International Journal of Operations & Production Management, 2007, 27 (3): 303 - 322.

[275] RUSSELL M G, KANE K. The effective enforcement of HACCP based food safety management systems in the UK [J]. Food Control, 2014 (37): 257 - 262.

[276] MANGLA S K, KUMAR P, BARUA M K. Risk analysis in green supply chain using fuzzy AHP approach: a case study [J]. Conservation and Recycling, In Press, Corrected Proof, Available online, 2015.

[277] KUMAR S, NIGMATULLIN A. A system dynamics analysis of food supply chains——Case study with non - perishable products [J]. Simulation Modelling Practice and Theory, 2011, 10 (19): 2151 - 2168.

[278] SARKAR A, MOHAPATRA P K J. Detemining the optimal size of supply base with the consideration of risks of production economics supply disruptions [J]. International Journal of 2009, 119 (1): 122 - 135.

[279] CAHILL S L. Environmental and food safety initiatives in ontario agricultrue recommendations for an integrated on farm risk management program for fruit and vegetable producers [D]. The university of Guelph, 2005.

[280] TOBIAS SCHOENHERR, V M RAO TUMMALA, THOMAS P HAR-

RISON. Assessing supply chain risks with the analytic hierarchy process: providing decision support for the offshoring decision by a US manufacturing company [J]. Journal of Purchasing and Supply Management, 2008, 14 (2): 100 - 111.

[281] PETER TRKMAN, KEVIN MCCORMACK. Supply chain risk in turbulent environments——A conceptual model for managing supply chain network risk [J]. International Journal of Production Economics, 2009, 119 (2): 247 - 258.

[282] VAN DER SPIEGEL M. Measuring effectiveness of food quality management [D]. Proefschrift Wageningen, 2004.

[283] VAN DER VORST J G A J. Effective food supply: generating, modeling and evaluating supply chain scenarios [D]. Proefschrift Wageningen, 2000.

[284] WANG D, YANG Z. Risk Management of Global Supply Chain [C]. Proceedings of the IEEE International Conference on Automation and Logistics, Jinan, Shandong, China, 2007: 1212 - 1217.

[285] YING KEI TSE, KIM HUA TAN, et al. Quality risk in global supply Network [J]. Journal of Manufacturing Technology Management, 2011, 22 (8): 1002 - 1013.

[286] YUANJIE HE., JIANG ZHANG. Random yield risk sharing in a two - level supply chain [J]. International Journal of Production Economics, 2008, 112 (2): 769 - 781.

附件1 中华人民共和国农产品质量安全法

第一章 总 则

第一条 为保障农产品质量安全，维护公众健康，促进农业和农村经济发展，制定本法。

第二条 本法所称农产品，是指来源于农业的初级产品，即在农业活动中获得的植物、动物、微生物及其产品。

本法所称农产品质量安全，是指农产品质量符合保障人的健康、安全的要求。

第三条 县级以上人民政府农业行政主管部门负责农产品质量安全的监督管理工作；县级以上人民政府有关部门按照职责分工，负责农产品质量安全的有关工作。

第四条 县级以上人民政府应当将农产品质量安全管理工作纳入本级国民经济和社会发展规划，并安排农产品质量安全经费，用于开展农产品质量安全工作。

第五条 县级以上地方人民政府统一领导、协调本行政区域内的农产品质量安全工作，并采取措施，建立健全农产品质量安全服务体系，提高农产品质量安全水平。

第六条 国务院农业行政主管部门应当设立由有关方面专家组成的农产品质量安全风险评估专家委员会，对可能影响农产品质量安全的潜在危害进行风险分析和评估。

国务院农业行政主管部门应当根据农产品质量安全风险评估结果采取相应的管理措施，并将农产品质量安全风险评估结果及时通报国务院有关部门。

第七条 国务院农业行政主管部门和省、自治区、直辖市人民政府农业行政主管部门应当按照职责权限，发布有关农产品质量安全状况信息。

第八条 国家引导、推广农产品标准化生产，鼓励和支持生产优质农产品，禁止生产、销售不符合国家规定的农产品质量安全标准的农产品。

第九条 国家支持农产品质量安全科学技术研究，推行科学的质量安全管理方法，推广先进安全的生产技术。

第十条 各级人民政府及有关部门应当加强农产品质量安全知识的宣传，提高公众的农产品质量安全意识，引导农产品生产者、销售者加强质量安全管理，保障农产品消费安全。

第二章 农产品质量安全标准

第十一条 国家建立健全农产品质量安全标准体系。农产品质量安全标准是强制性的技术规范。

农产品质量安全标准的制定和发布，依照有关法律、行政法规的规定执行。

第十二条 制定农产品质量安全标准应当充分考虑农产品质量安全风险评估结果，并听取农产品生产者、销售者和消费者的意见，保障消费安全。

第十三条 农产品质量安全标准应当根据科学技术发展水平以及农产品质量安全的需要，及时修订。

第十四条 农产品质量安全标准由农业行政主管部门商有关部门组织实施。

第三章 农产品产地

第十五条 县级以上地方人民政府农业行政主管部门按照保障农产品质量安全的要求，根据农产品品种特性和生产区域大气、土壤、水体中有毒有害物质状况等因素，认为不适宜特定农产品生产的，提出禁止生产的区域，

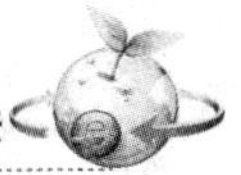

报本级人民政府批准后公布。具体办法由国务院农业行政主管部门商国务院环境保护行政主管部门制定。

农产品禁止生产区域的调整，依照前款规定的程序办理。

第十六条 县级以上人民政府应当采取措施，加强农产品基地建设，改善农产品的生产条件。

县级以上人民政府农业行政主管部门应当采取措施，推进保障农产品质量安全的标准化生产综合示范区、示范农场、养殖小区和无规定动植物疫病区的建设。

第十七条 禁止在有毒有害物质超过规定标准的区域生产、捕捞、采集食用农产品和建立农产品生产基地。

第十八条 禁止违反法律、法规的规定向农产品产地排放或者倾倒废水、废气、固体废物或者其他有毒有害物质。

农业生产用水和用作肥料的固体废物，应当符合国家规定的标准。

第十九条 农产品生产者应当合理使用化肥、农药、兽药、农用薄膜等化工产品，防止对农产品产地造成污染。

第四章 农产品生产

第二十条 国务院农业行政主管部门和省、自治区、直辖市人民政府农业行政主管部门应当制定保障农产品质量安全的生产技术要求和操作规程。县级以上人民政府农业行政主管部门应当加强对农产品生产的指导。

第二十一条 对可能影响农产品质量安全的农药、兽药、饲料和饲料添加剂、肥料、兽医器械，依照有关法律、行政法规的规定实行许可制度。

国务院农业行政主管部门和省、自治区、直辖市人民政府农业行政主管部门应当定期对可能危及农产品质量安全的农药、兽药、饲料和饲料添加剂、肥料等农业投入品进行监督抽查，并公布抽查结果。

第二十二条 县级以上人民政府农业行政主管部门应当加强对农业投入品使用的管理和指导，建立健全农业投入品的安全使用制度。

第二十三条 农业科研教育机构和农业技术推广机构应当加强对农产品生产者质量安全知识和技能的培训。

第二十四条 农产品生产企业和农民专业合作经济组织应当建立农产品生产记录，如实记载下列事项：

（一）使用农业投入品的名称、来源、用法、用量和使用、停用的日期；

（二）动物疫病、植物病虫草害的发生和防治情况；

（三）收获、屠宰或者捕捞的日期。

农产品生产记录应当保存二年。禁止伪造农产品生产记录。

国家鼓励其他农产品生产者建立农产品生产记录。

第二十五条 农产品生产者应当按照法律、行政法规和国务院农业行政主管部门的规定，合理使用农业投入品，严格执行农业投入品使用安全间隔期或者休药期的规定，防止危及农产品质量安全。

禁止在农产品生产过程中使用国家明令禁止使用的农业投入品。

第二十六条 农产品生产企业和农民专业合作经济组织，应当自行或者委托检测机构对农产品质量安全状况进行检测；经检测不符合农产品质量安全标准的农产品，不得销售。

第二十七条 农民专业合作经济组织和农产品行业协会对其成员应当及时提供生产技术服务，建立农产品质量安全管理制度，健全农产品质量安全控制体系，加强自律管理。

第五章 农产品包装和标识

第二十八条 农产品生产企业、农民专业合作经济组织以及从事农产品收购的单位或者个人销售的农产品，按照规定应当包装或者附加标识的，须经包装或者附加标识后方可销售。包装物或者标识上应当按照规定标明产品的品名、产地、生产者、生产日期、保质期、产品质量等级等内容；使用添加剂的，还应当按照规定标明添加剂的名称。具体办法由国务院农业行政主管部门制定。

第二十九条 农产品在包装、保鲜、储存、运输中所使用的保鲜剂、防腐剂、添加剂等材料，应当符合国家有关强制性的技术规范。

第三十条 属于农业转基因生物的农产品，应当按照农业转基因生物安全管理的有关规定进行标识。

第三十一条 依法需要实施检疫的动植物及其产品，应当附具检疫合格标志、检疫合格证明。

第三十二条 销售的农产品必须符合农产品质量安全标准，生产者可以申请使用无公害农产品标志。农产品质量符合国家规定的有关优质农产品标准的，生产者可以申请使用相应的农产品质量标志。

禁止冒用前款规定的农产品质量标志。

第六章 监督检查

第三十三条 有下列情形之一的农产品，不得销售：

（一）含有国家禁止使用的农药、兽药或者其他化学物质的；

（二）农药、兽药等化学物质残留或者含有的重金属等有毒有害物质不符合农产品质量安全标准的；

（三）含有的致病性寄生虫、微生物或者生物毒素不符合农产品质量安全标准的；

（四）使用的保鲜剂、防腐剂、添加剂等材料不符合国家有关强制性的技术规范的；

（五）其他不符合农产品质量安全标准的。

第三十四条 国家建立农产品质量安全监测制度。县级以上人民政府农业行政主管部门应当按照保障农产品质量安全的要求，制定并组织实施农产品质量安全监测计划，对生产中或者市场上销售的农产品进行监督抽查。监督抽查结果由国务院农业行政主管部门或者省、自治区、直辖市人民政府农业行政主管部门按照权限予以公布。

监督抽查检测应当委托符合本法第三十五条规定条件的农产品质量安全检测机构进行，不得向被抽查人收取费用，抽取的样品不得超过国务院农业行政主管部门规定的数量。上级农业行政主管部门监督抽查的农产品，下级农业行政主管部门不得另行重复抽查。

第三十五条 农产品质量安全检测应当充分利用现有的符合条件的检测机构。

从事农产品质量安全检测的机构，必须具备相应的检测条件和能力，由省级以上人民政府农业行政主管部门或者其授权的部门考核合格。具体办法由国务院农业行政主管部门制定。

农产品质量安全检测机构应当依法经计量认证合格。

第三十六条 农产品生产者、销售者对监督抽查检测结果有异议的，可以自收到检测结果之日起五日内，向组织实施农产品质量安全监督抽查的农业行政主管部门或者其上级农业行政主管部门申请复检。

采用国务院农业行政主管部门会同有关部门认定的快速检测方法进行农产品质量安全监督抽查检测，被抽查人对检测结果有异议的，可以自收到检测结果时起四小时内申请复检。复检不得采用快速检测方法。

因检测结果错误给当事人造成损害的，依法承担赔偿责任。

第三十七条 农产品批发市场应当设立或者委托农产品质量安全检测机构，对进场销售的农产品质量安全状况进行抽查检测；发现不符合农产品质量安全标准的，应当要求销售者立即停止销售，并向农业行政主管部门报告。

农产品销售企业对其销售的农产品，应当建立健全进货检查验收制度；经查验不符合农产品质量安全标准的，不得销售。

第三十八条 国家鼓励单位和个人对农产品质量安全进行社会监督。任何单位和个人都有权对违反本法的行为进行检举、揭发和控告。有关部门收到相关的检举、揭发和控告后，应当及时处理。

第三十九条 县级以上人民政府农业行政主管部门在农产品质量安全监督检查中，可以对生产、销售的农产品进行现场检查，调查了解农产品质量安全的有关情况，查阅、复制与农产品质量安全有关的记录和其他资料；对经检测不符合农产品质量安全标准的农产品，有权查封、扣押。

第四十条 发生农产品质量安全事故时，有关单位和个人应当采取控制措施，及时向所在地乡级人民政府和县级人民政府农业行政主管部门报告；收到报告的机关应当及时处理并报上一级人民政府和有关部门。发生重大农产品质量安全事故时，农业行政主管部门应当及时通报同级食品药品监督管理部门。

第四十一条 县级以上人民政府农业行政主管部门在农产品质量安全监

督管理中，发现有本法第三十三条所列情形之一的农产品，应当按照农产品质量安全责任追究制度的要求，查明责任人，依法予以处理或者提出处理建议。

第四十二条 进口的农产品必须按照国家规定的农产品质量安全标准进行检验；尚未制定有关农产品质量安全标准的，应当依法及时制定，未制定之前，可以参照国家有关部门指定的国外有关标准进行检验。

第七章 法律责任

第四十三条 农产品质量安全监督管理人员不依法履行监督职责，或者滥用职权的，依法给予行政处分。

第四十四条 农产品质量安全检测机构伪造检测结果的，责令改正，没收违法所得，并处五万元以上十万元以下罚款，对直接负责的主管人员和其他直接责任人员处一万元以上五万元以下罚款；情节严重的，撤销其检测资格；造成损害的，依法承担赔偿责任。

农产品质量安全检测机构出具检测结果不实，造成损害的，依法承担赔偿责任；造成重大损害的，并撤销其检测资格。

第四十五条 违反法律、法规规定，向农产品产地排放或者倾倒废水、废气、固体废物或者其他有毒有害物质的，依照有关环境保护法律、法规的规定处罚；造成损害的，依法承担赔偿责任。

第四十六条 使用农业投入品违反法律、行政法规和国务院农业行政主管部门的规定的，依照有关法律、行政法规的规定处罚。

第四十七条 农产品生产企业、农民专业合作经济组织未建立或者未按照规定保存农产品生产记录的，或者伪造农产品生产记录的，责令限期改正；逾期不改正的，可以处二千元以下罚款。

第四十八条 违反本法第二十八条规定，销售的农产品未按照规定进行包装、标识的，责令限期改正；逾期不改正的，可以处二千元以下罚款。

第四十九条 有本法第三十三条第四项规定情形，使用的保鲜剂、防腐剂、添加剂等材料不符合国家有关强制性的技术规范的，责令停止销售，对被污染的农产品进行无害化处理，对不能进行无害化处理的予以监督销毁；

没收违法所得，并处二千元以上二万元以下罚款。

第五十条 农产品生产企业、农民专业合作经济组织销售的农产品有本法第三十三条第一项至第三项或者第五项所列情形之一的，责令停止销售，追回已经销售的农产品，对违法销售的农产品进行无害化处理或者予以监督销毁；没收违法所得，并处二千元以上二万元以下罚款。

农产品销售企业销售的农产品有前款所列情形的，依照前款规定处理、处罚。

农产品批发市场中销售的农产品有第一款所列情形的，对违法销售的农产品依照第一款规定处理，对农产品销售者依照第一款规定处罚。

农产品批发市场违反本法第三十七条第一款规定的，责令改正，处二千元以上二万元以下罚款。

第五十一条 违反本法第三十二条规定，冒用农产品质量标志的，责令改正，没收违法所得，并处二千元以上二万元以下罚款。

第五十二条 本法第四十四条、第四十七条至第四十九条、第五十条第一款、第四款和第五十一条规定的处理、处罚，由县级以上人民政府农业行政主管部门决定；第五十条第二款、第三款规定的处理、处罚，由工商行政管理部门决定。

法律对行政处罚及处罚机关有其他规定的，从其规定。但是，对同一违法行为不得重复处罚。

第五十三条 违反本法规定，构成犯罪的，依法追究刑事责任。

第五十四条 生产、销售本法第三十三条所列农产品，给消费者造成损害的，依法承担赔偿责任。

农产品批发市场中销售的农产品有前款规定情形的，消费者可以向农产品批发市场要求赔偿；属于生产者、销售者责任的，农产品批发市场有权追偿。消费者也可以直接向农产品生产者、销售者要求赔偿。

第八章 附 则

第五十五条 生猪屠宰的管理按照国家有关规定执行。

第五十六条 本法自2006年11月1日起施行。

附件 2 生猪屠宰管理条例

（1997 年 12 月 19 日中华人民共和国国务院令第 238 号发布 2007 年 12 月 19 日国务院第 201 次常务会议修订通过）

第一章 总 则

第一条 为了加强生猪屠宰管理，保证生猪产品质量安全，保障人民身体健康，制定本条例。

第二条 国家实行生猪定点屠宰、集中检疫制度。

未经定点，任何单位和个人不得从事生猪屠宰活动。但是，农村地区个人自宰自食的除外。

在边远和交通不便的农村地区，可以设置仅限于向本地市场供应生猪产品的小型生猪屠宰场点，具体管理办法由省、自治区、直辖市制定。

第三条 国务院商务主管部门负责全国生猪屠宰的行业管理工作。县级以上地方人民政府商务主管部门负责本行政区域内生猪屠宰活动的监督管理。

县级以上人民政府有关部门在各自职责范围内负责生猪屠宰活动的相关管理工作。

第四条 国家根据生猪定点屠宰厂（场）的规模、生产和技术条件以及质量安全管理状况，推行生猪定点屠宰厂（场）分级管理制度，鼓励、引导、扶持生猪定点屠宰厂（场）改善生产和技术条件，加强质量安全管理，提高生猪产品质量安全水平。生猪定点屠宰厂（场）分级管理的具体办法由国务院商务主管部门征求国务院畜牧兽医主管部门意见后制定。

第二章　生猪定点屠宰

第五条　生猪定点屠宰厂（场）的设置规划（以下简称设置规划），由省、自治区、直辖市人民政府商务主管部门会同畜牧兽医主管部门、环境保护部门以及其他有关部门，按照合理布局、适当集中、有利流通、方便群众的原则，结合本地实际情况制订，报本级人民政府批准后实施。

第六条　生猪定点屠宰厂（场）由设区的市级人民政府根据设置规划，组织商务主管部门、畜牧兽医主管部门、环境保护部门以及其他有关部门，依照本条例规定的条件进行审查，经征求省、自治区、直辖市人民政府商务主管部门的意见确定，并颁发生猪定点屠宰证书和生猪定点屠宰标志牌。

设区的市级人民政府应当将其确定的生猪定点屠宰厂（场）名单及时向社会公布，并报省、自治区、直辖市人民政府备案。

生猪定点屠宰厂（场）应当持生猪定点屠宰证书向工商行政管理部门办理登记手续。

第七条　生猪定点屠宰厂（场）应当将生猪定点屠宰标志牌悬挂于厂（场）区的显著位置。

生猪定点屠宰证书和生猪定点屠宰标志牌不得出借、转让。任何单位和个人不得冒用或者使用伪造的生猪定点屠宰证书和生猪定点屠宰标志牌。

第八条　生猪定点屠宰厂（场）应当具备下列条件：

（一）有与屠宰规模相适应、水质符合国家规定标准的水源条件；

（二）有符合国家规定要求的待宰间、屠宰间、急宰间以及生猪屠宰设备和运载工具；

（三）有依法取得健康证明的屠宰技术人员；

（四）有经考核合格的肉品品质检验人员；

（五）有符合国家规定要求的检验设备、消毒设施以及符合环境保护要求的污染防治设施；

（六）有病害生猪及生猪产品无害化处理设施；

（七）依法取得动物防疫条件合格证。

第九条 生猪屠宰的检疫及其监督，依照动物防疫法和国务院的有关规定执行。

生猪屠宰的卫生检验及其监督，依照食品安全法的规定执行。

第十条 生猪定点屠宰厂（场）屠宰的生猪，应当依法经动物卫生监督机构检疫合格，并附有检疫证明。

第十一条 生猪定点屠宰厂（场）屠宰生猪，应当符合国家规定的操作规程和技术要求。

第十二条 生猪定点屠宰厂（场）应当如实记录其屠宰的生猪来源和生猪产品流向。生猪来源和生猪产品流向记录保存期限不得少于2年。

第十三条 生猪定点屠宰厂（场）应当建立严格的肉品品质检验管理制度。肉品品质检验应当与生猪屠宰同步进行，并如实记录检验结果。检验结果记录保存期限不得少于2年。

经肉品品质检验合格的生猪产品，生猪定点屠宰厂（场）应当加盖肉品品质检验合格验讫印章或者附具肉品品质检验合格标志。经肉品品质检验不合格的生猪产品，应当在肉品品质检验人员的监督下，按照国家有关规定处理，并如实记录处理情况；处理情况记录保存期限不得少于2年。

生猪定点屠宰厂（场）的生猪产品未经肉品品质检验或者经肉品品质检验不合格的，不得出厂（场）。

第十四条 生猪定点屠宰厂（场）对病害生猪及生猪产品进行无害化处理的费用和损失，按照国务院财政部门的规定，由国家财政予以适当补助。

第十五条 生猪定点屠宰厂（场）以及其他任何单位和个人不得对生猪或者生猪产品注水或者注入其他物质。

生猪定点屠宰厂（场）不得屠宰注水或者注入其他物质的生猪。

第十六条 生猪定点屠宰厂（场）对未能及时销售或者及时出厂（场）的生猪产品，应当采取冷冻或者冷藏等必要措施予以储存。

第十七条 任何单位和个人不得为未经定点违法从事生猪屠宰活动的单位或者个人提供生猪屠宰场所或者生猪产品储存设施，不得为对生猪或者生猪产品注水或者注入其他物质的单位或者个人提供场所。

第十八条 从事生猪产品销售、肉食品生产加工的单位和个人以及餐饮服务经营者、集体伙食单位销售、使用的生猪产品，应当是生猪定点屠宰厂（场）经检疫和肉品品质检验合格的生猪产品。

第十九条 地方人民政府及其有关部门不得限制外地生猪定点屠宰厂（场）经检疫和肉品品质检验合格的生猪产品进入本地市场。

第三章 监督管理

第二十条 县级以上地方人民政府应当加强对生猪屠宰监督管理工作的领导，及时协调、解决生猪屠宰监督管理工作中的重大问题。

第二十一条 商务主管部门应当依照本条例的规定严格履行职责，加强对生猪屠宰活动的日常监督检查。

商务主管部门依法进行监督检查，可以采取下列措施：

（一）进入生猪屠宰等有关场所实施现场检查；

（二）向有关单位和个人了解情况；

（三）查阅、复制有关记录、票据以及其他资料；

（四）查封与违法生猪屠宰活动有关的场所、设施，扣押与违法生猪屠宰活动有关的生猪、生猪产品以及屠宰工具和设备。

商务主管部门进行监督检查时，监督检查人员不得少于2人，并应当出示执法证件。

对商务主管部门依法进行的监督检查，有关单位和个人应当予以配合，不得拒绝、阻挠。

第二十二条 商务主管部门应当建立举报制度，公布举报电话、信箱或者电子邮箱，受理对违反本条例规定行为的举报，并及时依法处理。

第二十三条 商务主管部门在监督检查中发现生猪定点屠宰厂（场）不再具备本条例规定条件的，应当责令其限期整改；逾期仍达不到本条例规定条件的，由设区的市级人民政府取消其生猪定点屠宰厂（场）资格。

第四章 法律责任

第二十四条 违反本条例规定，未经定点从事生猪屠宰活动的，由商务主管部门予以取缔，没收生猪、生猪产品、屠宰工具和设备以及违法所得，并处货值金额3倍以上5倍以下的罚款；货值金额难以确定的，对单位并处10万元以上20万元以下的罚款，对个人并处5000元以上1万元以下的罚款；构成犯罪的，依法追究刑事责任。

冒用或者使用伪造的生猪定点屠宰证书或者生猪定点屠宰标志牌的，依照前款的规定处罚。

生猪定点屠宰厂（场）出借、转让生猪定点屠宰证书或者生猪定点屠宰标志牌的，由设区的市级人民政府取消其生猪定点屠宰厂（场）资格；有违法所得的，由商务主管部门没收违法所得。

第二十五条 生猪定点屠宰厂（场）有下列情形之一的，由商务主管部门责令限期改正，处2万元以上5万元以下的罚款；逾期不改正的，责令停业整顿，对其主要负责人处5000元以上1万元以下的罚款：

（一）屠宰生猪不符合国家规定的操作规程和技术要求的；

（二）未如实记录其屠宰的生猪来源和生猪产品流向的；

（三）未建立或者实施肉品品质检验制度的；

（四）对经肉品品质检验不合格的生猪产品未按照国家有关规定处理并如实记录处理情况的。

第二十六条 生猪定点屠宰厂（场）出厂（场）未经肉品品质检验或者经肉品品质检验不合格的生猪产品的，由商务主管部门责令停业整顿，没收生猪产品和违法所得，并处货值金额1倍以上3倍以下的罚款，对其主要负责人处1万元以上2万元以下的罚款；货值金额难以确定的，并处5万元以上10万元以下的罚款；造成严重后果的，由设区的市级人民政府取消其生猪定点屠宰厂（场）资格；构成犯罪的，依法追究刑事责任。

第二十七条 生猪定点屠宰厂（场）、其他单位或者个人对生猪、生猪产品注水或者注入其他物质的，由商务主管部门没收注水或者注入其他物质的生猪、生猪产品、注水工具和设备以及违法所得，并处货值金额3倍以上5倍以下的罚款，对生猪定点屠宰厂（场）或者其他单位的主要负责人处1万元以上2万元以下的罚款；货值金额难以确定的，对生猪定点屠宰厂（场）

或者其他单位并处5万元以上10万元以下的罚款，对个人并处1万元以上2万元以下的罚款；构成犯罪的，依法追究刑事责任。

生猪定点屠宰厂（场）对生猪、生猪产品注水或者注入其他物质的，除依照前款的规定处罚外，还应当由商务主管部门责令停业整顿；造成严重后果，或者两次以上对生猪、生猪产品注水或者注入其他物质的，由设区的市级人民政府取消其生猪定点屠宰厂（场）资格。

第二十八条 生猪定点屠宰厂（场）屠宰注水或者注入其他物质的生猪的，由商务主管部门责令改正，没收注水或者注入其他物质的生猪、生猪产品以及违法所得，并处货值金额1倍以上3倍以下的罚款，对其主要负责人处1万元以上2万元以下的罚款；货值金额难以确定的，并处2万元以上5万元以下的罚款；拒不改正的，责令停业整顿；造成严重后果的，由设区的市级人民政府取消其生猪定点屠宰厂（场）资格。

第二十九条 从事生猪产品销售、肉食品生产加工的单位和个人以及餐饮服务经营者、集体伙食单位，销售、使用非生猪定点屠宰厂（场）屠宰的生猪产品、未经肉品品质检验或者经肉品品质检验不合格的生猪产品以及注水或者注入其他物质的生猪产品的，由工商、卫生、质检部门依据各自职责，没收尚未销售、使用的相关生猪产品以及违法所得，并处货值金额3倍以上5倍以下的罚款；货值金额难以确定的，对单位处5万元以上10万元以下的罚款，对个人处1万元以上2万元以下的罚款；情节严重的，由原发证（照）机关吊销有关证照；构成犯罪的，依法追究刑事责任。

第三十条 为未经定点违法从事生猪屠宰活动的单位或者个人提供生猪屠宰场所或者生猪产品储存设施，或者为对生猪、生猪产品注水或者注入其他物质的单位或者个人提供场所的，由商务主管部门责令改正，没收违法所得，对单位并处2万元以上5万元以下的罚款，对个人并处5000元以上1万元以下的罚款。

第三十一条 商务主管部门和其他有关部门的工作人员在生猪屠宰监督管理工作中滥用职权、玩忽职守、徇私舞弊，构成犯罪的，依法追究刑事责任；尚不构成犯罪的，依法给予处分。

第五章 附 则

第三十二条 省、自治区、直辖市人民政府确定实行定点屠宰的其他动物的屠宰管理办法，由省、自治区、直辖市根据本地区的实际情况，参照本条例制定。

第三十三条 本条例所称生猪产品，是指生猪屠宰后未经加工的胴体、肉、脂、脏器、血液、骨、头、蹄、皮。

第三十四条 本条例施行前设立的生猪定点屠宰厂（场），自本条例施行之日起180日内，由设区的市级人民政府换发生猪定点屠宰标志牌，并发给生猪定点屠宰证书。

第三十五条 生猪定点屠宰证书、生猪定点屠宰标志牌以及肉品品质检验合格验讫印章和肉品品质检验合格标志的式样，由国务院商务主管部门统一规定。

第三十六条 本条例自2008年8月1日起施行。

后 记

时下，农产品质量安全管理方面的研究成果颇多。但是关于农产品供应链质量安全风险的研究还比较少，尤其是定量分析更少。为了适应新形势，有必要从全新角度对农产品质量安全风险进行系统研究，建立并完善有效的农产品质量安全风险控制机制。

从这个意义上讲，本书具有一定的创新性。但是由于时间和个人能力所限，没有将这项"创新"工作做到自己满意的程度，书中的疏漏、瑕疵甚至错误在所难免，有待同行专家和实践工作者批评指正。

本书是北京市教委社科计划面上项目"北京市农产品供应链质量风险控制研究"的阶段性研究成果，相应的研究和本书的出版均受到该项目的资助。

北京工商大学商学院、科技处的领导和同事在很多方面为我提供了支持和帮助，使我的科研水平有了大幅度的提高，在此表示衷心的感谢。我指导的研究生庞舒、王笑丛、张国威、石书焕、张永芬、胡洪林也做了大量收集整理资料的工作，感谢他们辛勤的付出。本书借鉴了前人众多的研究成果，在此对参考文献中的作者也一并表示感谢。

中国财富出版社的编辑禹冰女士对本书做了细致入微的编辑和修改。在此表示由衷的感谢！

最后感谢我的家人和朋友给了我无尽的爱和力量！